Iris Dzudzek, Caren Kunze, Joscha Wullweber (Hg.)
Diskurs und Hegemonie

Sozialtheorie

Iris Dzudzek, Caren Kunze, Joscha Wullweber (Hg.)

Diskurs und Hegemonie

Gesellschaftskritische Perspektiven

[transcript]

Bibliografische Information der Deutschen Nationalbibliothek
Die Deutsche Nationalbibliothek verzeichnet diese Publikation in der Deutschen Nationalbibliografie; detaillierte bibliografische Daten sind im Internet über http://dnb.d-nb.de abrufbar.

Umschlaggestaltung: Kordula Röckenhaus, Bielefeld
Lektorat & Satz: Iris Dzudzek, Caren Kunze, Joscha Wullweber
Druck: Majuskel Medienproduktion GmbH, Wetzlar
ISBN 978-3-8376-1928-7

Gedruckt auf alterungsbeständigem Papier mit chlorfrei gebleichtem Zellstoff.
Besuchen Sie uns im Internet: *http://www.transcript-verlag.de*
Bitte fordern Sie unser Gesamtverzeichnis und andere Broschüren an unter: *info@transcript-verlag.de*

Inhalt

Einleitung: Poststrukturalistische Hegemonietheorien als Gesellschaftskritik

IRIS DZUDZEK, CAREN KUNZE, JOSCHA WULLWEBER

PROLOG

Antonio Gramsci, Ernesto Laclau, Jacques Derrida und Judith Butler sitzen im Zuccotti Park und schauen dem bunten Treiben rund um die Zelte zu:

Antonio: Ich frage mich, wie eine kritische Perspektive auf Gesellschaft heute aussehen soll. Du hast eloquente Konzepte entwickelt, Jacques, aber welchen gesellschaftskritischen Mehrwert hat zum Beispiel der Begriff Dekonstruktion? Mir ist immer noch nicht klar, was Du damit ausdrücken willst.

Jacques: Dekonstruktion bedeutet, Texte nach ihren expliziten und impliziten Essentialismen zu hinterfragen.

Antonio: Und was soll daran interessant und politisch sein?

Jacques: Durch die Hinterfragung von allgemeingültigen Annahmen und Aussagen werden vermeintliche Objektivitäten als schlichte Sichtweisen enttarnt und deren Verhältnis zur Macht aufgezeigt.

Antonio: Aber genau das habe ich doch auch schon gesagt – wenn auch mit anderen Begriffen: »Objektiv bedeutet immer ›menschlich objektiv‹, was die genaue Entsprechung zu ›geschichtlich subjektiv‹

sein kann, objektiv würde demnach ›universell subjektiv‹ bedeuten. Der Mensch erkennt objektiv, insofern die Erkenntnis für die gesamte in einem einheitlichen kulturellen System geschichtlich vereinte menschliche Gattung wirklich ist« (Gramsci 1991: 1411).

Jacques (stöhnt): Und da sage noch mal jemand, ich würde mich kompliziert ausdrücken!

Antonio: Der Unterschied zwischen uns ist, dass ich mich mit harter Materialität beschäftige. Du machst es Dir einfach mit Deiner Dekonstruktion, in dem Du schlicht sagst »there is nothing outside the text«! Was sagst Du damit über gesellschaftliche Verhältnisse und Praxen aus?

Jacques: Ich sage, dass alle gesellschaftlichen Verhältnisse diskursiv konstituiert sind und nicht ohne die Zuschreibung von Bedeutung existieren. Diese Zuschreibungsprozesse sind hochpolitisch. Durch ihre Analyse wird sichtbar, welchen gesellschaftlichen Kräften es auf welche Weise gelingt, ihre Weltdeutung als Wahrheit, als Norm zu etablieren und welche Deutungen in diesen Prozessen dethematisiert werden. Diese Prozesse nachzuvollziehen, mein Freund, ist der Anfang von Dekonstruktion.

Antonio: Gut, doch was heißt das für die politische Praxis? Als Führer der Kommunistischen Partei stand ich vor dem Problem des Schmiedens von Klassenallianzen, der Konsensfindung zwischen verschiedenen gesellschaftlichen Interessen und dem Umgang mit politischen Gegnern. Da hilft Dekonstruktion ja nur bedingt weiter.

Ernesto: Wenn ich auch mal was sagen dürfte: »Everything depends on the way we conceive class struggle« (Laclau 2000: 202). Wir brauchen einen leeren Signifikanten, also einen Begriff, der dem zersplitterten Widerstand eine gemeinsame Identität gibt!

Antonio: Das ist leicht daher gesagt, Ernesto. Du hast ja selbst in Argentinien in den 60er Jahren feststellen müssen, wie sich linke Parteien immer weiter zersplittern können.

Judith Butler meldet sich zu Wort:

Judith: Das Problem ist, dass ihr allesamt weiterhin den Großerzählungen von Gesellschaftskritik, Gerechtigkeit und Emanzipation anhängt. Nichts gegen das Schmieden eines leeren Signifikanten, Ernesto, und auch nichts gegen gesellschaftliche Revolutionen (auch wenn Du, Antonio, Dich endlich von deinem Klassenfetischismus befreien solltest – Hegemonie entspringt nicht nur der Fabrik). Aber die Herausforderung ist doch, Gesellschaftskritik in all ihren Facetten und Widersprüchen zu denken und zu leben und dabei nicht die eigene Person und das Alltagshandeln aus dieser Erzählung auszuklammern.

Antonio: Das sage ich doch: Ich habe die Bedeutung des Alltagsverstands, so habe ich es genannt, in meinen Heften betont, wenn auch vielleicht etwas unsystematisch. Es ist absolut wichtig, Gesellschaft von den alltäglichen Praxen, den internalisierten Selbstverständlichkeiten, den Normen und Werten her zu verstehen.

Judith: Richtig, aber es ist wichtig, dabei im Kopf zu behalten, dass es nichts gibt, was diesen Praxen vorgängig wäre, sondern dass jegliches Wissen, Denken, jede Wahrheit in sozialen und damit diskursiv verfassten Verhältnissen hergestellt wird...

Ernesto: Naja ...

Judith: ... und genau dadurch können wir die politische Praxis weiter radikalisieren. Zumindest und genau dann, wenn wir unser alltägliches Handeln hinterfragen und die Selbstverständlichkeiten und expliziten und impliziten gesellschaftlichen Hierarchien auf allen möglichen gesellschaftlichen Ebenen und Machtverhältnissen dekonstruieren.

EINLEITUNG

Der Prolog verdeutlicht die vielfältigen Anknüpfungspunkte zwischen hegemonie- und diskurstheoretischen Arbeiten sowie ihr gesellschaftskritisches Potential. Der vorliegende Sammelband zielt darauf, diese Anknüpfungspunkte und Potentiale gesellschaftstheoretisch und entlang aktueller Problemlagen weiter zu entwickeln. Die zentrale Fragestellung hierbei ist, wie eine Gesellschaftskritik aussehen kann, die den aktuellen komplexen und sich überlagernden gesellschaftlichen (Macht-)Verhältnissen gerecht wird. Die theoretischen Perspektiven, die zur Annäherung an diese Frage entwickelt werden, stammen aus verschiedenen sozialwissenschaftlichen Disziplinen und beschäftigen sich mit so unterschiedlichen Themen wie Subjektivierungsprozessen, hegemonialer Zweigeschlechtlichkeit, der Finanzkrise oder unternehmerischer Stadtpolitik.

Im Folgenden wird ein kurzer Überblick über Entwicklungen innerhalb der Debatte um Diskurs- und Hegemonietheorien gegeben, bevor wir anschließend ihre theoretische Verschränkung diskutieren.

DISKURSANALYSE UND -THEORIEN

Die Bedeutung diskursanalytischer und -theoretischer Ansätze innerhalb der Sozialwissenschaften ist seit den 1990er Jahren stetig gestiegen (vgl. Moebius/Reckwitz 2008).[1] Einige diskursanalytische Arbeiten fokussieren hierbei stärker auf semantische Aspekte des gesprochenen Wortes und des geschriebenen Textes (vgl. z.B. Maingueneau 1999; Jäger/Jäger 2007; Reisigl 2007). Michel Pêcheux ist beispielsweise daran interessiert, wie durch die Auswahl und Kombination von linguistischem Ausdruck und Stil eine bestimmte Repräsentation von Realität produziert wird (vgl. Pêcheux 1982). In diesen Bereich können verschiedene Ansätze, wie die Soziolinguistik (Downes 1984), die Argumentations- und Konversationstheorien (Atkinson/Heritage/Oatley 1985) und die Inhaltsanalyse (Holsti 1969), eingeordnet werden (für einen Überblick zu Entwicklungen im deutschsprachigen Raum siehe Angermüller 2011, Glasze und Mattissek 2009).

Andere diskursanalytische Ansätze fassen den Begriff des Diskurses weiter, indem auch soziale Praktiken eingeschlossen werden (für einen allgemeinen Überblick vgl. Keller 2007: 13ff.). Norman Fairclough beispielsweise (1992; 1995) definiert Diskurs als eine Sammlung

1 Vgl. für folgende Ausführungen Wullweber 2010.

von Praktiken, die semiotische Elemente enthalten. Der Begriff der Praktiken umfasst hierbei alle Formen linguistisch vermittelter Handlungen (Rede, Text, Bilder, Gesten). Auch der »jüngere« Foucault ist nicht an der Wahrheit oder der Bedeutung einer Aussage interessiert, sondern an deren diskursiver Möglichkeitsbedingung. Seine Diskursanalyse bzw. »Archäologie« (Foucault 1973) untersucht die Regeln, die regulieren, was gesagt werden kann, wie es gesagt werden kann, wer in welchem Namen sprechen darf und welche diskursiven Strategien eingesetzt werden. Bob Jessop und Ngai-Ling Sum (Jessop/Sum 2001; 2006a; Jessop 2004) können ebenfalls diesem zweiten Diskursstrang zugeordnet werden. Als *kritische Realist_innen* lehnen sie einen Fundationalismus, z.B. in Form des Positivismus oder in Form eines Glaubens an die Existenz unerschütterlicher Grundlagen der Erkenntnis, ab. Allerdings bleibt bei diesem Zweig der Diskurstheorien der Unterschied zwischen dem diskursiven und nicht-diskursiven Raum unklar. Ein Diskurs wird bisweilen auf die linguistische Mediation von Ereignissen reduziert, die durch eine unabhängig von den Diskursen existierende Struktur der Gesellschaft (z.B. Technologien, Institutionen, ökonomische Prozesse) hervorgerufen werden. Die Bezugnahme (von z.B. Fairclough und Jessop) auf kritische Realisten wie Bhaskar (1978) und Sayer (1992) verstärkt diese Tendenz (siehe aber Pühretmayer, im Erscheinen).

Manche Ansätze gehen noch einen Schritt weiter und fassen mit dem Diskursbegriff alle sozialen Phänomene. In Abgrenzung zu den beiden anderen Strängen werden diese Ansätze hier als Diskurs*theorien* bezeichnet (vgl. auch Keller 2011: 109ff.). Der »ältere« Foucault z.B. betont mit seiner Genealogie von Macht – im Gegensatz zum klassischen Verständnis einer repressiven Macht – ihre produktiven Anteile. Macht ist hier weder ein Herrschaftsverhältnis, noch die Fähigkeit zu handeln, sondern das Führen der Geführten. Zur Beschreibung dieses Machtverhältnisses führt Foucault den Begriff der Gouvernementalität ein (vgl. Foucault 2004a; 2004b). Wittgenstein's Begriff der Sprachspiele schließt ebenfalls bewusst sämtliche bedeutungsproduzierende Praktiken mit ein. Auch Derrida (1988: 148) betont, dass sich sein Konzept von Text auf alle gesellschaftliche Strukturen bezieht. Dieser Theoriestrang wurde maßgeblich von Laclau und Mouffe weiterentwickelt (vgl. Laclau/Mouffe 1985; Laclau 1990; 1996; 2005).

Diskursanalytische und diskurstheoretische Ansätze basieren auf der post-positivistischen Annahme, dass Bedeutung nicht gegeben ist, sondern sich erst im sozialen Prozess durch die Interaktion gesellschaftlicher Akteure generiert. Bedeutung und die Subjekte selbst sind demnach im ständigen Werden begriffen. Akteure ringen um verschiedene Deutungen. Dieser Aspekt geht jedoch bisweilen im »Handgemenge« des Arbeitens mit der Diskursanalyse unter. Sich der Wichtigkeit des gesellschaftlichen Kontextes bewusst, wird in den konkreten Diskursanalysen häufig ein starker Fokus auf semantische Aspekte und auf eine relativ eng ausgelegte Sprachanalyse von Textmaterial gelegt. Diskursanalysen beziehen sich vor allem auf die Analyse unmittelbarer Kommunikationsprozesse, auf »language in use« und »talk and text in context« (vgl. Dijk 1997: 3). Der gesellschaftliche Kontext wird auf diese Weise – zumeist implizit – zu einer mehr oder weniger statischen Größe reduziert. Er wird – zugespitzt – zu einer unabhängigen Variable, die für die konkrete Analyse wenig Bedeutung hat (vgl. Keller 2011: 114f.). Ungewollt kann eine solche Diskursanalyse – zumindest in der Tendenz –, wie Marchart (1998: 20) ausführt, »die prekäre und selbstwidersprüchliche Verfaßtheit von bedeutungskonstituierenden Systemen nicht in Rechnung stellen und gerät daher leicht in die Gefahr, einem pointilistischen Positivismus zu huldigen, der sich im schlimmsten Fall in rein statistisches Wörterzählen niederschlägt.« Einer solchen Tendenz soll in diesem Band durch die Ergänzung und Erweiterung der Diskurstheorien mit Hegemonietheorien begegnet werden.

HEGEMONIETHEORIEN

Neogramscianische Ansätze repräsentieren eine der prominentesten Theorieentwicklungen und Analysen, die auf das Hegemoniekonzept von Gramsci zurückgreifen (siehe aber z.B. für die Forschung zu Männlichkeit auch Connell 1995).[2] Ihre Anfänge gehen vor allem auf Robert Cox (1987; 1996), Kess van der Pijl (1984; 1998) und Stephen Gill (1993; 2003) zurück. Der analytische Fokus liegt vor allem auf inter- und transnationalen Macht- und Herrschaftsverhältnissen (für eine ausführliche Darstellung und Diskussion dieser Ansätze siehe Buckel/Fischer-Lescano 2007; Merkens/Rego Diaz 2007; Opratko/Prausmüller 2011). Neogramscianische Analysen sind bisweilen voluntaristisch und/oder strukturalistisch geprägt. Sie verbleiben häufig bei einer positivistischen Lesart Gramscis, die sich zum Teil in einem mehr oder weniger stark ausgeprägten Klassismus widerspiegelt (der auch bei Gramsci zu finden ist). Gesellschaftliche Akteure werden vor allem hinsichtlich ihrer Klassenzugehörigkeit erfasst, die in einigen Fällen (vgl. z.B. Pijl 1984: 4ff.; Robinson 2004: 5f.) aus den Formen des Kapitals bzw. der Mehrwertproduktion abgeleitet wird (vgl. für eine ausführliche Kritik Scherrer 1999: 28ff. und Habermann 2008: 62ff.). Die Möglichkeiten, die Gramscis Hegemoniebegriff eröffnet, indem er die Bedeutung der Akteure bei der Herstellung von Machtverhältnissen hervorhebt, die Veränderung der Subjekte im hegemonialen Prozess unterstreicht, die strategische Selektivität der sich historisch verstetigten Verhältnisse und die Bedeutung des Alltagsverstands bzw. des Ringens um die Besetzung des Alltagsverstands betont, werden hier nur bedingt ausgeschöpft (vgl. Wullweber und Opratko in diesem Band).

Als weiterer, sich parallel zu neogramscianischen Ansätzen entwickelnder, Theoriezweig kann die Regulationstheorie gesehen werden (vgl. Aglietta 1979; Boyer 1990; Lipietz 1987; und Schipper in diesem Band). Allerdings handelt es sich hierbei weniger um eine Weiterentwicklung der Theorie Gramscis als vielmehr um den Versuch, ein an-

2 Die Realistische Theorie in den internationalen Beziehungen verwendet ebenfalls den Begriff der Hegemonie. Dieser ist allerdings grundsätzlich von den hier diskutierten Strömungen zu unterscheiden, da er schlicht Dominanz (eines Staates über andere) meint.

gemessenes Instrumentarium zur Analyse des Verhältnisses von Staat, Ökonomie und Zivilgesellschaft zu entwickeln. So bietet die Regulationstheorie einerseits die theoretischen Werkzeuge zur Analyse konkreter, profitorientierter und marktwirtschaftlich organisierter – kurz: kapitalistischer – Produktionsweisen. Andererseits begreift sie sozio-ökonomische Konstellationen als spezifische und prekäre raumzeitliche Stabilisierungen, ist also offen für die Theoretisierung historischer sozio-ökonomischer Veränderungen.

Trotz vieler Vorteile, die die Regulationstheorie für eine Analyse sozio-ökonomischer Strukturen bietet, bringen die regulationstheoretischen Ansätze für eine kritische Gesellschaftstheorie einige Probleme mit sich. So handelt es sich vor allem um eine ökonomische Theorie, deren Einbettung in einen gesellschaftlichen (und staatstheoretischen) Kontext noch auszuarbeiten ist (siehe für diesbezügliche Weiterentwicklungen Brand 2000; 2005; Brand/Raza 2003; Jessop/Sum 2006b). Darüber hinaus sind regulationstheoretische Ansätze in der Tendenz strukturalistisch und ökonomistisch konnotiert. Für die Akteure bleibt bisweilen wenig Gestaltungsspielraum. Allerdings finden sich in der Regulationstheorie auch Ansätze, die die Kontingenz historischer Entwicklung betonen. So hebt z.B. Lipietz hervor, dass es sich bei stabilen Entwicklungsweisen um eine »glückliche Fundsache« handelt (vgl. Lipietz 1987: 15). Gleichwohl wird der Kontingenz häufig nur Raum im Übergang von einem Akkumulationsregime zum nächsten eingeräumt (vgl. Scherrer 1995: 473). Aus dem strukturalistischen Bias folgt schließlich eine Tendenz zum Funktionalismus, denn die Regulationstheorie zielt »trotz ihrer grundsätzlichen Überlegungen zu sehr auf die Kohärenz der Formation« (Demirović 2003: 55), womit der Fokus von der widersprüchlichen und kontingenten Dynamik gesellschaftlicher Entwicklung zugunsten gelingender Reproduktion verschoben wird.

Einen dritten Theoriestrang stellt die Hegemonietheorie von Laclau und Mouffe (1985) dar. Diese haben sich zum Ziel gesetzt, die essentialistischen Apriorismen innerhalb der marxistischen Theorietradition zu dekonstruieren. Der letzte Essentialismus Gramscis besteht ihnen zufolge darin, dass dieser die Identität der Subjekte letztlich auf deren

Position innerhalb der Ökonomie zurückführe und den fundamentalen Klassen – der Arbeiterklasse und der Bourgeoisie – eine privilegierte Stellung im Ringen um gesellschaftliche Hegemonie einräumt (siehe Habermann und, kritisch, Opratko in diesem Band). Die Abkehr Laclaus und Mouffes von Essentialismen beruht vor allem auf der Betonung der Bedeutung von Diskursen für die Konstituierung jedes politischen Feldes und für die Konstruktion von Subjekten. Mit dem Hegemoniebegriff wird die spezifische Strukturierungslogik, die die Handlungen der Subjekte anleitet, beschrieben. Gleichzeitig betonen Laclau und Mouffe die Kontingenz gesellschaftlicher Prozesse. Sie heben sowohl die (strategischen) Konstruktionsprozesse während der Produktion von Bedeutung als auch die hegemoniale Verfasstheit dieser Prozesse hervor (siehe ausführlich Wullweber in diesem Band).

DISKURS- *UND* HEGEMONIETHEORIEN

Die Beiträge des Bandes arbeiten an der Verschränkung des Diskursbegriffes mit dem Konzept der Hegemonie. Hierbei ist die Hegemonietheorie von Laclau und Mouffe für viele Beiträge ein zentraler, jedoch nicht ausschließlicher Referenzrahmen. Gundula Ludwig beispielsweise verbindet zur Analyse hegemonialer Zweigeschlechtlichkeit die Theorie Butlers mit Gramsci, Christoph Scherrer bezieht sich auf Foucault'sche Analysen und kontrastiert diese mit Gramsci, um Entwicklungen des Finanzmarkts zu erfassen und Sebastian Schipper kombiniert regulationstheoretische Ansätze mit Foucault, um unternehmerische Stadtpolitik in den Blick zu bekommen. Denn es geht in diesem Band nicht um »bornierte« Theorieentwicklung, sondern um den Versuch, verschiedene aktuelle gesellschaftliche Verhältnisse mit ihren gewachsenen ökonomischen, kulturellen und politischen Differenzachsen in ihrer Verschränktheit zu analysieren.

Durch die Verschränkung der Konzepte Diskurs und Hegemonie in den Beiträgen dieses Bandes wird der Blick von der Analyse gesellschaftlicher Strukturen und der in diesen Strukturen (Diskursen) eingeschriebenen Machtverhältnisse stärker hin zu den Konflikten während der Struktur*werdung* verschoben. Der theoretische Mehrwert liegt darin, dass das Augenmerk verstärkt auf die Prozesshaftigkeit *sowie* die Umkämpftheit gesellschaftlicher Verhältnisse gerichtet wird. Entsprechend stellt sich die Frage, wie eine nicht-essentialistische Kritik von Gesellschaft aussehen kann, die die Bedingung der Möglichkeit ihrer Veränderung stets mitreflektiert. Durch die Verschränkung von hegemonietheoretischen und poststrukturalistischen Ansätzen wird eine Perspektive entwickelt, mit der untersucht werden kann, wie aktuelle gesellschaftliche Verhältnisse konstituiert und hegemoniale Formen von Marginalisierung und Ausschluss artikuliert werden. Denn je nach theoretischer Perspektive geraten unterschiedliche gesellschaftliche Problemfelder in den Blick. Die Entscheidung für eine bestimmte Theorie ermöglicht und konditioniert zugleich die Art und Weise, wie Gesellschaft und gesellschaftliche Prozesse verstanden und interpretiert werden.

Eine solche Herangehensweise impliziert, mit dem Postulat wissenschaftlicher Neutralität zu brechen, »accepting that the discourse theorist is always located in a particular historical and political context with no neutral Archimedean point from which to describe, argue and evaluate« (Howarth/Stavrakakis 2000: 7). Ein unverfälschter oder neutraler analytischer Blick existiert nach den hier vertretenen poststrukturalistischen Ansätzen ebenso wenig wie die Annahme, mit Theorie eine Annäherung an *die* Realität zu erreichen, da es *diese eine* Realität nicht gibt. Vielmehr existieren eine Vielzahl von Realitäts- und Wahrheitsvorstellungen, die um Deutungshoheit konkurrieren und durch eine gesellschaftlich konstituierte Hierarchie gekennzeichnet sind, die einige privilegiert und andere marginalisiert. Realität ist demnach stets ein partikularer und spezifischer Wahrheitshorizont, in den sich verschiedene Machtverhältnisse eingeschrieben haben. Poststrukturalistische Theorien ermöglichen Perspektiven, in denen gesellschaftliche Verhältnisse plausibel verstehbar werden. Sie versuchen, marginalisierten Positionen strategisch zur Sichtbarkeit zu verhelfen. Der Diskursbegriff benennt und problematisiert hierbei den geronnenen, gesellschaftlich stabilisierten Wahrheitshorizont. Das Politische und das Soziale werden in diesem Band nicht dem Diskursiven entgegengesetzt, sondern als diskursiv verfasst verstanden.

Die Absage an eine vordiskursive gesellschaftliche Realität, bedeutet allerdings nicht, dass gesellschaftliche Verhältnisse in ihrer aktuellen konkreten Verfasstheit zufällig wären und ohne weiteres veränderbar sind. Im Gegenteil betont eine solche Herangehensweise, dass diese Verhältnisse historisch gewachsen und nicht nur tief in der Materialität des Staates, der Ökonomie und der Zivilgesellschaft, sondern auch in den Köpfen und Herzen der Menschen, in den alltäglichen Praktiken verankert sind. Die Absage an festgeschriebene, natürliche und vordiskursive Identitäten heißt mitnichten, die gewaltvolle Realität, die entlang komplexer Herrschaftsachsen Identitäten hervorbringt, zu verkennen. Vielmehr wirft die Anerkennung der diskursiven Verfasstheit von Gesellschaft und Realität Fragen über die Art und Weise politischer Handlungsfähigkeit auf, die dann wieder in unterschiedliche Formen gesellschaftlicher Praxis zurückübersetzbar wird. Scheinbare Wahrheiten und »Naturgegebenheiten« theoriegeleitet zu hinterfragen, beinhaltet demnach ein aktives Sich-Einmischen in die Konstruktion von Realität, in das *Sinnmachen* gesellschaftlicher Verhältnisse:

»[P]oststructuralists and their allies see their works as interpretative interventions that have political effects, whereas the mainstream (in both its orthodox and relatively progressive guises) perceives itself as engaged in the objective pursuit of cumulative knowledge« (Campbell 1998: 221f.).

Theoriearbeit ist politische Praxis, auch wenn politische Praxis nicht auf Theoriearbeit reduzierbar ist. Butler, Spivak und andere poststrukturalistische Theoretiker_innen und Aktivist_innen betonen, dass politische Handlungsfähigkeit auch nach dem *poststructuralist turn* möglich ist: Das bedeutet im Hier und Jetzt auf der Basis *strategischer Essentialismen* (Spivak 1985) zu arbeiten und in der Zukunft die binären Zuschreibungen und Konstruktionen von Identitäten zu unterwandern.

Gesellschaftliche Auseinandersetzungen finden auf einem Terrain statt, das immer schon hierarchisch und machtvoll strukturiert ist und somit einige Handlungen, Strategien, Lebensweisen, und Identitäten privilegiert und andere ausschließt. Den absoluten Bruch mit den gesellschaftlichen Verhältnissen gibt es nicht, Spuren des Alten sind im Neuen stets präsent. Aus einer solchen Perspektive kann Emanzipation nicht vollständig oder universell gedacht werden, sondern ist nur als unvollständig, widersprüchlich, häufig kapillar und stets partikular denkbar. Ein *post-* vor traditionelle gesellschaftstheoretische Ansätze zu setzen, beinhaltet, *Emanzipation* nicht im Singular, sondern stets *im Plural* zu denken (vgl. Laclau 1996). Globale Emanzipationsbewegungen und Theoretiker_innen wie Gayatri Spivak, Judith Butler, Gibson-Graham, Chantal Mouffe oder, Ernesto Laclau verstehen Gesellschaft als stets im Werden. Entsprechend sind in einer solchen Gesellschaft Antagonismen nicht ausgelöscht. Im besten Fall werden in Suchprozessen Wege gefunden mit diesen Antagonismen temporär umzugehen und immer wieder nach dem »Anderen«, dem Ausgeschlossenen und dem Marginalisierten, zu fragen. Der vorliegende Band versteht sich als Beitrag zu einem solchen Projekt.

AUFBAU DES BANDES

Der vorliegende Band versammelt Arbeiten aus der Politikwissenschaft, der Humangeographie, der Soziologie, der politischen Philosophie, den Gender Studies und der Internationalen Politischen Ökonomie. Er geht aus einem interdisziplinären Kreis hervor, der seit dem Jahr 2008 im Rahmen des Netzwerks »Diskurs- und Hegemonietheorien« in halbjährlich stattfindenden Workshops eng aufeinander bezogen arbeitet. Er ist ein dezidiert interdisziplinäres Projekt, das unterschiedliche fachliche Positionen, theoretische Traditionen und empirische Erkenntnisse in einen konstruktiven Dialog bringt. Die versammelten Beiträge diskutieren das Verhältnis von Hegemonie, Diskurs und Gesellschaftskritik auf unterschiedliche Weise und bilden damit ein breites Spektrum theoretischer Weiterentwicklungen sowie gesellschaftstheoretisch basierter Analysen in diesem Feld ab.

Der Beitrag von Joscha Wullweber stellt im Rückgriff auf die Konzepte Hegemonie, Diskurs und Antagonismus einen gesellschaftstheoretischen Analyserahmen vor, der auf der Theorie von Laclau und Mouffe sowie auf der Hegemonietheorie von Gramsci basiert. Neben der Einführung und Diskussion diskurs- und hegemonietheoretischer Konzepte, auf die in den folgenden Beiträgen zurückgegriffen wird, geht es ihm vor allem darum, einen theoretischen Ansatz darzulegen, in dem die politischen Wurzeln sozialer Beziehungen betont werden. Damit hebt er hervor, dass »prinzipiell alle gesellschaftlichen Beziehungen verhandelbar bzw. Resultat gesellschaftlicher Aushandlungsprozesse sind« (35). Eine solche Sichtweise öffnet den Blick für die zahlreichen Auseinandersetzungen um Hegemonie auf verschiedenen gesellschaftlichen Ebenen. Das Konzept der Hegemonie benennt hierbei zum einen den Prozess der Verstetigung – der Normalisierung und *Veralltäglichung* – gesellschaftlicher Beziehungen, bei gleichzeitigem Ausschluss alternativer Relationen. Zugleich beinhaltet es die Möglichkeit der gegenhegemonialen Bewegung – der Wiederbewusstmachung und der Repolitisierung – von Alternativen. Resultat erfolgreicher hegemonialer Handlungen sind mehr oder weniger stabilisierte soziale Strukturen, verstanden im Sinne einer *strukturierten Unsicherheit*. Diese werden mit dem Diskursbegriff gefasst. Der Beitrag verdeutlicht den Mehrwert einer diskurs- und hegemonietheoretischen Vorgehensweise für die Analyse komplexer, sich überlagernder Herrschaftsverhältnisse aus dezidiert kritischer Perspektive.

Anschließend diskutiert Benjamin Opratko Kritikpunkte am Hegemoniebegriff von Laclau und Mouffe. Er kritisiert die diskurstheoretische Erweiterung des Hegemoniebegriffs bei Laclau und Mouffe als »Ontologisierung dieses vormals gesellschafts- bzw. kapitalismuskritischen Konzepts« (71). In der Folge entsteht seines Erachtens eine Vermischung unterschiedlicher Analyse- und Abstraktionsebenen, die eine adäquate Analyse empirischer Probleme verunmöglicht. Er fordert, die Differenz zwischen ontologischen Aussagen und sozialwissenschaftlichen Konzepten zur Analyse gesellschaftlicher Verhältnisse zu schärfen. Auf dieser Grundlage diskutiert er, welche produktiven Weiterentwicklungen er für die Hegemonietheorie sieht.

Die weiteren Beiträge fokussieren auf theoretische Anknüpfungspunkte mit unterschiedlichen gesellschaftskritischen Ansätzen: Einige verbinden diskurstheoretische Perspektiven mit der Hegemonietheorie Gramscis, andere diskutieren die Verflechtung der Diskurs- und Hegemonietheorie von Laclau und Mouffe mit Theoriesträngen wie Intersektionalität oder Postkolonialismus. Damit werden Anschlüsse für eine gesellschaftskritische Analyse in unterschiedlichen Disziplinen wie den Politikwissenschaften, der Humangeographie, der Soziologie und den Queer- und Gender Studies geschaffen und unterschiedliche Achsen der Differenz sowie die mit ihnen verbundenen hegemonialen Verhältnisse in den Blick genommen.

Der Frage, wie aus diskurs- und hegemonietheroetischer Perspektive die Verschränkung intersektionaler Herrschaftsverhältnisse mit Subjektivierungsprozessen gedacht werden kann, nähern sich die Arbeiten von Ludwig, Ganz und Habermann mit unterschiedlichen Ansatzpunkten. Alle drei Autor_innen verfolgen das Ziel, eine starke gesellschaftstheoretische Fundierung in die Analyse von Subjektivierungsprozessen einzubeziehen. Auf diese Weise stellen sie Ansätze zur Diskussion, die die Ko-Konstitution und Verwobenheit von Subjekt, Identität und gesellschaftlichen Verhältnissen in den Blick nehmen.

Friederike Habermann stellt in ihrem Beitrag poststrukturalistische, feministische und postkoloniale Erweiterungen der gramscianischen Hegemonietheorie vor, die es möglich machen, das Subjekt nicht nur als Klassensubjekt in einem ökonomisch determinierten gesellschaftlichen Feld, sondern Identitätsbildung als hegemonialen Prozess zu denken. Hegemoniebildungsprozesse sind dabei immer auch Identitätsbildungsprozesse und implizieren Grenzziehungen zwischen Identitäten. Mit der auf dieser Basis konzeptionierten subjektfundierten Hegemonietheorie gelingt es, »potentiell alle Herrschaftsverhältnisse als auch die Nicht-Essentialität von Identität in die Analyse der Gesellschaft« (87) einzubeziehen.

Kathrin Ganz beschäftigt sich mit der Frage, wie interdependente Kategorien sozialer Differenzierung in (gegen)hegemonialen Projekten analysiert werden können. Mit ihrem Beitrag begegnet sie sowohl dem Vorwurf, die Forschung zu Subjektpositionen hätte keinen systematisch ausgearbeiteten Begriff von Hegemonie und Hegemoniebildungsprozessen, als auch der Kritik, dass in der Diskurs- und Hegemonietheorie hinsichtlich intersektionaler Herrschaftsverhältnisse und Subjektpositionen der Begriff des Subjekts unausgearbeitet sei. Sie leistet sowohl eine gesellschaftstheoretische Erweiterung der bisherigen Analysen von Subjektpositionen als auch eine subjekttheoretische Erweiterung der Diskurs- und Hegemonietheorie. Hierzu diskutiert sie Anschlusspunkte zwischen dem Forschungsprogramm der intersektionalen Mehrebenenanalyse nach Winker und Degele und dem Konzept der ›Artikulation politischer Identitäten‹ in der Diskurs- und Hegemonietheorie von Laclau und Mouffe. Mit dem Konzept der ›Artikulation von Differenz‹ entwirft sie einen methodologischen Rahmen für eine hegemonietheoretisch fundierte Analyse von Subjektpositionen.

Gundula Ludwig beschäftigt sich mit der Frage, wie Zweigeschlechtlichkeit und daraus folgende Subjektpositionen innerhalb hegemonialer Machtverhältnisse hervorgebracht werden. Hierzu verbindet sie die queer-feministischen Überlegungen Butlers zur heterosexuellen Matrix mit Gramscis Hegemoniekonzept und entwirft daraus das Konzept der »heteronormativen Hegemonie« (116). Auf diese Weise gelingt es ihr, die Herstellung und Erhaltung heteronormativer Zweigeschlechtlichkeit gesellschaftstheoretisch zu fundieren. Denn mit Gramsci kann Heteronormativität erstens als umkämpft und widersprüchlich, zweitens als in Alltagspraxen verankert sowie durch alltägliche Zustimmung und Konsens getragen und drittens als Effekt staatlicher Macht verstanden werden. Heteronormativität wird damit als Ausdrucksform gesellschaftlicher Auseinandersetzungen und Kräfteverhältnisse verstanden, in denen sich je konkrete hegemoniale Deutungsmuster zu Geschlecht, Sexualität und Körpern herauskristallisiert haben.

Georg Glasze beschäftigt sich mit Impulsen der Diskurs- und Hegemonietheorie für raumtheoretische Fragen. Er setzt sich kritisch mit der Debatte um den Raumbegriff bei Ernesto Laclau, Doreen Massey und David Howarth auseinander und entwickelt alternativ und aufbauend sowohl auf der Diskurs- und Hegemonietheorie als auch der raumtheoretischen Debatte in der Humangeographie eine dezidiert politische Konzeption von Räumen. Laclau versteht Raum als Gegensatz von Politik und damit als Stasis auf der ontologischen Ebene. Diesem Begriff setzt Glasze Masseys Raumkonzeption entgegen, die als ontisches sozialwissenschaftliches Konzept die Umkämpftheit von sozialer Ordnung und ihren Manifestationen in konkreten Räumen in den Blick nimmt. Glasze plädiert dafür, nicht jedwede Strukturbildung als ›Raum‹ zu beschreiben, sondern »nur jene Artikulationen als Konstitution von Räumen zu fassen, die symbolisch und/oder materiell hier/dort-Unterscheidungen herstellen« (163). Anhand der umkämpften diskursiven Konstitution der Pariser Banlieus sowie von sog. ›edit wars‹ im GeoWeb 2.0 zeigt er, welche Beitrag eine diskurs- und hegemonietheoretisch inspirierte Konzeption politischer Räume für aktuelle Debatten in der Humangeographie leisten kann.

Die folgenden zwei Beiträge von Christoph Scherrer und Sebastian Schipper setzen sich mit der Bedeutung der Diskurs- und Hegemonietheorie für das Verständnis aktueller polit-ökonomischer Fragen auseinander. Christoph Scherrer erweitert neogramscianische Analysen mit neueren poststrukturalistischen Erkenntnissen über das Finanzwesen und mit Ansätzen aus der Soziologie der Märkte im Anschluss an MacKenzie, de Goede, und Langley. Auf diese Weise ergänzt er die Diagnose der Krisenhaftigkeit des Finanzmarksystems mit einer Kritik an der Modellhaftigkeit neoklassischer Marktvorstellungen, die ihre Wirklichkeit performativ hervorbringen. Er zeigt wie Finanzmärkte historisch gesellschaftsfähig wurden und heutzutage als Evaluierungsinstrumente nationalstaatlicher Fiskalpolitik akzeptiert sind. Die gramscianische Hegemonietheorie ermöglicht ihm sowohl das Handeln der Akteure in seiner Konflikthaftigkeit als auch die akteursbezogene Dimension der Hegemonie analysieren zu können.

Während Christoph Scherrer diskurs- und hegemonietheoretische Ansätze zur Auseinandersetzung mit dem Finanzwesen fruchtbar macht, erforscht Sebastian Schipper in seinem Beitrag die Hegemonie der ›unternehmerischen Stadt‹ am Beispiel Frankfurt am Mains. In einer genealogischen Perspektive denaturalisiert er die unternehmerische Stadt als historisches Produkt gesellschaftlicher Machtverhältnisse und als Effekt veränderter sozialer und diskursiver Praktiken, die in der Verschränkung gouvernementalitätstheoretischer Ansätze mit materialistischer Gesellschafts- und Staatstheorie sichtbar werden. Während er mit Hilfe der materialistischen Gesellschafts- und Staatstheorie die Transformation und Reskalierung hin zu einem Wettbewerbsstaat, der Verantwortlichkeiten zunehmend auf Städte verlagert, als einen »kriseninduzierten Suchprozess nach einer erneuten Stabilisierung kapitalistischer Regulation« interpretiert, zeigt er mit Hilfe der *Governmentality Studies*, wie »ein Wissen erfunden sowie Subjekte produziert worden sind, welche städtisches Regieren unter postfordistischen Bedingungen möglich machen« (223). Damit zeigt er, dass komplexe Prozesse der Hegemoniebildung erst in ihrer je auf den Fall bezogenen gesellschaftstheoretischen Engführung verstehbar werden.

Shadia Husseini macht sich in ihrem Beitrag auf die Suche nach postkolonialen Erweiterungen der Diskurs- und Hegemonietheorie. Sie entwickelt entlang einer Analyse der Repräsentationen »des Westens« in arabischen Printmedien im Anschluss an die Anschläge des 11. Septembers 2001 nicht nur eine diskurs- und hegemonietheoretische Analyse »imaginativer Geographien« (Said 1981 [1978]), sondern zeigt auch, wie Erkenntnisse postkolonialer Forschung diskurs- und hegemonietheoretische Arbeiten befruchten können.

***

Wir möchten uns ganz herzlichen bei allen bedanken, die in den letzten Jahren am Netzwerk Hegemonie- und Diskurstheorien und den regelmäßigen Workshops mitgewirkt haben. Von den intensiven und inspirierenden Diskussionen haben wir sehr profitiert. Weiterhin bedanken möchten wir uns für die großzügige finanzielle Unterstützung des Fachgebiets Globalisierung und Politik der Universität Kassel. Schließlich geht natürlich ein Dank an die Autorinnen und Autoren des Bandes: Die Zusammenarbeit haben wir als äußerst fruchtbar und gewinnbringend erlebt.

LITERATUR

Aglietta, Michel (1979): A Theory of Capitalist Regulation. The US Experience, London: New Left Books.

Angermüller, Johannes (2011): Heterogeneous knowledge: Trends in German discourse analysis against an international background, in: Journal for Multicultural Discourses, Vol. 6 (2), S. 121–136.

Atkinson, Maxwell/Heritage, John/Oatley, Keith (1985): Structures of Social Action: Studies in Conversation Analysis, Cambridge u.a.: Cambridge University Press.

Bhaskar, Roy (1978): A Realist Theory of Science, London u.a.: Verso.

Boyer, Robert (1990): The regulation school: a critical introduction, New York: Colombia University Press.

Brand, Ulrich (2000): Nichtregierungsorganisationen, Staat und ökologische Krise: Konturen kritischer NRO-Forschung am Beispiel der biologischen Vielfalt, Münster: Westfälisches Dampfboot.

Brand, Ulrich (2005): Gegen-Hegemonie. Perspektiven globalisierungskritischer Strategien, Hamburg: VSA.

Brand, Ulrich/Raza, Werner (Hg.) (2003): Fit für den Postfordismus? Münster: Westfälisches Dampfboot.

Buckel, Sonja/Fischer-Lescano, Andreas (2007): Hegemonie gepanzert mit Zwang. Zivilgesellschaft und Politik im Staatsverständnis Antonio Gramscis, Baden-Baden: Nomos.

Campbell, David (1998): National Deconstruction: Violence, Identity, and Justice in Bosnia, Minneapolis: University of Minnesota Press.

Connell, R.W. (1995): Masculinities. Cambridge: Politiy Press.

Cox, Robert W. (1987): Power, Produktion, and World Order, New York: Colombia University Press.

Cox, Robert W./Sinclair, Timothy (Hg.) (1996): Approaches to world order, Cambridge: Cambridge University Press.

Demirović, Alex (2003): Stroboskopischer Effekt und die Kontingenz der Geschichte, in: Brand, Ulrich/Raza, Werner (Hg.): Fit für den Postfordismus? Münster: Westfälisches Dampfboot, S. 43–57.

Derrida, Jacques (1988): Limited Inc, Evanston: Northwestern University Press.

Dijk, Teun A. van (1997): Discourse as Structure and Process, London: Sage.

Downes, William (1984): Language and Society, London: Fontana.

Fairclough, Norman (1992): Discourse and Social Change, Oxford: Blackwell.

Fairclough, Norman (1995): Critical Discourse Analysis: the Critical Study of Language, London: Longman.

Foucault, Michel (1973): Archäologie des Wissens, Frankfurt am Main: Suhrkamp.

Foucault, Michel (2004a): Geschichte der Gouvernementalität I. Sicherheit, Territorium, Bevölkerung, Frankfurt am Main: Suhrkamp.

Foucault, Michel (2004b): Geschichte der Gouvernementalität II. Die Geburt der Biopolitik, Frankfurt am Main: Suhrkamp.

Gill, Stephen (Hg.) (1993): Gramsci, Historical Materialism and International Relations, Cambridge: Cambridge University Press.

Gill, Stephen (2003): Power and Resistance in the New World Order, New York: Palgrave.

Georg Glasze/Mattissek, Annika (Hg.) (2009): Handbuch Diskurs und Raum. Theorien und Methoden für die Humangeographie sowie die sozial- und kulturwissenschaftliche Raumforschung. Bielefeld: transcript.

Gramsci, Antonio (1991): Gefängnishefte, Hamburg u.a.: Argument.

Habermann, Friederike (2008): Der homo oeconomicus und das Andere. Hegemonie, Identität und Emanzipation, Baden-Baden: Nomos.

Holsti, Ole R. (1969): Content Analysis for the Social Sciences and the Humanities, Reading: Addisson-Wesley.

Howarth, David/Stavrakakis, Yannis (2000): Introducing discourse theory and political analysis, in: Howarth, David/Stavrakakis, Yannis/Norval, Aletta J. (Hg.): Discourse Theory and political analysis, Manchester: MUP, S. 1–23.

Jäger, Margarete/Jäger, Siegfried (2007): Deutungskämpfe. Theorie und Praxis Kritischer Diskursanalyse, Wiesbaden: VS Verlag.

Jessop, Bob (2004): Critical Semiotic Analysis and Cultural Political Economy, in: Critical Discourse Studies, Vol. 1 (2), S. 159–174.

Jessop, Bob/Sum, Ngai-Ling (2001): Pre-disciplinary and Post-disciplinary Perspectives, in: New Political Economy, Vol. 6 (1), S. 89–101.

Jessop, Bob/Sum, Ngai-Ling (2006a): Towards a cultural international political economy: poststructuralism and the Italian school, in: Goede, Marieke de (Hg.): International Political Economy and Poststructural Politics, Basingstoke, Hampshire u.a.: Palgrave Macmillan, S. 157–176.

Jessop, Bob/Sum, Ngai-Ling (2006b): Beyond the regulation approach. Putting capitalist economies in their place, Cheltenham: Elgar.

Keller, Reiner (2007): Diskursforschung. Eine Einführung für SozialwissenschaftlerInnen, Wiesbaden: VS Verlag, 3. Auflage.

Keller, Reiner (2011): Wissensoziologische Diskursanalyse. Grundlegung eines Forschungsprogramms, Wiesbaden: VS Verlag, 3 Auflage.

Laclau, Ernesto (Hg.) (1990): New Reflections on the Revolution of Our Time, London/New York: Verso.

Laclau, Ernesto (Hg.) (1996): Emancipation(s), London: Verso.

Laclau, Ernesto (2000): Structure, History and the Political, in: Butler, Judith/Laclau, Ernesto/Žižek, Slavoj (Hg.): Contingency, Hegemony, Universality, London: Verso, S. 182–212.

Laclau, Ernesto (2005): On Populist Reason, London/New York: Verso.

Laclau, Ernesto/Mouffe, Chantal (1985): Hegemony and Socialist Strategy: Towards a Radical Democratic Politics, London/New York: Verso.

Lipietz, Alain (1987): Mirages and Miracles: The Crisis of Global Fordism, London/New York: Verso.

Maingueneau, Dominique (1999): Analysing Self-Constituting Discourses, in: Discourse Studies, Vol. 1 (2), S. 175–199.

Marchart, Oliver (1998): Undarstellbarkeit und ontologische Differenz, in: Marchart, Oliver (Hg.): Das Undarstellbare der Politik: Zur Hegemonietheorie Ernesto Laclaus, Wien: Turia + Kant, S. 7–22.

Merkens, Andreas/Rego Diaz, Victor (Hg.) (2007): Mit Gramsci arbeiten. Texte zur politisch-praktischen Aneignung Antonio Gramscis, Hamburg: Argument.

Moebius, Stephan/Reckwitz, Andreas (Hg.) (2008): Poststrukturalistische Sozialwissenschaften, Frankfurt am Main: suhrkamp.

Opratko, Benjamin/Prausmüller, Oliver (2011): Gramsci global. Neogramsicanische Perspektiven in der Internationalen Politischen Ökonomie, Hamburg: Argument.

Pijl, Kees van der (1984): The Making of an Atlantic Ruling Class, London: New Left Books.

Pijl, Kees van der (1998): Transnational Classes and International Relations, London/New York: Routledge.

Pühretmayer, Hans (im Erscheinen): Critical Realism, in: Wullweber, Joscha/Behrens, Maria/Graf, Antonia (Hg.): Theorien der Internationalen Politischen Ökonomie, Wiesbaden: VS Verlag.

Pêcheux, Michel (1982): Language, Semantics and Ideology, London: Macmillan.

Reisigl, Martin (2007): Nationale Rhetorik in Fest- und Gedenkreden. Eine diskursanalytische Studie zum »österreichischen Millennium« in den Jahren 1946 und 1996, Tübingen: Stauffenburg.

Robinson, William I. (2004): A Theory of Global Capitalism. Production, Class, and State in a Transnational World, Baltimore/London: Johns Hopkins University Press.

Said, Edward W. (1981 [1978]): Orientalismus, Frankfurt am Main: Ullstein.

Sayer, Andrew (1992): Method in social science. A realistic approach, London: Routledge, 2. Auflage.

Scherrer, Christoph (1995): Eine diskursanalytische Kritik der Regulationstheorie, in: Prokla, Vol. 100 (3), S. 457–482.

Scherrer, Christoph (1999): Globalisierung wider Willen. Die Durchsetzung liberaler Außenwirtschaftspolitik in den USA, Berlin: Edition Sigma.

Spivak, Gayatri C. (1985): Subaltern Studies: Deconstructing Historiography, in: Guha, Ranajit/Spivak, Gayatri C. (Hg.): Selected Subaltern Studies, New York/Oxford: Oxford University Press, S. 3–32.

Wullweber, Joscha (2010): Hegemonie, Diskurs und Politische Ökonomie. Das Nanotechnologie-Projekt, Baden-Baden: Nomos.

Konturen eines politischen Analyserahmens

Hegemonie, Diskurs und Antagonismus

JOSCHA WULLWEBER

EINLEITUNG

Ziel des folgenden Beitrags ist es, die Theorie von Laclau und Mouffe, auf die sich viele in diesem Band vertretenen Artikel beziehen, in Grundzügen und fokussiert auf die Konzepte *Hegemonie*, *Diskurs* und *Antagonismus*, darzustellen. Theorieexegese ist kein neutrales Unterfangen. Es soll vielmehr eine Lesart der Theorie von Laclau und Mouffe stark gemacht werden, die diese als umfassende Gesellschaftstheorie versteht.[1] Die Begriffe Hegemonie, Diskurs und Antagonismus fungieren hierbei als theoretische Eckpfeiler einer Rahmung gesellschaftlicher Prozesse und Institutionen. Das Hegemoniekonzept (Kapitel 1) nimmt innerhalb dieses theoretischen Dreigespanns wiederum eine zentrale Stellung ein. Es beinhaltet die Annahme, dass gesellschaftliche Prozesse stets in Machtverhältnisse eingebettet sind und tendenziell konflikthaft verlaufen. Damit unterscheidet sich das diesem Kon-

1 Siehe auch Critchley/Marchart 2004; Habermann 2008; Howarth/Norval/Stavrakakis 2000; Howarth/Torfing 2005; Nonhoff 2007; Marchart 1998a; Marchart 2007; Smith 1994, 1998a; Torfing 1998; Wullweber 2010.

zept immanente Verständnis von Gesellschaft zu dem heute in den Gesellschaftswissenschaften vorherrschenden Ansatz der kommunikativen Rationalität (Habermas 1981). Letzteres impliziert, dass es zumindest theoretisch möglich wäre, einen wertfreien Dialog zu führen, der egalitär und inklusiv ist und aus dem Fragen von Macht und ungleichen (kommunikativen, ›materiellen‹ etc.) Ressourcen weitgehend herausgehalten werden könnten. Nach der Theorie von Laclau und Mouffe ist ein demokratischer Prozess jedoch immer zugleich auch ein hegemonialer Prozess, bei dem ein gesellschaftlicher Konsens die Universalisierung von partikularen Interessen beinhaltet. Die Herstellung von Konsens, so wird unten näher ausgeführt, ist demnach ohne die Konstruktion eines sozialen Antagonismus – ohne mehr oder weniger stark ausgeprägte gewaltförmige Ausschließungen und Spaltungen – nicht denkbar. Es ist daher auch theoretisch nicht möglich, einen Konsens zu erarbeiten, der gesellschaftliche Interessen gleichermaßen abbilden würde.[2] Das Konzept des Diskurses (Kapitel 2) steht bei der Hegemonietheorie von Laclau und Mouffe für die soziale Struktur einer Gesellschaft, die als Resultat gesellschaftlicher Praxen, d.h. als kontingente Verstetigung sozialer Aushandlungsprozesse verstanden wird.

Wie ich zeigen möchte, privilegiert die Theorie von Laclau und Mouffe, das Konzept der Hegemonie gegenüber dem Konzept des Diskurses. Es ist vor allem die hegemoniale Praxis und weniger die hegemoniale Struktur (d.h. der Diskurs), die im Fokus der Theoretisierungen steht. Mit dem Terminus des Antagonismus (Kapitel 3) betonen Laclau und Mouffe schließlich, dass gesellschaftliche Spaltungen und Konflikte einen ontologischen – daher einen grundsätzlichen – Charakter haben. Innerhalb dieses Theorierahmens ist eine Gesellschaft ohne Interessengegensätze schlicht nicht denkbar. Im Anschluss erfolgt eine kurze Diskussion einzelner Kritikpunkte an dem hier vorgestellten Theorierahmen (Kapitel 4).

---

2 Siehe diesbezüglich ausführlich Mouffe 2007, 2008; siehe auch Hetzel 2004; Jörke 2004.

HEGEMONIE ALS MODUS GESELLSCHAFTLICHEN HANDELNS

Der Hegemoniebegriff von Laclau und Mouffe geht auf Antonio Gramsci zurück. Mit dem Ziel, die gesellschaftstheoretische Komponente und damit das Politische im Hegemoniebegriff von Laclau und Mouffe hervorzuheben, werde ich im Folgenden eine kurze Genealogie des Hegemoniebegriffs bei Gramsci vornehmen, um im Anschluss die Logik des Politischen näher zu beschreiben.

Laclau und Mouffe werden bisweilen als postgramscianisch bezeichnet. Das Präfix ›post‹ verweist hierbei sowohl auf Kontinuitäten als auch auf Brüche mit der Theorie Gramscis.[3] Kontinuitäten finden sich bei Laclau und Mouffe vor allem in der kritischen Theoretisierung von Machtbeziehungen. Diese werden nicht nur als repressiv verstanden, sondern auch von der produktiven und strategischen Seite aus betrachtet. Der Hegemoniebegriff bezeichnet nicht einfach die Dominanz einer gesellschaftlichen Gruppe oder eines Staates über andere. Vielmehr wird mit dem Begriff auch der konsensuale Charakter von gesellschaftlichen Verhältnissen betont (siehe auch Scherrer in diesem Band). Der Bruch mit Gramsci besteht in der Dekonstruktion von Gramscis Ökonomismus. Der letzte Essentialismus Gramscis besteht nach Laclau und Mouffe (1985: 75ff.) darin, dass dieser die Identität der Subjekte letztlich auf deren Stellung innerhalb der Ökonomie zurückführt und den *fundamentalen Klassen* – der Arbeiterklasse und der Bourgeoisie – eine privilegierte Stellung im Kampf um gesellschaftliche Hegemonie einräumt (siehe auch Habermann, Ludwig und kritisch dazu Stellung beziehend Opratko in diesem Band).

3 Ähnlich habe ich den Begriff »Poststrukturalismus« diskutiert (vgl. Wullweber/Scherrer 2010).

Hegemonie bei Gramsci

Bei Gramsci ist das Hegemoniekonzept eng mit dem Begriff der Zivilgesellschaft verknüpft.[4] In der Theoretisierung des Staates folgt Gramsci Marx, indem er die Zivilgesellschaft und nicht – wie Hegel – den Staat als das Zentrum der sozialen Auseinandersetzungen bzw. historischen Entwicklung versteht:

»Es zeigt sich schon hier, daß diese bürgerliche Gesellschaft der wahre Herd und Schauplatz aller Geschichte ist, und wie widersinnig die bisherige, die wirklichen Verhältnisse vernachlässigende Geschichtsauffassung mit ihrer Beschränkung auf hochtönende Haupt- und Staatsaktionen ist« (Marx 1969: 36).

Andererseits ist für Gramsci die Zivilgesellschaft, wie bei Hegel, Teil des Überbaus und nicht, wie bei Marx, ein strukturelles Moment (der Basis). Während Gramsci also den Staat als Herrschaftsinstrument der führenden gesellschaftlichen Gruppe ansieht – und nicht, wie Hegel, als Produkt der Vernunft – folgt er gleichzeitig einer hegelianischen Sichtweise von Zivilgesellschaft, indem er diese, im Gegensatz zu Marx, nicht mehr als Teil der Ökonomie sieht. Gramsci kehrt also die klassische marxistische Hierarchie zwischen Staat und Ökonomie um (vgl. Bobbio 1979: 30). Allerdings nicht dahingehend, dass der Staat nun die Ökonomie determinieren würde. Vielmehr fragt sich Gramsci, wie genau Staatlichkeit beschaffen ist bzw. wie gesellschaftliche Gruppen ihre Herrschaft im Staat erreichen und absichern.

Hierzu führt er mit dem Konzept des integralen Staates einen umfassenden Staatsbegriff ein. Diesen unterteilt er in Zivilgesellschaft und politische Gesellschaft. Unter Zivilgesellschaft versteht er ein Ensemble von Institutionen, die zur Sphäre des Privaten gezählt werden: Familie, Vereine, Kirche, Zeitungen usw. Die politische Gesellschaft steht für den Staat im engeren Sinne, bestehend aus einem institutionellen Ensemble aus Regierung, Parlament, Gesetz, Bürokratie, Polizei und Militär (Gramsci 1971: 247ff.). Sowohl der Staat im engeren Sinne

4 Vgl. ausführlich Wullweber 2010: 31ff.

als auch die Zivilgesellschaft haben bei Gramsci einen politischen Charakter, sind also nicht auf eine ökonomische Logik reduzierbar. Die Unterscheidung zwischen politischer Gesellschaft und Zivilgesellschaft basiert bei Gramsci allerdings nicht auf natürlichen Grenzen, sondern ist methodisch angeleitet (vgl. Gramsci 1971: 160). Letztlich konstituieren sich Zivilgesellschaft, politische Gesellschaft und Ökonomie als Räume, innerhalb derer Ringen um Hegemonie stattfindet.

Gramsci geht davon aus, dass die Übernahme der Staatsmacht nicht ausreicht, um eine stabile Gesellschaftsformation zu etablieren. Vielmehr betont er die Notwendigkeit der *hegemonialen Transformation* einer gesellschaftlichen Gruppe (bei Gramsci: Proletariat oder Bourgeoisie) in den Staat. Unter Hegemonie versteht Gramsci nun mehr als ein Bündnis der dominanten Gruppen. Hegemonie ist dann erlangt, wenn eine bestimmte Partikularität universal wird und sowohl in eine politisch-ökonomische als auch in eine intellektuell-moralische Einheit mündet (ebd.: 181f.). Dieser Moment der Universalität ist ein politischer Moment, im Sinne eines Aushandlungsprozesses, und drückt nicht etwa eine der Gesellschaft zugrunde liegende Essenz aus (siehe unten). Ein solcher Prozess ist nach Gramsci nur möglich, wenn sich eine soziale Gruppe ihrer Interessen bewusst wird und zugleich in der Lage ist, diese bis zu einem gewissen Punkt zu überwinden. Die hegemoniale Gruppe muss daher ein kompromisshaftes Gleichgewicht schaffen, indem bestimmte Zugeständnisse an andere gesellschaftliche Gruppen gemacht werden.

Nicht integrierbare Interessen und Identitäten müssen notfalls mit Gewalt unterdrückt oder ausgeschlossen werden. Jede räumlich-historische Hegemonie »zeichnet sich durch die Kombination von Zwang und Konsens aus« (Gramsci 1991: 1610). Hegemonie wird verstanden als die Erlangung einer stabilen gesellschaftlichen Situation, in der bestimmte gesellschaftliche Gruppen in der Lage sind, ihre Interessen in einer Art und Weise zu artikulieren, dass andere gesellschaftlichen Gruppen diese Interessen als ein Allgemeininteresse ansehen. Gramsci bezeichnet eine erfolgreich etablierte Hegemonie als *historischen Block* (Gramsci 1971: 366).

Diese Konzeptualisierung von Hegemonie beinhaltet eine Auffassung von Macht, die vor allem auf der Fähigkeit beruht, die Herzen und Köpfe der Menschen zu gewinnen. Eine Hegemonie ist umso stabiler, je mehr sie nicht nur passiv toleriert, sondern auch aktiv unterstützt wird. Die Kongruenz von Interessen kann darüber erreicht werden, dass die Interessen verschiedener Gruppen bereits in der Gestaltungsphase von Institutionen oder Projekten beachtet werden und mit ihnen verschmelzen, so dass sie gleichgesetzt werden mit der Institution oder dem Projekt selbst (vgl. Scherrer 1999: 17f.).

Interessanterweise findet sich bei Gramsci der Begriff der *Katachresis* (vgl. Gramsci 1971: 366f.), der dem später von Foucault entwickelten Begriff der *Gouvernementalität* inhaltlich ähnelt. Gramsci will mit diesem Begriff betonen, dass Subjekte durch ideologische Praxis konstruiert sind und sich durch politische Prozesse verändern (siehe hierzu auch den Beitrag von Ludwig und Habermann in diesem Band). Der hegemoniale Prozess ist demnach kein Machtkampf zwischen feststehenden Identitäten, sondern beinhaltet immer auch die Produktion und Transformation neuer (kollektiver) Identitäten. Mehr noch: Dieser Prozess kann als Ringen um die hegemoniale Produktion von Identitäten verstanden werden. Der hegemoniale Kollektivwille steht den Individuen der Gesellschaft nicht gegenüber, im Sinne einer *Entfremdung* von den eigentlichen Interessen, sondern ist – in diesem konkreten historischen Moment – Ausdruck der Interessen und Wünsche zumindest eines großen Teils der Bevölkerung. Eine erfolgreich installierte Hegemonie entwickelt eine produktive Kraft: »[It] is transformed into a means of freedom, an instrument to create a new ethico-political form and a source of new initiatives« (ebd.: 367). Wie unten ausgeführt wird, ist eine politische Dimension konstitutiv für jede soziale Identität.

Die Logik des Politischen

Im Folgenden möchte ich eine Lesart der Theorie von Laclau und Mouffe stark machen, die das Konzept der Hegemonie im Sinne einer

Logik des Politischen versteht. Mit der Logik des Politischen soll in erster Annäherung ausgedrückt werden, dass prinzipiell alle gesellschaftlichen Beziehungen verhandelbar bzw. Resultat gesellschaftlicher Aushandlungsprozesse sind. Die politische Dimension ist demnach konstitutiv für jede gesellschaftliche Beziehung und Identität. Das Politische ist hierbei weder auf einen bestimmten gesellschaftlichen Bereich reduzierbar noch durch eine andere Logik (z.B. eine ökonomische oder kulturelle) determiniert. Alle sozialen Beziehungen haben folglich einen politischen Ursprung.

Die Logik des Politischen kann als *ontologische* Kategorie von der konkreten politischen Praxis unterschieden werden (Lefort 1988). Die Logik des Politischen ist grundlegender als die konkrete politische Praxis und steht für den rastlosen Prozess der Verstetigung – im Sinne einer *Veralltäglichung* – von gesellschaftlichen Beziehungen auf der einen Seite und der Repolitisierung dieser Beziehungen auf der anderen Seite. Die Logik des Politischen benennt daher auch den Prozess, in dem bestimmt wird, was zu einem bestimmten raum-zeitlichen Moment als politisch und was als unpolitisch – und daher nicht verhandelbar – angesehen wird (zur politischen Konzeption von Räumen siehe Glasze in diesem Band). Letzteres fasst Laclau mit der Kategorie des Sozialen (vgl. Laclau 1990: 35). Das Soziale kennzeichnet die verstetigten und zu diesem historischen Zeitpunkt nicht mehr hinterfragten und somit verfestigten Beziehungen einer Gesellschaft. Stabile und gesellschaftlich akzeptierte Handlungen und Beziehungen bilden sich heraus, indem über hegemoniale Auseinandersetzungen bestimmte Handlungen und Beziehungen privilegiert – und tendenziell depolitisiert – und andere unterdrückt werden. Die soziale Struktur einer Gesellschaft entsteht demnach durch Handlungen, deren ursprünglich offener und oft auch umstrittener Charakter in Vergessenheit geriet. Das, was in einer Gesellschaft als unpolitisch angesehen wird, ist das *sedimentierte* Soziale, im Sinne eines institutionalisierten Ensembles aus Regeln, Normen und Werten, die für selbstverständlich gehalten werden, dessen politische Wurzeln also in diesem räumlich-historischen Moment verschleiert sind. Es gibt bei Laclau keine grundsätzliche Unterscheidung zwischen der Politik und dem Sozialen, sondern nur eine graduelle. Der Moment, in dem sich bestimmte Handlungen gegenüber konkurrierenden Handlungen durchsetzen und hegemonial werden, wird von Laclau in Anlehnung an Husserl als Sedimentation bezeichnet (vgl. Laclau 1990: 34, siehe Abbildung 1).[5]

Abbildung 1: ›Schichtmodell‹ Sedimentation und Reaktivierung

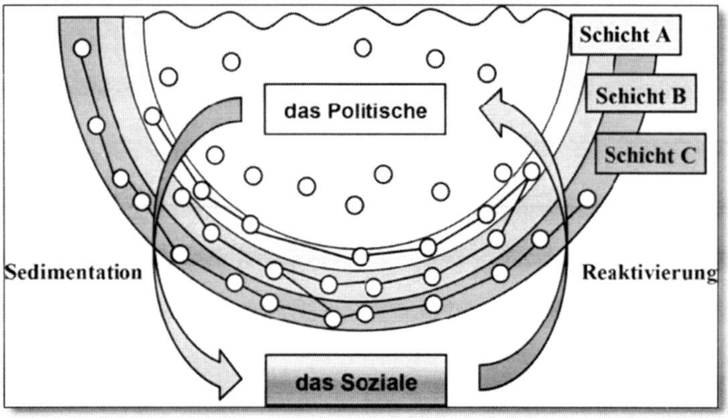

Quelle: eigene Darstellung

Das Schichtmodell in Abbildung 1, angelehnt an die Sedimentschichten eines Sees, soll den Gegensatz zwischen politisierten und relativ fluiden gesellschaftlichen Bereichen und jenen verdeutlichen, die depolitisiert und entsprechend relativ fixiert sind. Bei letzteren handelt es sich um eine polymorphe Masse sozialer Beziehungen, die zu sozialen Institutionen verfestigt sind. Der ursprünglich politische und damit kontingente Charakter dieser Bereiche und Handlungen gerät über die Zeit in Vergessenheit und damit auch das Wissen um Alternativen

5 Der Begriff der Sedimentation ist nicht ganz unproblematisch, suggeriert er einen passiven Vorgang, wie z.B. durch Gravitation bewirktes Absinken von Partikeln. Der Begriff wird dennoch als Heuristik verwendet, um die Verfestigung und Verstetigung sozialer Beziehungen zu beschreiben.

(Abbildung 1: Es entstehen verfestigte Äquivalenzketten, die die flottierenden Elemente binden).[6] In heteronormen Gesellschaften z.B. organisieren sich Liebesbeziehungen gleichsam natürlich als Zweierbeziehungen. Ebenso scheint eine Alternative zur kapitalistischen Produktion von Waren im Bewusstsein der Mehrheit der Menschen, zumindest in den westlichen Industrieländern, kaum mehr existent zu sein. Sind bestimmte Bedeutungen sedimentiert, entspricht das dem Moment, in dem eine bestimmte gesellschaftliche Organisationsform sozialer Beziehungen nicht mehr hinterfragt wird und als alternativlos gilt. Sie nimmt einen quasi-objektiven Charakter an (siehe unten).

Jede Gesellschaft basiert auf Routinisierungen und Verstetigungen von Handlungen. Ebenso, wie Kommunikation nur stattfinden kann, wenn bestimmte Bedeutungen von Begriffen temporär fixiert sind, kann eine Gesellschaft nur funktionieren, wenn bestimmte soziale, alltägliche Vorgehensweisen von der Mehrzahl der Menschen geteilt und reproduziert werden. Doch welche Handlungen alltäglich werden, welche Organisierung von Gesellschaft sich gegenüber anderen durchsetzt, ist nicht beliebig. Der gegenläufige Prozess, die Wiederbewusstmachung bzw. Reaktivierung des politischen Ursprungs sozialer Handlungen – das Aufbrechen von Äquivalenzketten –, beinhaltet allerdings nicht eine Rückkehr zum historischen Ursprung der Entscheidung. Denn die Alternativen, die zum Zeitpunkt der Sedimentation bestimmter Handlungen präsent waren, müssen nicht mit den verfügbaren Optionen zum Zeitpunkt der Reaktivierung übereinstimmen. Statt einer Rückkehr zum Ursprung handelt es sich bei der Reaktivierung um ein Aufbrechen von Objektivitäten, um eine *Dekonstruktion* im Derrida'schen Sinne, indem der kontingente Ursprung dieser Handlungen aufgezeigt wird und alte oder neue Antagonismen hervortreten.

---

6 In einer Äquivalenzkette wird die Zusammengehörigkeit von (sozialen) Elementen, wie z.B. gesellschaftlicher Praktiken oder Institutionen, bzw. allgemeiner von bestimmten Bedeutungen, betont. Da diese Elemente nicht aus sich heraus bedeutungsvoll sind, kann eine Äquivalenz nur über eine Differenz zu etwas anderem hergestellt werden (Laclau/Mouffe 1985: 127ff.; siehe unten).

In jeder Gesellschaft gibt es unterschiedlich stark verfestigte soziale Strukturen (in Abbildung 1 schematisch durch die Sedimentschichten A–C angedeutet). Während manche Strukturen relativ leicht hinterfragt werden können, haben sich andere tief in das soziale Gefüge, in Wissensformen und alltägliche Handlungen eingeschrieben. Seit der Finanzmarktkrise im Jahr 2008 beispielsweise wurde die Deregulierung der Finanzmärkte (oberste Sedimentschicht A) repolitisiert (obgleich es bislang nur in geringem Maße zu tatsächlicher Reregulierungen gekommen ist). Auch Kritik an bestimmten Formen neoliberaler Politik (Sedimentschicht B), wie die Kommerzialisierung gesellschaftlicher Infrastrukturbetriebe, wird inzwischen wieder häufiger geäußert und führt zum Teil zu einer veränderten Politik der Kommunen in Deutschland (z.B. Rückkauf von Betreiberrechten). Kritik an der profitorientierten Produktionsweise insgesamt (Sedimentschicht C) wird jedoch nur von wenigen Akteuren formuliert und praktiziert. Das Schichtmodell soll *erstens* veranschaulichen, dass alle Schichten über Sedimentationsprozesse – also konflikthafte gesellschaftliche Auseinandersetzungen – entstanden sind. Jede der Schichten wirkt, *zweitens*, selektiv auf die Bildung – auf die spezifische Textur – der nächsten Schicht ein. *Drittens* liegt jede Schicht gewissermaßen als ›Schutzwall‹ über den darunter liegenden Schichten. Als Metapher verbildlicht das Schichtmodell die verschiedenen Grade an Stabilität gesellschaftlicher Beziehungen und Handlungen. Allerdings sind auch die verfestigten Schichten nicht vollständig fixiert. Verschiebungen von Bedeutungen finden auch hier statt.

Während der Hegemoniebegriff die Logik des Politischen als ständige und konflikthafte Bewegung von Sedimentation und Reaktivierung fasst, wird die gesellschaftlich verfestigte soziale Struktur, die aus diesen Praxen resultiert, im Folgenden anhand des Diskursbegriffs näher beschrieben.

DISKURS ALS SOZIALE STRUKTURKATEGORIE

Laclau und Mouffe schlagen ein Diskursverständnis vor, das alle gesellschaftlichen Handlungen und Phänomene einschließt. Politik oder das Soziale sind, wie oben ausgeführt, nicht dem Diskursiven entgegengesetzt, sondern diskursiv verfasst. Ein Diskurs besteht aus sprachlichen und nicht-sprachlichen Handlungen, die als *Artikulationen* bezeichnet werden.[7] Eine Artikulation stellt einen Akt des In-Beziehung-Setzens von Elementen (Dingen, Ereignissen, Handlungen, Subjektpositionen etc.) dar, wodurch deren Identität verändert wird. Ein In-Beziehung-Setzen kann z.B. darin bestehen, eine Kette von Handlungen oder ›Fakten‹ als äquivalent zu artikulieren. Verschiedene klimatische Veränderungen der letzten Zeit können beispielsweise auf solche Art in Beziehung gesetzt werden, dass daraus ein allgemeiner Trend hin zu einem verstärkten Klimawandel hergeleitet wird. Mit solchen Darstellungen konkurrieren andere Interpretationen, die den Klimawandel bestreiten und eine konkurrierende *Äquivalenzkette* artikulieren. Artikulationen können einen interessengeleiteten Ursprung haben, müssen es aber nicht. Werden bestimmte Äquivalenzketten hegemonial, führt das zur Etablierung und Stabilisierung eines spezifischen Diskurses. Bedeutung und Handlung sind also eng miteinander verknüpft.

Diskurs als verstetigte Praxis

Ein Diskurs ist bei Laclau und Mouffe eine in sich differenzierte, aus Artikulationen entstandene Gesamtheit relational *fixierter* Elemente. Der Diskursbegriff steht für die Stabilisierung eines bestimmten Handlungs- und Wahrheitshorizonts. Da die *In-Beziehung-Setzung* diese

7 Ein solcher Diskursbegriff unterscheidet sich von häufig in der klassischen Diskursanalyse verwendeten Konzeptionen, die Diskurs auf Sprache bzw. Zeichensysteme reduzieren, den Diskursbegriff also auf den linguistischen Bereich beschränken.

Elemente nur partiell und temporär fixiert sein kann, gibt es eine Vielzahl an weiteren Bedeutungsmöglichkeiten, und daher einen Überschuss an Bedeutung. Den Bereich des Bedeutungsüberschusses – das Feld der nicht fixierten Elemente – bezeichnen Laclau und Mouffe als das *Diskursive* oder auch das *Feld des Diskursiven*[8] (Laclau/Mouffe 1985: 111). Innerhalb eines Diskurses wird Wahrheit verhandelt. Durch diese *Praxis der Artikulation* wird (gesellschaftlich anerkannte) Realität hergestellt und das ›vagabundierende‹ Flottieren einiger Elemente temporär eingeschränkt. Anders ausgedrückt: Von all den möglichen Wahrheiten, die sich durch die unendlichen Möglichkeiten der In-Beziehung-Setzung flottierender Elemente ergeben könnten, werden einige privilegiert und andere verworfen. Ein Diskurs beinhaltet also den Versuch einer Schließung – einer (hegemonialen) Strukturierung – eines spezifischen diskursiven Feldes, eine Einschränkung dessen, was als wahr angesehen werden könnte. Hierbei konkurrieren verschiedene Diskurse und innerhalb der Diskurse wiederum verschiedene Artikulationen miteinander.

Entsprechend ist objektiv anerkannte Realität das Resultat ständiger Auseinandersetzungen zwischen konkurrierenden Artikulationen. »Es gibt daher einen Kampf um die Objektivität«, wie Gramsci (1991: 1412) es ausdrückt. Diskurse schaffen Objektivität, indem sie das Sinnfeld konstituieren. Der entstehende Diskurs setzt sich aus einer Vielzahl von Artikulationen zusammen, die miteinander konkurrieren. Das Resultat dieser Artikulationen ist kontingent (s.u.). Auch ist ein Diskurs nicht Abbild der Artikulationen, sondern entwickelt eine eigene Dynamik, ist also gleichzeitig konstitutiv und gestaltet die Wahrnehmung, das Denken und die Aktionen der Individuen. Diskurse strukturieren das gesamte Handeln der Subjekte. Die theoretische Kategorie des Diskurses beinhaltet daher die Identität zwischen gesellschaftlicher und diskursiver Praxis.

8 Entspricht in Abbildung 1 dem Feld des Politischen.

Die Produktion von Realität

Laclau und Mouffe brechen im Rückgriff auf Wittgenstein mit der Vorstellung, dass es einen direkten Zugang zu den Dingen an und für sich gäbe (vgl. Laclau 2000: 74). Bedeutung ist aus dieser Perspektive weder einfach präsent, noch durch das ›Sein‹ des Objekts bestimmt. Entsprechend kann es keine endgültigen Bedeutungen und keine unumstößliche Wahrheit oder Objektivität geben. Hieraus folgt jedoch nicht, dass es keine Bedeutung – und damit auch keine ›Wahrheit‹ – gäbe. Vielmehr werden Wahrheit und Bedeutung bzw. Bedeutungszusammenhänge in einem permanenter Prozess der Bedeutungskonstruktion, der Bedeutungen und Wahrheiten als scheinbar natürlich hervorbringt, hergestellt. Zu sagen, Bedeutung wird beständig produziert, ist allerdings etwas anderes als zu sagen, es gäbe keine Bedeutung. Mit ersterer Aussage ist auch nicht gemeint, dass es keine Welt außerhalb des Bewusstseins gäbe, sondern nur, dass diese keine Bedeutung unabhängig vom sozialen Kontext besitzt:

»Der metaphysische Begriff des ›Objektiven‹ will anscheinend eine Objektivität bedeuten, die auch außerhalb des Menschen besteht .... Wir kennen die Realität nur in Beziehung zum Menschen, und da der Mensch ein geschichtliches Werden ist, sind auch Erkenntnis und Realität ein Werden, ist auch Objektivität ein Werden« (Gramsci 1991: 1412).

Die Auffassung von einer Realität mit inhärenter und fixierter Bedeutung gründet nach Laclau und Mouffe auf der fehlenden analytischen Unterscheidung zwischen Form und Existenz. Die Form eines Objektes (dessen Bedeutung) verändert sich historisch, artikuliert sich innerhalb von Diskursen und ist zu unterscheiden von der bloßen Existenz dieser Objekte, die unabhängig von dem diskursiven Kontext gegeben ist (vgl. Laclau/Mouffe 1990: 104). Die Existenz eines Objektes kann Konsequenzen haben (ich kann nicht durch eine Häuserwand laufen). Doch die Substanz, die pure Existenz eines Objektes, trägt an und für sich keine Bedeutung. Auf Grundlage dieser Annahme kann nun die Frage gestellt werden, warum, zu welchem Zweck und auf welche Weise bestimmte gesellschaftliche Normen und Wissensformen als

›natürlich‹ und objektiv angesehen werden. Zu propagieren, dass sich Realität diskursiv vermittelt, bzw. Objekte einen diskursiven Charakter haben, stellt nicht deren Existenz infrage. Vielmehr wird die Kategorie der Form systematisch dekonstruiert, deren historischer, kontingenter und konstruierter Charakter sichtbar gemacht und eine nicht reduzierbare Distanz zwischen Form und Existenz/Substanz betont.

ANTAGONISMUS ALS PERMANENTER KONFLIKT UND STÄNDIGE KRISE

Laclau und Mouffe haben sich eingehend mit der Dekonstruktion von (marxistischen) Essentialismen – also Annahmen der Existenz von grundlegenden Prinzipien, die gesellschaftliche Prozesse determinieren – beschäftigt (insbesondere mit *Klassismus*, *Voluntarismus* und *Ökonomismus*).[9] Laclau betont demgegenüber den Begriff der Kontingenz, der nicht mit Zufall gleichzusetzen ist. Vielmehr verweist der Begriff der Kontingenz auf die Anwesenheit einer sozialen Struktur und betont zugleich, dass die vollständige Strukturierung stets fehlschlägt, da sie von einer der Struktur inhärenten Unentschiedenheit[10] (vgl. Derrida 1991: 49f.) unterlaufen wird. Es handelt sich um eine *struktierte Unsicherheit*, um *Zufall gepanzert mit Zwang* (vgl. Wullweber 2010: 64).

Die Kontinuität mit marxistischen Gesellschaftstheorien findet sich vor allem im Konzept des Antagonismus, der bei Laclau und Mouffe einen ontologischen und also einen grundlegenden Status erhält. Laclau und Mouffe gehen von permanenten gesellschaftlichen Spaltungen

9 Im Klassismus werden gesellschaftliche Akteure auf ihre Klassenzugehörigkeit reduziert, die wiederum häufig aus der jeweiligen Kapitalform bzw. der Form der Mehrwertproduktion abgeleitet wird (vgl. Scherrer 1999: 28ff. und Habermann 2008: 62ff.).

10 In der deutschen Übersetzung wird der Begriff »Unentscheidbarkeit« verwendet. Ich bevorzuge den Begriff »Unentschiedenheit«, da die Situation nicht *unentscheidbar* ist (es kann keine Entscheidung getroffen werden), wohl aber *unentschieden* (es muss eine Entscheidung getroffen werden).

aus, die konstitutiv für alle Gesellschaften sind. In *Hegemonie und radikale Demokratie* werden der theoretischen Kategorie des *Antagonismus* verschiedene Charakteristika zugeschrieben. Für die politische Analyse ist die Kategorie insofern zentral, als dass sie, *erstens*, auf der ontologischen Ebene die Begrenztheit von jeglicher Objektivität und entsprechend die Unmöglichkeit einer vollständigen Schließung eines Diskurses aufzeigt (siehe unten; vgl. Laclau/Mouffe 1985: 122f.). Dadurch ist der Antagonismus, *zweitens*, als Ausdruck der permanenten potenziellen Krise der Diskurse zu verstehen. Und *drittens* kommt dem Antagonismus eine grundlegende Bedeutung für die Konstruktion von Identität zu.

Das notwendige Andere

Laut Laclau und Mouffe wird in der sozialwissenschaftlichen Literatur zwar nach dem *Wie und Warum* der Entstehung von Antagonismen gefragt, jedoch selten versucht, eine antagonistische Beziehung zu *charakterisieren*. Sie argumentieren nun, dass es sich bei einer antagonistischen Beziehung weder um einen ›in der Sache‹ liegenden Widerspruch (›Realopposition‹) noch um einen logischen Widerspruch handelt (vgl. Laclau/Mouffe 1985: 123ff.). Das Problem dieser Versuche der Konzeptualisierung von Antagonismen besteht laut Laclau und Mouffe darin, dass diese von objektiven Beziehungen ausgehen – bei der *Realopposition* zwischen realen (materiellen) Objekten und beim *logischen Widerspruch* zwischen zwei Konzepten. In beiden Fällen werden positive und ›geschlossene‹ Identitäten vorausgesetzt. Bei einer antagonistischen Beziehung handele es sich aber um etwas anderes: »[T]he presence of the ›Other‹ prevents me from being totally myself« (Laclau/Mouffe 1985: 125). Ein Antagonismus entstehe nicht durch eine Beziehung abgeschlossener Identitäten, sondern dadurch, dass die Konstituierung der Identitäten verhindert bzw. unmöglich gemacht wird: »[T]he Other is not a logical impossibility: it exists; so it is not a contradiction« (ebd.). Weder der einen Seite noch dem antagonistischen Gegenüber komme eine vollständige Präsenz zu. Diese werde durch die antagonistische Beziehung verhindert (und zugleich ermöglicht).

Diese scheinbar paradoxe Figur kann folgendermaßen erklärt werden: Oben wurde dargestellt, dass Bedeutung innerhalb eines differenziellen relationalen Systems generiert wird. Eine fundamentale Voraussetzung zur Ermöglichung und Stabilisierung eines solchen differenziellen Systems – eines Diskurses – ist die zumindest partielle und temporäre Schließung der Grenzen dieses Systems (vgl. Laclau 1996a: 37). Ohne eine solche Schließung könnten Elemente nicht auf bestimmte Positionen fixiert und damit auch keine Bedeutungszusammenhänge zwischen den Elementen hergestellt werden. Der springende Punkt hierbei ist, dass die Grenze eines Diskurses nicht eine weitere Differenz sein kann, da diese Differenz innerhalb des Diskurses integriert werden könnte. Die Grenze eines Diskurses muss folglich ein *Jenseits* des Diskurses – ein *radikales Außen* – darstellen.

Das Paradoxe ist nun, dass ein solches Jenseits eines differenziellen Systems nicht möglich ist, weil das Feld des Diskursiven, qua Definition, alle Differenzen enthält. Das radikale Außen kann demnach nur als (politisches) Konstrukt entstehen. Innerhalb von gesellschaftlichen Prozessen werden soziale Konstruktionen ausgehandelt und durchgesetzt (z.B. die Konstruktion ›der Griechen‹ in der Eurokrise in den Jahren 2008ff. als verschwenderisch, über ihre Verhältnisse lebend, müßig und arbeitsscheu etc., die wiederum die Konstruktion ›der Deutschen‹ als (Haushalts-)diszipliniert, genügsam, emsig und arbeitsam ermöglicht). In diesem Prozess werden bestimmte Bedeutungen und Identitäten als außerhalb des Diskurses liegend, als etwas radikal anderes, artikuliert. In dem Moment, in dem eine Artikulationskette hegemonial wird, scheinen diese Elemente tatsächlich als außerhalb des Diskurses liegend, obwohl sie weiterhin Teil des differenziellen Systems sind (vgl. Laclau 2005: 69f.). Das Einzige, was die durch hegemoniale Artikulationen ausgeschlossenen Elemente gemeinsam haben, ist die (vermeintliche) Negation des Diskurses, aus dem sie ausgeschlossen wurden. Diese Ausschließung führt zu einer Stabilisierung des Diskurses (vgl. Laclau 1996a: 38). Dementsprechend ist das radikale Außen kein Jenseits, sondern eher ein ›Inseits‹, ein ›Innen‹ des Sozialen, wobei die Innen-Außen Unterscheidung letztlich von metaphorischer Natur ist (vgl. Marchart 1998b: 102). Die radikale und ontologische Negativität des Antagonismus ist also konstitutiv für ein differenzielles System.

Aus dem Postulat der konstitutiven Dimension des Antagonismus folgt nun die paradoxe Situation, dass das, was die Grenzen und damit die grundlegende Ermöglichung des Diskurses darstellt, zugleich die letztendliche Unmöglichkeit eines stabilen Diskurses begründet. Denn die differenzielle Ordnung wird permanent durch die radikale Negativität infrage gestellt (vgl. Laclau/Mouffe 1985: 126). Sowohl einzelne Diskurse wie auch eine hegemoniale Organisation einer Vielzahl von Diskursen und damit die Gesellschaft als Ganze konstituieren sich demnach über den Versuch, Bedeutung zu fixieren und die Subversion der Antagonismen zu unterdrücken. Dementsprechend sind die Grenzen eines Diskurses nicht neutral, sondern Produkt hegemonialer Auseinandersetzungen. Hieraus folgt wiederum, die Logik des Politischen im Prozess der Konstitution jeder Art von Bedeutung, Identität, Grenzziehung etc. zu betonen. Letztlich ist nach dieser theoretischen Herangehensweise Gesellschaft nicht als geschlossenes und stabiles System denkbar.

Der ontische und der ontologische Antagonismus

Bis zu diesem Punkt der Theorieentwicklung hatte der Antagonismusbegriff eine doppelte Bedeutung, indem ihm zugleich eine *ontisch*-konkrete und eine grundlegend *ontologische* Funktion zukam. Auf der ontologischen Ebene stellt er ›im Gewand‹ des radikalen Außens die theoretisch notwendige und zugleich unmögliche Grenze und damit die permanente Krise von Diskursen dar. Auf der ontischen Ebene hingegen bezeichnet der Antagonismus den konkreten Konflikt zwischen gesellschaftlichen Gruppen bzw. Subjektpositionen. Der *ontologische Antagonismus* ist im Sinne einer Grenze des Sozialen zu verstehen, während auf der *ontischen Ebene* der Antagonismus eine Relation zwischen Subjektpositionen und damit die soziale Realität des antagonistischen Konflikts beinhaltet:

»What is at stake in pure antagonism is no longer the fact that – as in an antagonistic fight with the external adversary – all the positivity, all the consistency of our position lies in the negation of the adversary's position and *vice versa*; what is at stake is the fact that the negativity of the other which is preventing me from achieving my full identity with myself is just an externalization of my own auto-negativity, of my self-hindering« (Žižek 1990: 252f., Herv.i.O.).

Laclau folgt dieser Unterscheidung Žižeks und führt daraufhin den Begriff der *Dislokation* ein. Dislokation soll nun die *ontologische Dimension* des Subversiven – das permanente Unterlaufen vollständiger Strukturierung bzw. die Unmöglichkeit einer letztendlichen Schließung von Diskursen – benennen (vgl. Laclau 1990: 39ff.). Der Antagonismusbegriff wird weiterhin verwendet und benennt als *ontische Kategorie* die ›realpolitische‹ Ebene der Politik. Die Gesellschaft ist immer schon *disloziert* und die Konstruktion eines ontischen Antagonismus ist *eine* mögliche Antwort auf gesellschaftliche Dislokation (vgl. Laclau 1999: 137).[11] Eine Dislokation führt nicht automatisch zur Konstruktion eines (ontischen) Antagonismus und es kann verschiedene Gründe für Antagonismen geben, die nicht immer auf Dislokationen zurückzuführen sind.[12] Eine profitorientierte Produktionsweise kann beispielsweise eine Dislokation darstellen, indem die Identität von Arbeiter_innen (z.B. als Menschen, die würdiger Arbeit nachgehen wollen) durch das konkrete Produktionsverhältnis bedroht wird. Diese Dislokation kann zu einem konkreten Antagonismus zwischen Produktionmittelbesitzer_in und Arbeiter_in führen, muss es aber nicht notwendigerweise. Es könnte ebenso der Fall sein, dass die Arbeiter_innen – basierend auf nationalistischen und rassistischen Grün-

11 Leider sind Laclau und Mouffe in der Verwendung des Antagonismusbegriffs nicht stringent.

12 Daraus folgt auch, dass eine Dislokation nicht unweigerlich zu einer Freund-Feind Dichotomie führt, sondern z.B. auch in eine Beziehung zwischen Gegner_innen überführt werden kann (Mouffe 2007; 2008).

den – den Antagonismus statt zwischen ihnen und den Produktionsmittelbesitzer_innen vielmehr zwischen ihnen und Ausländer_innen und Migrant_innen sehen. Arbeitslose, die z.B. aufgrund einer Wirtschaftskrise ihren Arbeitsplatz verloren haben, können sich rechtsnationalistischen Parteien anschließen, sich in sozialkritischen linken Organisationen engagieren oder dem Diskurs folgen, der sie selbst verantwortlich für den Jobverlust macht. Welcher konkrete Antagonismus gebildet wird, ist Resultat hegemonialer Prozesse und Auseinandersetzungen, in denen verschiedene hegemoniale Projekte um die Deutungshoheit der Krisenursache konkurrieren.

Da Dislokationen ständig zu Rissen in den Strukturen führen bzw. die Strukturierung eines Feldes permanent unterlaufen, stellen diese zugleich Temporalität und Möglichkeit dar. Je stärker eine Struktur – ein Diskurs oder eine *Diskursorganisation* (vgl. Wullweber 2010: 105ff.) – disloziert ist, umso weniger werden Entscheidungen durch die Struktur determiniert. Struktur kann nicht ohne Dislokation gedacht werden. Gleichzeitig können Dislokationen nur auftreten, wenn es Struktur gibt. Weil es stets eine *relative Strukturierung* gibt, können Dislokationen auf diese im Sinne von ›Rissen‹ subversiv einwirken (vgl. Laclau 1990: 41ff.).

KRITIK

Im Folgenden werde ich auf einige Kritikpunkte eingehen, die an der Theorie von Laclau und Mouffe bzw. allgemeiner an poststrukturalistischen gesellschaftstheoretischen Ansätzen geäußert wird.

Zu anhaltender Kritik führt das Postulat der diskursiven Vermittlung von Realität (vgl. z.B. Geras 1987; 1988; 1990; Jessop 1990: 301ff.; Ryner 2006). Demgegenüber wird argumentiert, dass es objektive Fakten gibt, die *reale* Auswirkungen hätten, die also nicht diskursiv vermittelt werden müssten. Auch wenn die Realität nicht direkt zugänglich ist, wie z.B. von *kritisch realistischen Ansätzen* argumentiert wird (Bhaskar 1989), wäre es doch möglich, *Erscheinung* von *Realität* zu trennen.

Aus poststrukturalistischer Sicht folgt aus dem diskursiven Charakter von Realität jedoch nicht, dass diese keine – realen oder materiellen – *Auswirkungen* hätte. Vielmehr ist damit gemeint, dass diesen Auswirkungen erst eine *Bedeutung* innerhalb eines diskursiven Kontextes zukommt. Der Angriff von Aufständischen auf einen Militärposten hat beispielsweise Auswirkungen (z.B. den Tod von Soldaten). Diese Auswirkungen tragen aber keine (festgelegte) Bedeutung in sich. Bedeutung wird dieser Handlung erst durch (konkurrierende) Deutungen, Interpretationen und durch weitere Handlungen – sprich innerhalb eines diskursiven Kontexts – zuteil. Ob der Tod des Soldaten als Heldentat, oder als terroristischer Akt angesehen wird, ist der Tat als solcher nicht eingeschrieben, sondern abhängig von den jeweils konkurrierenden und dominanten Deutungsangeboten und Handlungsweisen.[13] Hinzu kommt, dass bereits die Auswirkungen – einer Handlung, eines Ereignisses – (meist) nicht eindeutig sind: Welche Auswirkungen hat eine globale Wirtschaftskrise? Welche Auswirkungen hat der globale Klimawandel? Eine postpositivistische Herangehensweise strebt, im Gegensatz zum Positivismus, nicht danach, einer allgemeingültigen Wahrheit eines Ereignisses möglichst nahe zu kommen – ganz einfach aus dem Grund, weil es diese Wahrheit nach diesem Ansatz nicht geben kann.

Häufig wird als weiterer Kritikpunkt geäußert, dass der diskursive Charakter der Realität implizieren würde, dass Realität beliebig gestaltbar wäre (Ryner 2006; Bieler/Morton 2008). Auch wenn aus poststrukturalistischer Sicht richtig ist, dass keine Bedeutung für immer fixiert werden kann, sind doch der Gestaltbarkeit von Gesellschaft Grenzen gesetzt. Denn welche Artikulationen und Diskurse sich historisch durchsetzen, resultiert aus einer Vielzahl von hegemonialen Auseinandersetzungen. Diese finden wiederum vor dem Hintergrund einer immer schon selektiven Organisation von Diskursen statt, in die sich

13 Ich danke Michael Heinrich für dieses anschauliche Beispiel.

Machtverhältnisse in unterschiedlichen Ausmaßen eingeschrieben – im Sinne von verstetigt – haben und die daher nicht einfach zu verändern sind. Eine Realität mag also unabhängig von meinem Bewusstsein existieren, aber diese Realität erlangt erst innerhalb eines diskursiven Kontextes eine bestimmte Bedeutung.

Ein dritter Strang von Kritik bezieht sich auf die Gegenüberstellung von materiellen und diskursiven Verhältnissen (vgl. z.B. Jessop 2002: 7; Maiguashca 2006). Diese Unterscheidung ist aus diskurstheoretischer Sicht nicht sinnvoll. Der Begriff der Materialität benennt metaphorisch die Verstetigung von (Kräfte-)*Verhältnissen*, also eine gewisse zeitliche bzw. historische Konstanz (die sich auch im Bau von Gebäuden, Grenzzäunen etc. widerspiegelt, aber eben nicht nur). Da sich Beziehungen über Handlungen konstituieren, bedeutet historische Konstanz vor allem, dass es Handlungen gibt, die sich über einen bestimmten historischen Zeitraum hinweg in relativ ähnlicher Weise wiederholen und doch eine irreduzible Differenz zwischen jeder Wiederholung existiert. Der Begriff der materiellen Verhältnisse benennt – als Metapher – also eine gewisse Verstetigung von Handlungen. Genau diese Verstetigung und damit Stabilisierung beinhaltet aber der auf Laclau und Mouffe zurückgehende Diskursbegriff, weswegen materielle Verhältnisse demnach *stets* diskursive Verhältnisse sind. Letzteres bedeutet weder, dass es keine Materie gäbe, noch, dass sich diskursive Verhältnisse nicht materialisieren könnten.

Schließlich wird von verschiedenen Autor_innen (z.B. Geras 1987; 1988; Ryner 2006: 150f.) problematisiert, es sei gefährlich zu betonen, dass Klasse und politisches Bewusstsein kontingent zueinander stehen. Denn aus dieser Position würden sich ein Relativismus und Probleme für den politischen Aktivismus ergeben. Aus poststrukturalistischer Sicht wird aber insbesondere durch die Kritik an der Vorstellung eines nicht-kontingenten Klassenbewusstseins und eines privilegierten (Klassen-)Subjekts der Raum des Politischen immens ausgeweitet und neue Spielräume für das politische Handeln eröffnet. Das bedeutet wiederum nicht, dass Hierarchien und Machtverhältnisse innerhalb von Gesellschaften übergangen würden:

»Mit dem Dezentrieren von Klasse wird es möglich zu sagen, daß Klasse in manchen Kontexten in Begriffen von ›Rasse‹ oder in anderen in Begriffen von Sexualität gelebt werden mag« (Smith 1998b: 226).

Aus Emanzipation im Singular werden bei Laclau und Mouffe Emanzipation*en* im Plural (vgl. Laclau 1996b), die gerade durch die Unerreichbarkeit ihrer vollkommenen Umsetzung die Möglichkeit von Politik eröffnen:

»Die durch die Unmöglichkeit von ›Emanzipation‹ eröffneten Möglichkeiten werden paradoxerweise von der immer fortgesetzten Annahme ihrer Unmöglichkeit abhängen« (Butler 1998: 219).

Schließlich wird von verschiedenen Autor_innen kritisch angemerkt, dass Laclau und Mouffe ihrer Theorie eine ahistorische Note geben, wodurch diese tendenziell essentialisiert wird (siehe hierzu auch Opratko in diesem Band). Laclaus Logik-Begriff verweist auf etwas, was zwar innerhalb sozialer Praktiken wirkt, aber sich außerhalb dieser Praktiken zu konstituieren scheint. Damit wird eine ontologische Unterscheidung zwischen den politischen Handlungen einerseits und dem sie anleitenden Prinzip andererseits eingeführt: »This operation is, sensu stricto, transcendental: it involves a retreat from an object to its condition of possibility« (Laclau 1994: 2, Herv. i.O.). Das Logische würde nun, so wird kritisch angemerkt (vgl. Butler 1998: 220ff.; ähnlich auch Butler 2000: 34ff.; Demirović 2007: 65; Griggs/Howarth 2007: 41), den Handlungen gegenüber privilegiert.

Diese Kritik an der Theorie von Laclau und Mouffe ist wichtig, da die Theorie selbst ein anti-essentialistisches ›Programm‹ darstellt. Sie ernst zu nehmen bedeutet, das ›Programm‹ der Hegemonietheorie konsequent auf sich selbst anzuwenden. Der Begriff der Logik könnte nicht ein ahistorisches Prinzip, sondern ein Verhaltensmuster benennen, das zwar durch die Verstetigung sozialer Praktiken – durch die »Konstitution des Logischen durch das Soziale« (Butler 1998: 220) – entstanden, aber gleichzeitig so stark sedimentiert ist, dass deren soziopolitische Spuren kaum mehr zu erkennen sind. Bei Laclau hingegen erhält der Begriff der Logik, insbesondere die Logik des Politischen, einen quasi-transzendenten Status. Die Logik des Politischen, und darin inbegriffen *Kontingenz* und *Negativität* – verstanden im Sinne eines radikalen Außens, welches die Konstruktion von Identität und Bedeutung überhaupt erst ermöglicht –, entflieht als grundlegend notwendige Ontologie der Historisierung. Marchart (1998c; 2010) sieht allerdings genau in diesem Spannungsverhältnis und der Unentschiedenheit zwischen der Privilegierung des Ontischen (der konkreten Artikulation; der politischen Praxis) und des Ontologischen (der Logik des Politischen) eine Stärke der Hegemonietheorie Laclaus. Diese Unentschiedenheit verhindere einem »reinen Normativismus gängiger Demokratietheorien« und einem »positivistischen Empirizismus der Politwissenschaft« (ebd.: 16) zu verfallen.

EIN POLITISCHER ANALYSERAHMEN

Mit der hier skizzierten Lesart der Hegemonie- und Diskurstheorie von Laclau und Mouffe soll ein theoretischer Ansatz gestärkt werden, der die politischen Wurzeln *jeder* sozialen Beziehung betont. Während das Diskurskonzept die jeweiligen sozialen Stabilisierungen im Sinne raumzeitlich spezifischer Wahrheits- und Handlungshorizonte fasst, wird mit dem Hegemoniekonzept die Strukturierungslogik beschrieben, die diese Stabilisierungen zugleich herstellt und untergräbt. Weiterhin wird dem Politischen ein Primat gegenüber dem Sozialen eingeräumt und damit betont, dass das Politische konstitutiv für jede soziale Identität und Handlung und damit für die Strukturierung der Gesellschaft insgesamt zu verstehen ist. Das Primat des Politischen meint allerdings nicht, dass alles politisch wäre. Aus den bisherigen Ausführungen folgt vielmehr, dass das, was politisch bzw. unpolitisch angesehen wird, permanent verhandelt wird und damit selbst unter die Kategorie des Politischen fällt. Das Politische wirkt konstitutiv wie subversiv auf das Soziale. Es ist gleichermaßen dessen Bedingung und Unmöglichkeit.

Voraussetzung für einen solchen Ansatz ist das *poststrukturalistische* Postulat, dass es keinen letztendlichen Grund von Gesellschaft gibt. Das gesellschaftliche Fundament stellt demnach zunächst einmal einen »leeren Ort« dar (vgl. Marchart 2010). Ein solcher Ansatz ist jedoch nicht *anti-strukturaltistisch*. Vielmehr wird davon ausgegangen, dass jede Gesellschaft, um sich überhaupt als Gemeinschaft zu verstehen, gesellschaftliche Fundamente benötigt. Doch diese Fundamente bestehen nicht für immer und können nicht abstrakt bestimmt werden. Ein solcher Ansatz beinhaltet die Annahme, dass der gesellschaftliche *Grund* aus imaginären Fundamenten besteht, die stets *im Kommen* sind (Derrida), sich aber nicht vollständig und für alle Zeiten verwirklichen lassen. Demnach variieren gesellschaftliche Fundamente beständig. Diese Transformation erfolgt wiederum nicht zufällig, sondern ist das kontingente Resultat gesellschaftlicher Auseinandersetzungen. Das wiederum beinhaltet, dass nicht nur die gesellschaftlichen Fundamente spezifische und partikulare Fundamente sind, sondern auch, dass die Möglichkeit der analytischen Identifizierung dieser Fundamente – als partikular und instabil – eingebettet ist in einen spezifischen Raum-Zeit Horizont.

Durch die Betonung des diskursiven und damit nicht objektiven Charakters sämtlicher gesellschaftlicher Beziehungen sollte hervorgehoben werden, dass sich hegemoniale (Macht-)Verhältnisse ausnahmslos in jeder Beziehung widerspiegeln. Ist dieser Schritt getan, stellt sich im nächsten Schritt die Frage, auf welche Machtverhältnisse konkret das Augenmerk gerichtet werden soll. Da hier von der vollständigen Verwobenheit gesellschaftlicher Verhältnisse ausgegangen wird, ist es aus dieser Sichtweise nicht sinnvoll, allgemein von der Dominanz einer Relation (z.B. der ökonomischen oder der kulturellen) über die anderen Beziehungen zu sprechen. Damit ist wiederum nicht gemeint, dass alle Machtverhältnisse überall gleich stark ausgeprägt wären. Die Auftrennung gesellschaftlicher Beziehungen in verschiedene Formen von Beziehungen, und die Identifikation der konkreten hegemonialen Verhältnisse in diesen Formen, ist analytisch sinnvoll und methodisch meist notwendig. Dies sollte aber nicht den Blick darauf verstellen, dass es sich *um nicht mehr* als eine analytische und also keine ontologische Trennung handelt und dass die analytische Trennung als solche wiederum Auswirkungen auf Wirklichkeitskonstruktionen hat.

Der hier skizzierte Analyserahmen kann Orientierung für die Forschungspraxis geben. Operationalisierung erfordert jedoch auch stets eine gewisse ›Übersetzungsarbeit‹ (siehe hierzu Ganz in diesem Band). Durch eine solche *Translation* wird wiederum der theoretische Rahmen *verschoben* und verändert. Es ist ein kreativer Akt, der (forschungspraktische) Entscheidungen erfordert, die wiederum verwoben sind mit dem eigenen (wissenschafts-)politischen Kontext. Eine so verstandene Theoriearbeit ist eine aufregende, bisweilen auch aufreibende, und unbestreitbar politische Aufgabe.

LITERATUR

Althusser, Louis (Hg.) (1986): For Marx, London: Verso.

Bhaskar, Roy (1989): Reclaiming Reality, London: Verso.

Bieler, Andreas/Morton, Adam D. (2008): The Deficits of Discourse in IPE: Turning Base Metal into Gold? in: International Studies Quarterly, Vol. 52, S. 103–128.

Bobbio, Norberto (1979): Gramsci and the conception of civil society, in: Mouffe, Chantal (Hg.), Gramsci and Marxist Theory, London/New York: Routledge, S. 21–47.

Butler, Judith (1998): Poststrukturalismus und Postmarxismus, in: Marchart, Oliver (Hg.): Das Undarstellbare der Politik. Zur Hegemonietheorie Ernesto Laclaus, Wien: Turia + Kant, S. 209–221.

Butler, Judith (2000): Restaging the Universal: Hegemony and the Limits of Formalism, in: Butler, Judith/Laclau, Ernesto/Žižek, Slavoj (Hg.): Contingency, Hegemony, Universality, London/New York: Verso, S. 11–43.

Critchley, Simon/Marchart, Oliver (Hg.) (2004): laclau. a critical reader, London/New York: Routledge.

Demirović, Alex (2007): Hegemonie und die diskursive Konstruktion der Gesellschaft, in: Nonhoff, Martin (Hg.): Diskurs – radikale Demokratie – Hegemonie. Zum politischen Denken von Ernesto Laclau und Chantal Mouffe, Bielefeld: transcript, S. 55–86.

Geras, Norman (1987): Post-Marxism? in: New Left Review, Vol. 163, S. 40–82.

Geras, Norman (1988): Ex-Marxism without substance: A rejoindner, in: New Left Review, Vol. 169, S. 34–61.

Geras, Norman (1990): Discourses of Extremity: Radical Ethics and Post-Marxist Extravagances, London: Verso.

Gramsci, Antonio (1971): Selections from the Prison Notebooks, London: Lawrance & Wishart.

Gramsci, Antonio (1991): Gefängnishefte, Hamburg: Argument.

Griggs, Steven/Howarth, David (2007): Metaphor, Catachresis and Equivalence: The Rhetoric of Freedom to Fly in the Struggle over Aviation Policy in the United Kingdom, in: Policy and Society, Vol. 25 (2), S. 23–46.

Habermann, Friederike (2008): Der homo oeconomicus und das Andere. Hegemonie, Identität und Emanzipation, Baden-Baden: Nomos.

Habermas, Jürgen (1981): Theorie des kommunikativen Handelns, 2 Bände, Frankfurt am Main: Suhrkamp.

Hetzel, Andreas (2004): Demokratie ohne Grund. Ernesto Laclaus Transformation der Politischen Theorie, in: Flügel, Oliver/Heil, Reinhard/Hetzel, Andreas (Hg.): Die Rückkehr des Politischen. Demokratietheorien heute, Darmstadt: Wissenschaftliche Buchgesellschaft, S. 185–210.

Howarth, David/Norval, Aletta J./Stavrakakis, Yannis (Hg.) (2000): Discourse theory and political analysis. Identities, hegemonies and social change, Manchester: MUP.

Howarth, David/Torfing, Jacob (2005): Discourse Theory in European Politics: Identity, Policy and Governance, Basingstoke, Hampshire: Palgrave Macmillan.

Jessop, Bob (1990): State Theory. Putting the State in its Place, Cambridge: Polity Press.

Jessop, Bob (2002): The Future of the Capitalist State, Cambridge: Cambridge University Press.

Jörke, Dirk (2004): Die Agonalität des Demokratischen: Chantal Mouffe, in: Flügel, Oliver/Heil, Reinhard/Hetzel, Andreas (Hg.): Die Rückkehr des Politischen. Demokratietheorien heute, Darmstadt: Wissenschaftliche Buchgesellschaft, S. 164–184.

Laclau, Ernesto (1990): New Reflections on the Revolution of Our Time, in: Laclau, Ernesto (Hg.): New Reflections on the Revolution of Our Time, London/New York: Verso, S. 3–88.

Laclau, Ernesto (1993): Discourse, in: Gooding, Robert E./Pettit, Phillip (Hg.): A Companion to contemporary political philosophy, Oxford: Blackwell, S. 431–437.

Laclau, Ernesto (1994): Introduction, in: Laclau, Ernesto (Hg.): The Making of Political Identities, London: Verso, S. 1–8.

Laclau, Ernesto (1996a): Why Do Empty Signifiers Matter to Politics? in: Laclau, Ernesto (Hg.): Emancipation(s), London: Verso, S. 34–46.

Laclau, Ernesto (Hg.) (1996b): Emancipation(s), London: Verso.

Laclau, Ernesto (1999): Dekonstruktion, Pragmatismus, Hegemonie, in: Mouffe, Chantal (Hg.), Dekonstruktion und Pragmatismus, Wien: Passagen-Verlag, S. 111–154.

Laclau, Ernesto (2000): Identity and Hegemony: The Role of Universality in the Constitution of Political Logics, in: Butler, Judith/Laclau, Ernesto/Žižek, Slavoj (Hg.), Contingency, Hegemony, Universality, London/New York: Verso, S. 44–89.

Laclau, Ernesto (2005): On Populist Reason, London/New York: Verso.

Laclau, Ernesto/Mouffe, Chantal (1985): Hegemony and Socialist Strategy: Towards a Radical Democratic Politics, London/New York: Verso.

Laclau, Ernesto/Mouffe, Chantal (1990): Post-Marxism without apologies, in: Laclau, Ernesto (Hg.), New Reflections on the Revolutions of Our Time, London/New York: Verso, S. 97–134.

Laclau, Ernesto/Mouffe, Chantal (2001): Preface to Second Edition to Hegemony and Socialist Strategy: Towards a Radical Democratic Politics, London/New York: Verso, 2. Auflage.

Lefort, Claude (1988): Democracy and Political Theory, Cambridge: Polity Press.

Maiguashca, Bice (2006): Rethinking Power from the Point of View of Resistance: The Politics of Gender, in: Goede, Marieke de (Hg.): International Political Economy and Poststructural Politics, Basingstoke, Hampshire: Palgrave Macmillan, S. 238–254.

Marchart, Oliver (Hg.) (1998a): Das Undarstellbare der Politik. Zur Hegemonietheorie Ernesto Laclaus, Wien: Turia + Kant.

Marchart, Oliver (1998b): Gibt es eine Politik des Politischen? Démocratie à venir betrachtet von Clausewitz aus dem Kopfstand, in: Marchart, Oliver (Hg.), Das Undarstellbare der Politik: Zur Hegemonietheorie Ernesto Laclaus, Wien: Turia + Kant, S. 90–119.

Marchart, Oliver (1998c): Undarstellbarkeit und ontologische Differenz, in: Marchart, Oliver (Hg.), Das Undarstellbare der Politik: Zur Hegemonietheorie Ernesto Laclaus, Wien: Turia + Kant, S. 7–22.

Marchart, Oliver (2007): Eine demokratische Gegenhegemonie. Zur neo-gramscianischen Demokratietheorie bei Laclau und Mouffe, in: Buckel, Sonja/Fischer-Lescano, Andreas (Hg.), Hegemonie gepanzert mit Zwang. Zivilgesellschaft und Politik im Staatsverständnis Antonio Gramscis, Baden-Baden: Nomos, S. 105–120.

Marchart, Oliver (2010): Die politische Differenz: Zum Denken des Politischen bei Nancy, Lefort, Badiou, Laclau und Agamben, Berlin: Suhrkamp.

Marx, Karl (1969): Die Deutsche Ideologie, MEW Band 3, Berlin: Dietz.

Marx, Karl (1971): Zur Kritik der Politischen Ökonomie, MEW Band 13, Berlin: Dietz, 7. Auflage.

Mouffe, Chantal (2007): Über das Politische. Wider die kosmopolitische Illusion, Frankfurt am Main: Suhrkamp.

Mouffe, Chantal (2008): Das demokratische Paradox, Wien: Turia + Kant.

Nonhoff, Martin (Hg.) (2007): Diskurs – radikale Demokratie – Hegemonie. Zum politischen Denken von Ernesto Laclau und Chantal Mouffe, Bielefeld: transcript.

Ryner, J. Magnus (2006): International Political Economy: Beyond the Poststructuralist/Historical Materialist Dichotomy, in: Goede, Marieke de (Hg.): International Political Economy and Poststructural Politics, Basingstoke, Hampshire: Palgrave Macmillan, S. 139–156.

Scherrer, Christoph (1999): Globalisierung wider Willen. Die Durchsetzung liberaler Außenwirtschaftspolitik in den USA, Berlin: Edition Sigma.

Smith, Anna-Marie (1994): New Right Discourse on Race and Sexuality, Cambridge: Cambridge University Press.

Smith, Anna-Marie (1998a): Laclau and Mouffe. The radical democratic imaginary, London/New York: Routledge.

Smith, Anna-Marie (1998b): Das Unbehagen der Hegemonie. Die politischen Theorien von Judith Butler, Ernesto Laclau und Chantal Mouffe, in: Marchart, Oliver (Hg.), Das Undarstellbare der Politik, Wien: Turia + Kant, S. 225–237.

Staten, Henry (1984): Wittgenstein and Derrida, Lincoln/London: University of Nebraska Press.

Torfing, Jacob (1998): Politics, regulation and the modern welfare state, Houndmills: Macmillan.

Wittgenstein, Ludwig (2003): Philosophische Untersuchungen, Frankfurt am Main: Suhrkamp.

Wullweber, Joscha (2010): Hegemonie, Diskurs und Politische Ökonomie. Das Nanotechnologie-Projekt, Baden-Baden: Nomos.

Wullweber, Joscha/Scherrer, Christoph (2010): Postmodern and Poststructural International Political Economy, in: Denemark, Robert A. (Hg.): The International Studies Encyclopedia, Oxford: Blackwell, Blackwell Reference Online.

Žižek, Slavoj (1990): Beyond Discourse-Analysis, in: Laclau, Ernesto (Hg.), New Reflections on the Revolution of Our Time, London: Verso, S. 249–260.

Ein theoretischer Universalschlüssel?

Zur Ontologisierung des Hegemoniebegriffs bei Laclau und Mouffe

BENJAMIN OPRATKO

Ernesto Laclau und Chantal Mouffe formulierten die Grundlagen ihrer Diskurstheorie bekanntermaßen in kritischer Auseinandersetzung mit dem italienischen Marxisten Antonio Gramsci. Ihr Werk könne, so eine häufig vertretene Interpretation, als kritische Fortführung eines gramscianischen, hegemonietheoretischen Forschungsprogramms verstanden werden (vgl. Jessop 1982: 153; Ryan 2006: 192; Torfing 1999: 35), als Beispiel einer »aktualisierenden Systematisierung« Gramscis (Marchart 2007: 176). Im vorliegenden Beitrag will ich diese Verortung auf einer von Gramsci aus gezeichneten Linie problematisieren und durch die Kontrastierung der Hegemoniekonzeption, wie sie von Gramsci einerseits und von Laclau und Mouffe andererseits ausgearbeitet wurden, auf einige theoretische Probleme hinweisen, die meines Erachtens mit letzterer einher gehen.[1]

Eine zentrale Schwierigkeit, auf die ich hier eingehen will, hängt mit der Frage der *analytischen Reichweite* des Hegemoniebegriffs zusammen. Indem die Problematik, in der Gramsci seinen Hegemoniebe-

1 Für eine ausführliche Auseinandersetzung mit dem Hegemoniebegriff vgl. Opratko 2012.

griff formulierte, mit jener von Laclau und Mouffe kontrastiert wird, soll auf die diskurstheoretische Ausweitung und *Ontologisierung des Hegemoniebegriffs* hingewiesen werden. Denn aus dieser ergibt sich, so will ich argumentieren, ein spezifisches Problem: Die von Laclau und Mouffe auf ontologischer Ebene entwickelten hegemonie- und diskurstheoretischen Kategorien werden häufig unvermittelt zur Analyse historisch-konkreter Phänomene in Anschlag gebracht, als müsste in der Empirie nur noch gefunden werden, was auf abstrakter Ebene bereits begriffslogisch hergeleitet wurde. Diese unzulässige Vermengung unterschiedlicher Analyse- und Abstraktionsebenen stellt meines Erachtens ein wesentliches Hindernis in der Weiterentwicklung kritischer Gesellschaftstheorie und -analyse aus hegemonie- und diskurstheoretischer Perspektive dar.

Zugleich soll diese Kritik nicht als Vorwand dienen, um wichtige diskurstheoretische Einsichten zu ignorieren. Abschließend wird knapp skizziert, inwieweit die Hegemonie- und Diskurstheorie, wie sie von Laclau und Mouffe entwickelt wurde, zur Weiterentwicklung historisch-materialistischer Hegemonietheorie beitragen könnte und welcher konzeptionellen Umarbeitungen es dafür bedürfte. Denn Hegemonie kann und sollte als *artikulatorische Praxis* begriffen und analysiert werden, auch wenn die Diskursontologie von Laclau und Mouffe meines Erachtens kein tragfähiges (Post-)Fundament kritischer Theoriebildung anbietet.

Um dieses Argument auszuführen, ist es notwendig, darzustellen, auf welche Weise das theoretische Instrumentarium, das mit dem Hegemoniebegriff bei Gramsci verknüpft ist, von Laclau und Mouffe bearbeitet wird, in welchen Problematiken die jeweiligen Begrifflichkeiten entwickelt werden und welche Verschiebungen in der Bedeutung des Konzepts »Hegemonie« dadurch stattfinden. Die Entwicklung von Gesellschaftstheorien und deren konstitutiven Begrifflichkeiten wird somit als theoretische Praxis, d.h. als »Produktionsprozess« aufgefasst, den nachzuvollziehen selbst eine zentrale Aufgabe kritischer, reflexiver Theoriebildung ist.

HEGEMONIE BEI GRAMSCI

In welcher *Problematik* hat Gramsci seinen Begriff von Hegemonie – den ich als Schlüsselbegriff und »unifying concept« (Cammet 1967: 205) seines Denkens betrachte – entwickelt? Als »Problematik« verstehe ich hier »die spezifische begriffliche Struktur, die in einer wissenschaftlichen oder ideologischen Theorie zugleich die Objekte und die Fragen, die an diese Objekte gerichtet werden können, ordnet« (Brühmann 1980: 231). Die von dem französischen Wissenschaftstheoretiker Gaston Bachelard in Bezug auf die Naturwissenschaften ausformulierte Überlegung, wonach jeder wissenschaftliche Zugriff auf einen Gegenstand notwendig die »Konstitution einer *Problematik*« (Bachelard 1974: 135, Herv. i. O.) einschließe, wurde später u.a. von Louis Althusser aufgegriffen und für die Arbeit an und mit Sozialwissenschaften und Gesellschaftstheorien fruchtbar gemacht. Demnach ist nicht die unschuldige »Beobachtung« Ausgangspunkt von Analyse und Theoretisierung, sondern ein *Problem*, das »sich in einem spezifischen [...], *durch den Erkenntnisgegenstand spezifizierten Zweifel*« begründet (ebd.: 141, Herv. i. O.). Durch den Fokus auf Problematiken ergeben sich zwei entscheidende Vorteile für die kritische Theoriearbeit. Erstens lenkt er in der Beschäftigung mit theoretischen Konzepten die Aufmerksamkeit darauf, welche Fragen innerhalb einer bestimmten Problematik gestellt werden (können) und welche nicht, wo also konstitutives Schweigen einer Theorie ausgemacht werden kann. Althusser nannte dieses Vorgehen, Bezug nehmend auf Lacan, »symptomale Lektüre« (Althusser/Balibar 1972: 32ff.; verbesserte Übersetzung). Zweitens fordert er eine Historisierung, d.h. eine Berücksichtigung der spezifischen sozialen, politischen und intellektuellen Kontexte der behandelten Texte ein.

Gramscis Problematik lässt sich als Schnittpunkt zweier zentraler Probleme marxistischer Theorie und Praxis darstellen, die bis in die 1920er und 1930er Jahre in relativer Distanz voneinander verhandelt wurden.

Erstens betrifft dies die Frage der Reproduktion und Regulation von Gesellschaftsformationen unter den grundlegend antagonistischen Strukturbedingungen kapitalistischer Klassenverhältnisse. Gramsci folgt der Marx'schen Auffassung, wonach der Erkenntnisgegenstand kritischer Gesellschaftswissenschaft *soziale Verhältnisse* sind (vgl. Bensaïd 2003: 97ff.), insbesondere jene zwischen Klassen, die in grundlegend antagonistischem Verhältnis zueinander stehen (vgl. Wright 1979: 20f.).[2] Dieser Antagonismus wirkt in verschiedenen Gesellschaftsformationen, in denen der Kapitalismus die dominante Produktionsweise ist, strukturierend – wenngleich nicht als einziger oder notwendig bedeutendster Faktor – und ist im Rahmen dieser Produktionsweise unüberwindbar. Aus dieser Perspektive bleibt erklärungsbedürftig, wie eine kapitalistische Produktionsweise durch Krisen hindurch relativ stabil reproduziert wird. Gramsci, der sich nicht zuletzt als politischer Aktivist mit dieser Frage konfrontiert sah, versuchte die relative Stabilität und flexible Widerstandskraft kapitalistischer Verhältnisse durch die Analyse *konkreter Kompromiss- und Einbindungsprojekte* zu erklären.

Zweitens erarbeitet Gramsci sein Konzept der Hegemonie im Zusammenhang strategischer Fragen der Arbeiter_innenbewegung in Hinblick auf ihre Bündnispolitik, wie sie insbesondere in Russland seit Beginn des 20. Jahrhunderts intensiv diskutiert wurden (vgl. Anderson 1979: 12). Gramsci erkannte früh die Bedeutung der »Frage des Südens« für das Schicksal der italienischen Arbeiter_innenbewegung und die Notwendigkeit,

> »die Mehrheit der werktätigen Bevölkerung gegen den Kapitalismus und den bürgerlichen Staat zu mobilisieren; und das bedeutet in Italien, unter den real bestehenden Klassenverhältnissen, in dem Maße, wie es ihm gelingt, die Zustimmung der breiten, bäuerlichen Masse zu erhalten« (Gramsci 1980: 191).

---

2 Für aktuelle, an Marx anschließende Debatten zum Konzept der gesellschaftlichen Klassen vgl. die Beiträge in Bader et al. 1998 sowie Thien 2010.

Die entscheidende Pointe der gramscianischen Hegemoniekonzeption ergibt sich aus der Verknüpfung dieser strategischen Überlegungen mit der Frage der stabilisierenden Reproduktion und Regulation kapitalistischer Verhältnisse. Denn es ist nicht nur die Arbeiter_innenbewegung, die sich mit möglichen Bündnissen zu beschäftigen hat; unter den Bedingungen parlamentarischer Demokratie muss auch die in sich fragmentierte Bourgeoisie, um ihre Herrschaft zu stabilisieren, eine permanente »Politik der Klassenbündnisse, der politischen Blockbildung unter den Klassen« betreiben (Gramsci 1980: 199). Diese in den Gefängnisheften ausgeführte Überlegung ist Grundlage der gramscianischen These, wonach der bedeutsamste Modus der Machtausübung unter modern-kapitalistischen Bedingungen sich nicht ausschließlich und nicht in erster Linie auf Zwangsgewalt und Repression stützt, sondern eben als moralisch-ethisch-kulturelle Führung, d.h. als Hegemonie funktioniert. Diese zeichnet sich durch eine Kombination von (selektiven) Kompromissen, Dynamiken der Universalisierung und (untergeordneten) Zwangselementen aus. Eine »führende Gruppe«, so Gramsci, müsse »Opfer korporativ-ökonomischer Art« (GH: 1567) bringen (auch wenn diese nicht den »Kernbereich der ökonomischen Aktivität« (ebd.) – etwa die Verfügungsgewalt über die Produktionsmittel – bedrohen dürfe). Darüber hinaus umfasst Hegemonie aber auch die Universalisierung von Partikularinteressen im weiteren Sinne, insbesondere in den Bereichen der Politik, der Ethik, der Kultur und des Alltagsverstands. Gramsci nennt das Moment der Universalisierung, d.h. den erfolgreichen Kampf um die Definitionsmacht über das Allgemeinwohl in einer gegebenen Gesellschaft, den »Übergang von der bloßen Struktur zu den komplexen Superstrukturen« (GH: 496). Schließlich darf Hegemonie nicht als rein konsensuale Form der Machtausübung missverstanden werden; sie »zeichnet sich durch eine Kombination von Zwang und Konsens aus, die sich in verschiedener Weise die Waage halten« (GH: 1610).

HEGEMONIE BEI LACLAU UND MOUFFE

Laclau und Mouffe greifen diese Überlegungen in den 1980er Jahren unter entscheidend veränderten Bedingungen auf. Die Problematik, in der sie ihre Hegemonietheorie entwickelten, unterscheidet sich von jener Gramscis schon allein durch den spezifischen historischen Kontext. Zentral ist hier der Bezug auf die »neuen sozialen Bewegungen«, die im Windschatten der globalen Revolte von 1968 Forderungen, Protestformen und Akteurskonstellationen ins Zentrum der politischen Aufmerksamkeit gespült hatten, die für marxistische Theorie und Analyse nur schwer zu begreifen waren (vgl. Keenan 2003: 108). Der »Hauptwiderspruch«, den manche Orthodoxie auf ewig im Verhältnis von Lohnarbeit und Kapital zu identifizieren können glaubte, war in den realen Kämpfen als solcher kaum noch zu erkennen; feministische, ökologische, antirassistische oder »identitätspolitische« Bewegungen, Kämpfe gegen rigide Sexualmoral, Gefängnisse, Psychiatrie und autoritäre Erziehungsanstalten waren mit Selbstbewusstsein und durchaus in Abgrenzung zur »Arbeiterbewegung« auf die politische Szenerie getreten. Laclau und Mouffe richteten ihr theoretisches Projekt gegen Versuche, die Anliegen dieser Bewegungen gegenüber jenen der Arbeiter_innenbewegung abzuwerten; ihre Thesen wurden nicht zu Unrecht als elaborierte Theoretisierung des historischen Übergangs zur »Bewegungsgesellschaft« interpretiert (vgl. Marchart 2009). Damit zusammenhängend wird das Hegemoniekonzept durch Laclau und Mouffe aus Gramscis marxistischer Problematik gelöst, »entkernt« (Marchart 2007: 113) und in seiner begrifflichen Struktur neu geordnet.

Diese Neuformulierung des Hegemoniebegriffs kann als postmarxistisch, poststrukturalistisch und postgramscianisch verstanden werden. Postmarxistisch (Laclau/Mouffe 1987) verweist auf die theoriepraktische Absetzbewegung von marxistischen Thesen, die Laclau und Mouffe in »Hegemony and Socialist Strategy« (2001) im Rahmen einer kritischen Genealogie marxistischer Theorien des Politischen vornehmen. Diesen wird im Wesentlichen ihr »ökonomischer Determinismus« vorgeworfen, der sich in ein fatalistisches Vertrauen in scheinbar objektive Gesetze der Geschichte übersetze. Dahinter stehe die fehlerhafte Ausgangsthese, wonach Klassengegensätze den grundlegenden Widerspruch kapitalistischer Gesellschaften darstellen würden. Den »Klassen« werde, so die Kritik, in marxistischen Theorien eine Art ontologischer Privilegierung zuteil, was notwendig in den Fehlschluss des Klassenreduktionismus führe. Tatsächlich seien antagonistische Verhältnisse zentral für ein adäquates Verständnis von Gesellschaft. Konflikte zwischen Lohnarbeitenden und Kapitalbesitzenden seien jedoch nur eine mögliche Form solcher Antagonismen, und zwar im doppelten Sinne: Das Verhältnis von Lohnarbeit und Kapital ist ein *möglicher* Antagonismus, allerdings nur, wenn Klassenkämpfe tatsächlich als direkte Auseinandersetzung ausgetragen werden: »[I]t is only if the worker resists such an extraction [of surplus value] that the relationship becomes antagonistic« (Laclau 1990: 9). Und es ist *ein* möglicher in einer potenziell unendlichen »multitude of antagonisms« (ebd.), die an den verschiedensten Orten des Sozialen entstehen können (vgl. Marchart 2009: 117).

Poststrukturalistisch sind die Thesen von Laclau und Mouffe, insofern sie sprachtheoretische Überlegungen zur Grundlage sozialwissenschaftlicher Analyse machen: »Das Soziale« ist somit gleichbedeutend mit »dem Diskursiven« (vgl. Derrida 1983). Mit Saussure wird davon ausgegangen, dass die Analyse von Bedeutungen sich nicht auf das Verhältnis zwischen Signifikant und Signifikat zu beziehen hat, sondern auf Verhältnisse von Zeichen, »die nicht positiv durch ihren Inhalt, sondern nur negativ durch ihre Beziehungen zu den anderen Gliedern des Systems definiert sind« (Saussure 1967: 139, zit. n. Wullweber 2010: 60; vgl. Haugaard 2006: 47). Die poststrukturalistische Kritik bezieht sich nun darauf, dass die differenzielle Struktur in ihrer Konstitution, ihrer Historizität und potentiellen Veränderbarkeit denkbar gemacht werden muss (Finlayson/Valentine 2002: 8f.). Dies betrifft erstens den Diskurs, der nicht länger ein starres und ahistorisches System von Differenzpositionen bezeichnet, sondern »a non-locus in which an infinite number of substitutions come into play« (Torfing 1999: 40); und zweitens die Elemente des Diskursiven: auch die Agenten, Subjekte und Identitäten werden dezentriert. Dies bedeutet, »daß weder die politische noch die ökonomische Identität der Agenten sich als differentielles Moment eines einheitlichen Diskurses verfestigt und daß das Verhältnis zwischen ihnen die prekäre Einheit einer Spannung ist«; Subjektivität ist »von der gleichen Unsicherheit und Abwesenheit einer Naht durchdrungen [...], wie sie auch an jeder anderen Stelle der diskursiven Totalität, von der sie Teil ist, ersichtlich ist« (Laclau/ Mouffe 1991: 160f.).

Schließlich ist der Hegemoniebegriff von Laclau und Mouffe post-gramscianisch, insofern Gramscis Denken auf einer sehr hohen Abstraktionsebene rezipiert und Teile davon in die poststrukturalistische Problematik überführt werden. Wo Gramsci den Übergang vom »nackten korporativ-ökonomischen Interesse« hin zur hegemonialen Einbindung anderer Gruppierungen beschrieb (GH: 1562), identifizieren Laclau und Mouffe eine Brücke zur Überwindung von Ökonomismus und »Klassenreduktionismus«. Denn die Subjekte und Identitäten, die Teil hegemonialer Machtverhältnisse sind, konstituieren sich hier nicht mehr außerhalb von Ideologie, Politik und Hegemonie auf einer fundamentalen Basis der Ökonomie, sondern in diesen Verhältnissen selbst. Somit sind für Gramsci »politische Subjekte strenggenommen keine Klassen, sondern komplexe ›Kollektivwillen‹; entsprechend haben die ideologischen Elemente, die durch eine hegemoniale Klasse artikuliert werden, keine notwendige Klassenzugehörigkeit« (Laclau/ Mouffe 1991: 102f.). Das Spezifische an Laclau und Mouffes Hegemonietheorie ergibt sich aus den Kreuzungspunkten dieser Überlegungen mit den oben vorgestellten poststrukturalistischen Argumenten: Die soziale Welt lässt sich nicht aus einer notwendigen Verbindung von Signifikant und Signifikat erklären; ebenso hat ein bestimmtes politisch-ideologisches Projekt keine notwendige Klassenzugehörigkeit, ist also etwa die Verbindung von Sozialismus und Arbeiter_innenklasse eine kontingente, historisch konstruierte. Was aus poststrukturalistischer Perspektive als Artikulation bezeichnet wurde – die Anordnung und prekäre Schließung von diskursiven Elementen zu Momenten eines bestimmten Diskurses – ist nach dieser Interpretation in Gramscis Verständnis der Hegemonialwerdung bereits angelegt. Laclau und Mouffe lesen dies aus den Begriffen des »Kollektivwillens« bzw. des »Kollektivmenschens« heraus, die Gramsci an mehreren Stellen in den Gefängnisheften einsetzt, um die Notwendigkeit hegemonialer Politik zu betonen. Gramsci schreibt:

»[J]eder geschichtliche Akt kann nur vom ›Kollektivmenschen‹ vollzogen werden, setzt also die Erreichung einer ›kulturell-gesellschaftlichen‹ Einheit voraus, durch die eine Vielzahl auseinanderstrebender Willen mit heterogenen Zielen für ein und dasselbe Ziel zusammengeschweißt werden, auf der Basis einer (gleichen) und gemeinsamen Weltauffassung« (GH: 1335).

Die (post-)strukturalistische Position betont also die Bedeutung von Differenz, Gramsci verweist auf das notwendige »Zusammenschweißen« der einzelnen Willen, und Laclau und Mouffe machen daraus das konstitutive *Spiel von Differenz und Äquivalenz*. Differenz und Äquivalenz sind demnach die grundlegenden, einander entgegengesetzten Logiken des Sozialen und fungieren als Pole, die das Feld der Diskursivität aufspannen. Die Praxis der Artikulation bewegt sich in diesem Spannungsfeld: Diskurse werden konstituiert, indem Äquivalenzverhältnisse zwischen Elementen hergestellt, das heißt die Differenzen zwischen den einzelnen Bedeutungen aufgehoben werden. Laclau und Mouffe nennen als ein Beispiel hierfür den kolonialen Diskurs: »In einem kolonisierten Land wird die Präsenz der herrschenden Macht jeden Tag durch eine Reihe von Inhalten wie Unterschiede in der Kleidung, der Sprache, der Hautfarbe, bei den Sitten und Gebräuchen evident gemacht« (Laclau/Mouffe 1991: 167). Dadurch entstehen Äquivalenzketten, in denen die Differenzen ihrer Glieder ausgelöscht werden, indem sie auf ein gemeinsames Gegenüber, ein *konstitutives Außen* verweisen. Das Verhältnis zwischen zwei negativ bestimmten Äquivalenzketten, die kein gemeinsames Maß und keine beide umfassende Objektivität eint, nennen Laclau und Mouffe *Antagonismus*. Dieser konstituiert zugleich die einzelnen Glieder und verhindert, dass sie sich zu »vollen«, genähten Identitäten schließen (Laclau/Mouffe 1991: 164). Die poststrukturalistische Kritik taucht hier abermals auf als Kritik der Geschlossenheit sowohl von Diskursen/Strukturen/Systemen (diese sind vielmehr von Antagonismen durchzogen) als auch von Momenten/Identitäten/Subjekten (die durch Antagonismen einen bloß prekären Status zugewiesen bekommen). »In our conception of antagonism«, schreibt Laclau,

»[...] we are faced with a ›constitutive outside‹. It is an ›outside‹ which blocks the identity of the ›inside‹ (and is, nonetheless, the prerequisite for its constitution at the same time)« (Laclau 1990: 17).

Damit ist auch klar, weshalb, wie oben dargelegt, kapitalistische Produktionsverhältnisse aus dieser Perspektive nicht notwendigerweise antagonistische Verhältnisse sind: nach Laclau und Mouffe entsteht erst in dem Moment eine antagonistische Beziehung zwischen LohnarbeiterIn und ProduktionsmittelbesitzerIn, wenn letztere die Identität der Lohnarbeiterin bedroht. Erst wenn eine Seite Widerstand ausübt und die Position des/der Anderen in ihrer Existenz herausfordert, *kann* daraus ein Antagonismus entstehen (vgl. Laclau 2000b: 202).

HEGEMONIE ALS POLITISCHE LOGIK DES SOZIALEN

Die verschiedenen (historischen wie begriffslogischen) Problematiken, in denen die jeweiligen Hegemoniekonzepte ausformuliert wurden, führen also zu sehr unterschiedlichen Ergebnissen. Die vielleicht augenscheinlichste Differenz liegt im »postmarxistischen« Bruch begründet. Für Gramsci ist eine Theorie des Politischen, als Teil derer er sein Konzept der Hegemonie entwickelt, notwendig in eine umfassende Theorie – und Kritik – der Politischen Ökonomie des Kapitalismus eingebunden. »Kapitalismus« bezeichnet dabei keine soziale »Sphäre« – etwa »die Ökonomie« – wie Laclau und Mouffe meinen (1991: 113; vgl. Laclau 1990: 9), sondern die Art und Weise, wie eine gegebene Gesellschaft in einer bestimmten Zeitspanne ihren Stoffwechsel mit der Umwelt organisiert, welche Formen der Kooperation und der Konkurrenz damit verbunden sind, welche habituellen, ideologischen und institutionellen Strukturen und Handlungsweisen damit entstehen usw. Kurz: Kapitalismus wird als *Produktionsweise* im umfassenden Sinne verstanden.[3] Gramsci folgt Marx in dieser oft als »historisch-materialistisch« bezeichneten Geschichtsauffassung und betont, dass in diesem Ausdruck »der Akzent auf den ersten Term, ›historisch‹, gelegt gehört, und nicht auf den zweiten, der metaphysischen Ursprungs ist«. Daraus ergebe sich eine »absolute Verweltlichung und Diesseitigkeit des Denkens, ein absoluter Humanismus der Geschichte« (GH: 1430). Hegemonie ist für Gramsci ein bestimmter Modus der Machtausübung, der in einer bestimmten Phase des Kapitalismus, an bestimmten Orten des kapitalistischen Weltsystems, sowohl möglich als auch notwendig wird. Die kapitalistische Produktionsweise wird dabei durch eine Kombination aus kompromisshafter Einbindung von Teilen der Subalternen, der Universalisierung von Partikularinteressen einzelner Klassenfraktionen und in den Hintergrund tretenden (aber weiter vorhandenen) Zwangsmomenten stabilisiert, wodurch Widersprüche und Krisen prozessierbar werden. Grundannahme dieser These ist, dass der Kapitalismus ein inhärent antagonistisches System ist, in dem eine Minderheit die Kontrolle über die gesellschaftlichen Produktionsmittel ausübt, während die Mehrheit bloß die Freiheit besitzt, die eigene Arbeitskraft als besondere – weil als »*lebendige Quelle* des Werts« (MEW 42: 217, Herv. i. O.) einsetzbare – Ware am Markt feilzubieten.

In der Theorie von Laclau und Mouffe entfällt diese Annahme. Die Kritik der politischen Ökonomie und die sozialen Mechanismen von Ausbeutung und Konkurrenz spielen in ihren Konzepten keine Rolle; ihre Lesart von Marx und an diesen anschließenden Theoretiker_innen betont die radikale Kontingenz von sozialen Kämpfen.[4] Die Bestimmung von Antagonismen und Widersprüchen, die in der kapitalisti-

3 Diese Auffassung wird von Marx u.a. in der Einleitung zu den »Grundrissen« prägnant dargelegt (MEW 42: 15-45).

4 An dieser Stelle kann nicht ausführlicher auf Laclaus und Mouffes Marx-Interpretation eingegangen werden. Laclau scheint jedenfalls davon auszugehen, dass die von Marx identifizierten Produktionsverhältnisse *interpersonelle Beziehungen* (und nicht komplexe *gesellschaftliche Verhältnisse*) bezeichnen, weshalb sie als »the capitalist–worker relationship« untersucht werden müssten (1990: 8 und *passim*).

schen Produktionsweise notwendigerweise eingeschrieben sind, wird als ökonomistischer Fehlschluss gelesen und verworfen; damit entfällt auch der gramscianische Ausgangspunkt, wonach Hegemonie eine politische Bearbeitungsform einer inhärent widersprüchlichen und krisenhaften Klassengesellschaft ist. Hegemonie wird vielmehr als ein Grundprinzip sozialer Interaktion gedeutet, als Mechanismus der Konstruktion von Bedeutung und Identität. Damit transformieren Laclau und Mouffe das Hegemoniekonzept von einer kapitalismustheoretischen zu einer *ontologischen* Kategorie. Hegemonie »[a]t its deepest level« ist hier nicht weniger als »the political logic of the social« (Critchley 2004: 114); der Begriff soll auf die grundlegenden Eigenschaften der Welt und des Seins schlechthin verweisen, als Teil einer »politischen Ontologie« (Dyrberg 2004).

Diese *Ontologisierung* des Hegemoniebegriffs, auf die jüngst etwa Alex Demirović (2007) hinwies, verbindet sich mit seiner *Enthistorisierung*. Das mag auf den ersten Blick überraschen, legen Laclau und Mouffe doch stets Wert darauf, sich von statischen, synchronistischen Positionen abzugrenzen. Jedoch ist bei genauem Hinsehen historischer Wandel, und in der Tat Zeitlichkeit überhaupt, in die Logik der Hegemonie selbst eingeschrieben. Dies ist eine Konsequenz aus den diskurstheoretischen Prämissen ihres Ansatzes, die das Soziale einer semiotischen Metalogik unterordnen. Hegemonie repräsentiert in diesem Sinne »das Allgemeine« bzw. die »Leerstelle der Universalität« überhaupt. Geschichte wird aus dieser Perspektive innerhalb der hegemonialen Grammatik, die sie beschreiben wollen, in dem Spiel von Äquivalenz und Differenz, Artikulation und Antagonismus gemacht. Diese Tendenz zum »quarantining of history« (Smith 1998: 79) wird in den späteren Arbeiten von Laclau, in denen er zunehmend post-psychoanalytische Argumente von Jacques Lacan in seine Hegemonietheorie integriert, noch verstärkt (vgl. Laclau 2000a, 2007a; Laclau/Zac 1994). Demnach sei die Grundlage der hegemonialen Logik der konstitutive, traumatische »Mangel« des Subjekts vor seiner Subjektivierung und der daraus folgende, notwendig scheiternde Trieb zu Geschlossenheit, Fülle und Ordnung:

»[V]arious political forces can compete in their efforts to present their particular objectives as those which carry out the filling of that lack [of order, B.O]. To hegemonize something is exactly to carry out this filling function« (Laclau 2007a: 44; vgl. Stavrakakis 1998).

Dieser »konstitutive Mangel« (Laclau/Zac 1994: 23) kann nicht anders verstanden werden denn als anthropologische Konstante. Indem Hegemonie als notwendiger Bearbeitungsmodus des zugleich notwendigen und unmöglichen Verlangens nach Überwindung des Mangels konzeptualisiert wird, kann Hegemonie selbst streng genommen ebenso wie das Unbewusste keine Geschichte haben.

Dort, wo Laclau und Mouffe der Logik der Hegemonie doch eine Geschichte zugestehen – v.a. in *Hegemony and Socialist Strategy* und direkt daran anschließenden Schriften – geschieht dies eher implizit. Hier tritt jedoch, so Demirović, das Problem auf, dass eben diese historische Entwicklung selbst nicht Gegenstand der theoretischen Untersuchung ist. »Vielmehr wird auf ein eher triviales modernisierungstheoretisches oder kapitalismustheoretisches Deutungsschema zurückgegriffen« (Demirović 2007: 67). Für Laclau und Mouffe ist das Auftauchen und Vertiefen der hegemonialen Logik erst durch die demokratischen Revolutionen der letzten (inzwischen etwas mehr als) 200 Jahre, später durch die Entwicklung der »Industriegesellschaft« und, in den letzten Jahrzehnten, die Entstehung eines neoliberalen »disorganized capitalism« möglich geworden (Laclau 1990: 54–59; Laclau/Mouffe 1991: 189–218). Diese – reichlich konventionellen und an keiner Stelle begründeten – historischen Narrative und die damit verbundenen Periodisierungen werden von ihnen selbst nicht zum Gegenstand theoretischer Reflexion gemacht, was eine notwendige Historisierung des Hegemoniekonzepts verhindert.

ONTOLOGISIERUNG DES HEGEMONIEBEGRIFFS

Die Umformulierung des Hegemoniebegriffs durch Laclau und Mouffe ist also, wie ich zu zeigen versucht habe, mit einer Ontologisierung dieses vormals gesellschafts- bzw. kapitalismustheoretischen Konzepts verbunden, die wiederum gleichbedeutend mit der Enthistorisierung hegemonialer Politikformen ist. Um Missverständnissen vorzubeugen: Das Problem dabei ist nicht unbedingt, *dass* Laclau und Mouffe Aussagen auf ontologischer Ebene treffen. Tatsächlich ist es eine besondere Qualität ihrer Theorie, dass sie ihre eigenen ontologischen Positionen, also stets implizit vorhandene Annahmen über die Beschaffenheit der zu analysierenden Welt, explizit macht (vgl. Marsh/Furlong 2002: 17).[5] Ontologische Positionen bestimmen schließlich, was wir in unseren Untersuchungen überhaupt in den Blick bekommen können (vgl. Hay 2006). Problematisch ist jedoch, dass die notwendige Differenz zwischen ontologischen Aussagen auf »meta-theoretischer« Ebene und sozialwissenschaftlichen Konzepten zur Untersuchung konkreter gesellschaftlicher Verhältnisse aus dieser Laclau und Mouffes Perspektive entfällt. Auf die Bedeutung dieser Unterscheidung haben u.a. Theoretiker_innen in der Forschungstradition des an der Wissenschaftstheorie Roy Bhaskars anknüpfenden Critical Realism immer wieder hingewiesen (Archer et al.; Bhaskar 1998; Collier 1994; Sayer 2000). Demnach ist es unbedingt notwendig, »unterschiedliche Reflexionsebenen sowie unterschiedliche Grade der Abstraktion und Spezifität« voneinander zu unterscheiden (Pühretmayer 2010: 11). Eine ontologische oder meta-theoretische Position »is not, nor does it license, either a set of substantive analyses or a set of practical policies. Rather, it provides a set of perspectives on society (and nature) and on how to understand them« (Bhaskar 1989: 3). Davon zu unterscheiden sind substanzielle Theorien, die sich auf einen bestimmten, konzeptionell umrissenen und raum-zeitlich definierten Gegenstand beziehen. José López betont dies aus kritisch-realistischer Perspektive eindringlich: »It must be stressed that under no circumstances should meta-theoretical arguments be con-

5 Eine kritische Evaluation der ontologischen Grundannahmen der Hegemonietheorie von Laclau und Mouffe kann an dieser Stelle aus Platzgründen nicht geleistet werden. Für eine Kritik ihrer Konzeption des Verhältnisses von Struktur und Handeln vgl. Pühretmayer 2010.

fused with the development of substantive theories (for example, social ontological arguments are not substantive concepts of social structure)« (López 2003: 77). Nun scheint die Hegemonietheorie von Laclau und Mouffe durch genau diese »Vermischung« charakterisiert zu sein. Sie ist einerseits als politische Ontologie konzipiert und gekennzeichnet; die auf dieser höchsten Abstraktionsebene generierten Kategorien – Antagonismus, Artikulation, leerer Signifikant, Hegemonie etc. – gelten aber zugleich als untersuchungsleitende Begriffe in Analysen konkreter Konstellationen. In vielen der existierenden »empirischen«, v.a. politikwissenschaftlichen, soziologischen und historiographischen Arbeiten, die sich positiv auf die Hegemonietheorie von Laclau und Mouffe beziehen, wirkt sich dies als tendenziell unendliche Ausdehnung des angenommenen Geltungsbereichs der eigenen Theorie aus. Das ist in sich nur schlüssig: Eine »politische Ontologie« bezieht sich schließlich auf nichts weniger denn auf das Sein selbst. Entsprechend breit gefächert sind die »Anwendungsgebiete« der Theorie (vgl. u.a. Bowman 1994; Griggs/Howarth 2002, 2008; Habermann 2008; Nonhoff 2006; Norval 1996; Sayyid 1994; Wæver 2005; Wullweber 2010). Die Vielfalt der behandelten Themen könnte auch als Indiz für die Produktivität des Ansatzes gelten, und tatsächlich zeigen die genannten Untersuchungen, dass ein an Laclau und Mouffe orientierter Zugriff oft auf gewinnbringende Art neue Perspektiven auf einen Gegenstand eröffnen kann. Zugleich erwecken viele der Arbeiten den Eindruck, die von Laclau und Mouffe entwickelten Begriffe stellten so etwas wie theoretisch-philosophische Universalschlüssel dar, mit denen jedes empirisch-konkrete Schloss der sozialwissenschaftlichen Untersuchung geknackt werden könnte. Dies liegt meines Erachtens in der Ontologisierung der Theorie durch Laclau und Mouffe selbst begründet, die keine Unterscheidung zwischen ontologischen oder metatheoretischen Annahmen einerseits und sozialwissenschaftlichen Konzepten andererseits vornimmt und dadurch einem deduktiven, dabei die analytische Reichweite der eigenen meta-theoretischen Begriffe überdehnenden, Zugriff Vorschub leistet (vgl. Reitz 2009: 123). Dies lässt sich anhand des Begriffs des Antagonismus beispielhaft verdeutlichen.

Aus den ontologischen Grundannahmen von Laclau und Mouffe abgeleitet, wird dieser Begriff zur Benennung von alle Felder des Sozialen durchziehende Verhältnisse eingesetzt, zugleich aber für Konstellationen reserviert, in denen die antagonistischen Pole sich wechselseitig in ihrer Existenz bedrohen und dadurch ihre jeweilige Identitäten brechen: »Die Präsenz des antagonistischen Anderen hindert mich daran, gänzlich ich selbst zu sein« (Laclau 2007b: 28; vgl. Laclau/Mouffe 1991: 180). Damit können zwar bestimmte soziale Verhältnisse auf den Begriff gebracht werden, andere jedoch nicht. Dies betrifft insbesondere jene, in denen die jeweiligen Positionen relational, d.h. im wechselseitigen Bezug zueinander bestimmt sind, ohne dass daraus deren Identität existenziell bedroht wäre (wie im von Laclau und Mouffe bemühten Beispiel der Beziehung landloser Bauern zu Grundbesitzern). Für diese, von kritisch-realistischen Autor_innen gelegentlich als »internal« bezeichneten Verhältnisse (vgl. Sayer 1992: 89ff) – Beispiele wären Mieterin – Vermieterin, Lehrerin-Schülerin oder Kapitalistin-Lohnarbeiterin – hält die Theorie von Laclau und Mouffe keine theoretischen Begriffe bereit, die über die formale Bestimmung als Differenzbeziehung hinausreichen. Damit entgeht ihnen, dass internale Verhältnisse und die durch sie aufgespannten Subjektpositionen mit konfligierenden Reproduktionslogiken und »Interessen«[6] verbunden sein können. Ein Verständnis von in diesem Sinne antagonistischen Verhältnissen muss weder auf das Bild der »Realopposition« zweier unabhängig voneinander konstituierter Entitäten noch auf ein hegelianisches oder »dialektisch-materialistisches« Konzept der »Einheit der Widersprüche« zurückgreifen. Es stellt schlicht fest, dass unterschiedliche Reproduktionslogiken, die mit unterschiedlichen Positionen innerhalb eines internalen Verhältnisses verbunden sind, widersprüchliche Dynamiken erzeugen, die auf die eine oder andere Weise *bearbeitet* werden müssen, so sie nicht überwunden und durch andere soziale Ver-

6 Damit soll keiner Konzeption objektiver, eindeutig aus Strukturposition ableitbarer Interessen das Wort geredet, jedoch ein »schwacher Interessenbegriff« verteidigt werden (vgl. Callinicos 1987: 122ff.).

hältnisse ersetzt werden. Bei Laclau und Mouffe wird diese Denkfigur jedoch im Vorhinein ausgeschlossen, da – durch den ontologischen Charakter ihrer Hegemonietheorie – ein Spezialfall sozialer Struktur, der von ihnen eng definierte Antagonismus, zum grundlegenden Prinzip des Sozialen erklärt wird.

HEGEMONIE ALS ARTIKULATION

Wenn die hier vorgestellte Kritik zutrifft, so stellt sich fast notgedrungen die Frage, weshalb die Beschäftigung mit der Diskurs- und Hegemonietheorie von Laclau und Mouffe überhaupt produktiv und einer Fortentwicklung kritischer Gesellschaftstheorie zuträglich sein sollte. Tatsächlich halte ich eine solche Auseinandersetzung gerade für marxistisch orientierte sozialwissenschaftliche Analysen und Theorien für wichtig und notwendig. Denn allzu häufig wird über der Feststellung, dass Machtstrukturen in kapitalistischen Gesellschaften als maßgeblich konsens- und kompromissbasierte Herrschaftsformen, also als Hegemonie analysiert werden müssen, die Analyse der spezifischen Funktionsweise hegemonialer Strategien und Projekte vernachlässigt. Hier scheinen mir Überlegungen von Laclau und Mouffe eine überaus produktive Verschiebung vorzunehmen, indem sie Hegemonie als *artikulatorische* Praxis begreifen. Daraus lassen sich konkrete, Analysen anleitende Fragen entwickeln, um die »hegemoniale Qualität« konkreter Strategien, Projekte und Praxen, aber auch bestimmter »hegemonialer Konstellationen« (Winter 2011) einzuschätzen. Dies kann hier nur exemplarisch anhand der Debatte um die »Hegemonie des Neoliberalismus« angedeutet werden. In dieser wurde und wird einerseits ein »Mangel an Hegemoniefähigkeit« des Neoliberalismus konstatiert, und jener eher als Projekt verstanden, das den engen, ökonomisch-korporativen Interessen bestimmter Klassenfraktionen entspricht und eben keine Kompromisse und Zugeständnisse an die Subalternen anbietet (z.B. Demirović 2006). Andererseits wird argumentiert, dass das neoliberale Projekt das diskursive Koordinatensystem so grundlegend verändert hat und eine neue »Lebensweise« schafft, dass von einer Hegemonie des Neoliberalismus gesprochen werden muss (z.B. Candeias 2009). Aus der Perspektive von »Hegemonie als Artikulation« können diese Fragen potenziell produktiv umformuliert werden. Es geht dann nicht mehr um die Qualitäten, die einem bestimmten Projekt oder einer Konstellation »an sich« zu eigen sind, sondern es muss danach gefragt werden, auf welche Weise welche Elemente in einem konkreten Fall angeordnet und also zu Momenten einer Äquivalenzkette gemacht werden. So kann sich zeigen, dass Politiken, die gemeinhin unter dem weiten Begriff des Neoliberalismus gefasst werden – Privatisierung öffentlicher Dienstleistungen, Steuererleichterungen für Unternehmen und Vermögensbesitzer_innen, Zwangs-Flexibilisierung von Lohnarbeitsverhältnissen, Kommodifizierung neuer gesellschaftlicher Sphären, politische Stärkung von Finanz- und Anlagekapital etc. – tatsächlich als Durchsetzung von Interessen bestimmter Klassenfraktionen im engeren, ökonomisch-korporativen Sinne verstanden werden kann, d.h. als »Klassenkampf von oben« (Harvey 2007). Gleichzeitig muss eine hegemonietheoretisch angeleitete Analyse hier die Frage stellen, auf welche Weise diese Politiken historisch-konkret durchgesetzt wurden bzw. werden und wie die gesellschaftliche Reproduktion der Neoliberalisierung organisiert wird. Hier zeigt sich, dass neoliberale Projekte in unterschiedlichen Phasen und an unterschiedlichen Orten mit ganz verschiedenen Elementen artikuliert wurden: So mag dem Thatcherismus, der neoliberalisierten Sozialdemokratie des »Dritten Wegs« oder autoritären Entwicklungsregimes in Ost- und Südostasien der soziale Inhalt des Neoliberalismus weitgehend gemein sein, er wurde und wird aber mit ganz unterschiedlichen politischen, kulturellen und ideologischen Elementen artikuliert. Die hegemoniale Qualität oder Nicht-Qualität des Neoliberalismus ergibt sich also genau daraus, wie – und wie erfolgreich – diese Verknüpfungen instituiert werden, wie also Äquivalenzketten und ihr konstitutives Außen durchgesetzt werden. In aktuellen zeitdiagnostischen Kontroversen rund um die Frage, ob die seit 2008 anhaltende globale Finanz- und Wirtschaftskrise zugleich eine »Hegemoniekrise« des Neoliberalismus darstellt oder in ihr und durch sie im Gegenteil eine neue Runde neoliberaler Reformen durchgesetzt wird, könnte so eine produktive Perspektivverschiebung anstoßen. Dies gilt es in konkreten Analysen zu untersuchen, und dafür bietet ein diskurstheoretisch orientierter Hegemoniebegriff wertvolle Anstöße.

Gleichzeitig ist es dafür jedoch notwendig, die von Laclau und Mouffe entwickelten Konzepte theoriepraktisch zu »re-skalieren«, d.h. sie auf Ebene »substanziell-wissenschaftlicher Theorien« (Pühretmayer 2010: 11) zum Einsatz zu bringen und ihrer meta-theoretischen, enthistorisierenden Problematik zu entziehen. Darauf soll die Kritik an Laclau und Mouffe als Kritik der Ontologisierung der Hegemonietheorie, wie sie hier formuliert wurde, hinweisen. Eine produktive Weiterentwickelung von Hegemonietheorien wäre demnach darauf angewiesen, die zentralen Fragen der gramscianischen Problematik wieder aufzugreifen: Wie werden widersprüchliche und krisenhafte Dynamiken durch hegemoniale, auf Kompromissen und Universalisierung abzielende Strategien prozessierbar gemacht und wie wird dadurch zur Reproduktion und Regulation bestimmter Entwicklungsweisen oder »historischer Blöcke« beigetragen?[7] Dies muss und soll aber nicht auf ein einfaches Postulat des »zurück zu Gramsci« hinaus laufen, wenn, wie angedeutet, Hegemonie als Artikulation verstanden und etwa die zentrale Dimension der Subjektivierung als konstitutiver Bestandteil von Hegemonie anerkannt wird. Dass dieses Vorgehen nicht den Intentionen von Laclau, Mouffe und anderen post-marxistischen Theoretiker_innen entspricht, scheint mir evident zu sein. Einem fruchtbaren Dialog zwischen post-marxistischen und historisch-materialistischen Theorien des Politischen sollte dies jedoch keinen Abbruch tun. Im Gegenteil, eine offene Auseinandersetzung mit den diskurstheoretischen Thesen von Laclau und Mouffe kann sich hier mit einem Augen-

7 Auch die zweite von Gramsci aufgegriffene Problematik, jene der strategischen (Bündnis-)Orientierung emanzipatorischer Politik, kann von der Integration diskurstheoretischer Thesen zur Artikulation von Äquivalenzketten profitieren (vgl. Opratko/Probst 2010).

zwinkern an einer Bemerkung orientieren, die Gramsci in Bezug auf Rosa Luxemburg in den Gefängnisheften notierte: »Die Erklärung ist etwas verfänglich, insofern sie [großenteils] nichts tut, als die zu erklärende Tatsache selbst in abstrahierter Form als Erklärung anzubieten, jedoch ist etwas richtiges an ihr, das sich vertiefen lässt« (GH: 1809).

LITERATUR

Althusser, Louis/Balibar, Étienne (1972): Das Kapital lesen, Reinbek: Rowohlt.

Anderson, Perry (1979): Antonio Gramsci: Eine kritische Würdigung, Berlin: Olle & Wolter.

Archer, Margaret et al. (Hg.) (1998) Critical Realism. Essential Readings, London, New York: Routledge.

Bachelard, Gaston (1974): Epistemologie. Ausgewählte Texte, Frankfurt/M. u.a.: Ullstein.

Bhaskar, Roy (1989) Reclaming Reality, London: Verso.

Bhaskar, Roy (1998): The Possibility of Naturalism, London, New York: Routledge.

Brühmann, Horst (1980): Der Begriff des Hundes bellt nicht. Das Objekt der Geschichte der Wissenschaften bei Bachelard und Althusser, Wiesbaden: B. Heymann.

Bowman, Glenn (1994): »A Country of Words«. Conceiving the Palestinian Nation from the Position of Exile, in: Laclau, Ernesto (Hg.), The Making of Political Identities, London: Verso, S. 138–170.

Callinicos, Alex (1987): Making History. Agency, Structure and Change in Social Theory, Cambridge: Polity.

Cammett, John M. (1967): Antonio Gramsci and the Origins of Italian Communism, Stanford: Stanford University Press.

Candeias, Mario (2009): Neoliberalismus, Hochtechnologie, Hegemonie. Grundrisse einer transnationalen kapitalistischen Produktions- und Lebensweise. Eine Kritik. 2. Auflage, Hamburg: Argument.

Collier, Andrew (1994): Critical Realism. An Introduction to Roy Bhaskar's Philosophy, London. Verso.

Critchley, Simon (2004): Is there a normative deficit in the theory of hegemony? In: Critchley, Simon/Marchart, Oliver (Hg.), Laclau. A Critical Reader, London, New York: Routledge, S. 113–122.

Demirović, Alex (2006): Ist der Neoliberalismus hegemonial?, in: Filipič, Ursula (Hg.), Neoliberalismus und Globalisierung. Dokumentation der Tagung »Neoliberalismus und Globalisierung: Auseinandersetzungen – Herausforderungen«, Wien: AK Wien, S: 11–26.

Demirović, Alex (2007): Hegemonie und die diskursive Konstruktion der Gesellschaft, in: Nonhoff, Martin (Hg.), Diskurs – radikale Demokratie – Hegemonie. Zum politischen Denken von Ernesto Laclau und Chantal Mouffe, Bielefeld: transcript, S. 55–85.

Derrida, Jacques (1983): Grammatologie, Frankfurt/M.: Suhrkamp.

Dyrberg, Torben B. (2004): The political and politics in discourse analysis, in: Critchley, Simon/Marchart, Oliver (Hg.), Laclau. A Critical Reader, London, New York: Routledge, S. 241–255.

Finlayson, Alan/Valentine, Jeremy (2002): Introduction. In: dies. (Hg.): Politics and Post-Structuralism. An Introduction, Edinburgh: Edinburgh University Press, S. 1–20.

GH = Gramsci, Antonio (1991–2002): Gefängnishefte. Kritische Gesamtausgabe, Bd. 1–10, Hamburg: Argument.

Gramsci, Antonio (1980): Zu Politik, Geschichte und Kultur. Ausgewählte Schriften, Frankfurt/M.: Röderberg.

Griggs, Steven/Howarth, David (2002): An Alliance of Interest and Identity? Explaining the Campaign against Manchester Airport's Second Runway, in: Mobilization, 7 (1), S. 43–58.

Griggs, Steven/Howarth, David (2008): Populism, Localism and Environmental Politics: The Logic and Rhetoric of the Stop Stansted Expansion Campaign in the United Kingdom, in: Planning Theory, 7 (2), S. 123–144.

Habermann, Friederike (2008): Der homo oeconomicus und das Andere. Hegemonie, Identität und Emanzipation, Baden-Baden: Nomos.

Harvey, David (2007): Kleine Geschichte des Neoliberalismus, Zürich: Rotpunkt.

Haugaard, Mark (2006): Conceptual Confrontation, in: Haugaard, Mark/Lentner, Howard H. (Hg.), Hegemony and Power. Consensus and Coercion in Contemporary Politics, Lanham: Lexington Books, S. 3–19.

Hay, Colin (2006): Political Ontology. In: Goodin, Robert E./Tilly, Charles (Hg.), The Oxford Handbook of Contextual Political Analysis, Oxford: Oxford University Press, S. 78–96.

Jessop, Bob (1982): The Capitalist State. Marxist Theories and Methods, Oxford: Martin Robertson.

Keenan, Alan (2003): Democracy in Question, Stanford: Stanford University Press.

Laclau, Ernesto (1990): New Reflections on the Revolution of Our Time. London: Verso.

Laclau, Ernesto (2000a): Identity and Hegemony: The Role of Universality in the Constitution of Political Logics, in: Butler, Judith/Laclau, Ernesto/Žižek, Slavoj: Contingency, Hegemony, Universality. Contemporary Dialogues on the Left, London: Verso, S. 44–89.

Laclau, Ernesto (2000b): Structure, History and the Political, in: Butler, Judith/Laclau, Ernesto/Žižek, Slavoj: Contingency, Hegemony, Universality. Contemporary Dialogues on the Left, London: Verso, S. 182–212.

Laclau, Ernesto (2007a): Why do Empty Signifiers Matter to Politics, in: ders.: Emancipation(s). London: Verso, S. 36–46.

Laclau, Ernesto (2007b): Ideologie und Post-Marxismus, in: Nonhoff. Martin (Hg.), Diskurs – radikale Demokratie – Hegemonie. Zum politischen Denkan von Ernesto Laclau und Chantal Mouffe, Bielefeld: transcript, S. 25–39.

Laclau, Ernesto/Mouffe, Chantal (1991): Hegemonie und radikale Demokratie. Zur Dekonstruktion des Marxismus, Wien: Passagen.

Laclau, Ernesto/Zac, Lillian (1994): Minding the Gap: The Subject of Politics, in: Laclau, Ernesto (Hg.), The Making of Political Identites, London: Verso, S. 11–39.

López, José (2003): Critical realism. The difference it makes, in theory, in: Cruickshank, Justin (Hg.), Critical Realism. The difference it makes, London, New York: Routledge.

MEW = Marx, Karl/Engels, Friedrich (1976ff.): Werke, Berlin: Dietz.

Marchart, Oliver (2007): Gramsci und die diskursanalytische Hegemonietheorie. Ein fragmentarisches ABC, in: Merkens, Andreas/Rego Diaz, Victor (Hg.): Mit Gramsci arbeiten. Texte zur politisch-praktischen Aneignung Antonio Gramscis, Hamburg: Argument, S. 175–189.

Marchart, Oliver (2009): Antagonismen jenseits des Klassenkampfs. Postmarxismus und Neue Soziale Bewegungen, in: Bescherer, Peter/Schierhorn, Karen (Hg.), Hello Marx. Zwischen »Arbeiterfrage« und sozialer Bewegung heute. Hamburg: VSA, S. 97–120.

Marsh, David/Furlong, Paul (2002): A Skin, not a Sweater: Ontology and Epistemology in Political Science, in: Marsh, David/Stoker, Gerry (Hg.), Theory and Methods in Political Science. Second Edition, Houndmills: Palgrave, S. 17–41.

Nonhoff, Martin (2006): Politischer Diskurs und Hegemonie. Das Projekt »Soziale Marktwirtschaft«, Bielefeld: transcript.

Norval, Aletta J. (1996): Deconstructing Apartheid Discourse, London: Verso.

Norval, Aletta J. (2004): Hegemony after deconstruction: the consequences of undecidability, in: Journal of Political Ideologies, 9 (2), S. 139–157.

Opratko, Benjamin (2012): Hegemonie. Politische Theorie nach Antonio Gramsci, Münster: Westfälisches Dampfboot.

Opratko, Benjamin/Probst, Stefan (2010): Äquivalenzketten und Überraschungseier. Zu Form und Funktion linker Organisierung, in: grundrisse, 36, S. 34–42.

Pühretmayer, Hans (2010): Zur Kombinierbarkeit von Critical Realism und Poststrukturalismus: Eine Reformulierung der Struktur-Handlungs-Frage, in: Österreichische Zeitschrift für Politikwissenschaft, 39 (1), S. 9–26.

Reitz, Tilman (2009): Auswege aus der Theoriepolitik. Postmarxistischer Diskurs und soziale Deutungskämpfe. In: Bescherer, Peter/Schierhorn, Karen (Hg.), Hello Marx. Zwischen »Arbeiterfrage« und sozialer Bewegung heute. Hamburg: VSA, S. 121–131.

Ryan, Kevin (2006): Hegemony and the Power to Act, in: Haugaard, M.; Lentner, H. L. (Hg.), Hegemony and Power. Consensus and Coercion in Contemporary Politics. Lanham: Lexington, S. 191–210

Saussure, Ferdinand de (1967): Grundlagen der allgemeinen Sprachwissenschaft, 2. Auflage, Berlin: Walter de Gruyter & Co.

Sayer, Andrew (1992): Method in Social Science. A Realist Approach, London, New York: Routledge.

Sayer, Andrew (2000): Realism and Social Science, Thousand Oaks: Sage.

Sayyid, Bobby (1994): Sign O' Times: Kaffirs and Infidels Fighting the Ninth Crusade, in: Laclau, Ernesto (Hg.), The Making of Political Identites, London: Verso, S. 264–286.

Smith, Anna M. (1998): Laclau and Mouffe. The Radical Democratic Imaginary, London, New York: Routledge.

Stavrakakis, Yannis (1998): Laclau mit Lacan, in: Marchart, Oliver (Hg.): Das Undarstellbare der Politik. Zur Hegemonietheorie Ernesto Laclaus, Wien: Turia + Kant, S. 177–189.

Torfing, Jacob (1999): New Theories of Discourse. Laclau, Mouffe and Zizek. Oxford: Blackwell.

Wæver, Ole (2005): European Integration and Security: Analysing French and German Discourses on State, Nation and Europe. In: Howarth, David/Torfing, Jacob (Hg.), Discourse Theory in European Politics. Identity, Policy and Governance, Houndmills: Palgrave, S. 33–67.

Winter, Jens (2011): Dimensionen einer hegemonialen Konstellation. Eckpunkte einer akteursorientierten kritisch-hegemonie-theoretischen Forschungsperspektive, in: Opratko, Benjamin/Prausmüller,

Oliver (Hg.), Gramsci global. Neogramscianische Perspektiven in der Internationalen Politischen Ökonomie, Hamburg: Argument, S. 145–162.

Wullweber, Joscha (2010): Hegemonie, Diskurs und Politische Ökonomie. Das Nanotechnologie-Projekt, Baden-Baden: Nomos.

»Alle Verhältnisse umwerfen!«

Und dafür eine subjektfundierte Hegemonietheorie

Friederike Habermann

Einleitung

»Alle Verhältnisse *umzuwerfen*, in denen der Mensch ein erniedrigtes, ein geknechtetes [...] Wesen ist« – dies formulierte Karl Marx als Ziel aller theoretischen und politischen Bemühungen (1844: 385). Wurde dieses Verhältnis im traditionellen Marxismus auf den Konflikt zwischen Kapital und Arbeit verkürzt, so sind heute die Zeiten vorbei, in denen Sexismus oder Rassismus in Kapitalismustheorien keine Erwähnung fanden. Doch geschieht dies meist getrennt von der eigentlichen Analyse, denn trotz aller inzwischen üblichen Abgrenzungen zum Hauptwiderspruch erstaunt, dass alles, was in solchen Abschnitten oder gar Kapiteln über andere Herrschaftsverhältnisse in seiner Wichtigkeit noch einmal herausgestellt wird, in der Analyse der die Geschichte vorantreibenden Kräfte plötzlich fehlt: Diese werden nach wie vor ausschließlich aus der kapitalistischen Produktionsweise heraus erklärt.

Entsprechend sind noch immer die Ansätze rar, welche dem Verwobensein all dieser Verhältnisse gerecht werden. Die Herausforderung besteht darin, sowohl die Erkenntnisse des historischen Materialismus als auch die jüngeren Einsichten postkolonialer und feministischer Theorien in die Analyse einzubeziehen. Entscheidend in diesem Sinne ist vor allem, Geschlecht, *race* und andere mit Herrschaft verknüpfte Kategorien nicht als essentiell zu verstehen, sondern als durch Machtbeziehungen konstituiert: Herrschaftsverhältnisse entstehen nicht, weil es klar abtrennbare Kategorien von Frauen und Männern oder von Schwarzen und Weißen gäbe. Vielmehr werden durch die Konstituierung von Herrschaftsverhältnissen scheinbar klar abtrennbare Kategorien konstruiert (siehe zur Verbindung von Subjekt- und Hegemonietheorie auch Ganz und Ludwig in diesem Band).

Die Hegemonietheorie von Antonio Gramsci erscheint grundsätzlich für ein solches intersektionales Anliegen geeignet, geht es ihm doch darum, alle sozialen Kräfteverhältnisse einzubeziehen (vgl. Gramsci 1929ff: 1490/2069). Gleichzeitig geht Gramsci jedoch davon aus, dass Hegemonie in der Fabrik entspringe – und damit nach wie vor vom Kapitalverhältnis als Hauptwiderspruch, aus dem heraus sich andere Herrschaftsverhältnisse erklären ließen. Privilegien, die sich durch sexistische, rassistische oder irgendeine andere Diskriminierung für die Angehörigen der hegemonialen Gruppe(n) ergeben und die nicht auf materielle Vorteile reduziert werden können, werden in der Regel nicht erfasst, und wenn, dann als Zugeständnisse der führenden Klasse an partizipierende Gruppen definiert. *Diese Vernachlässigung der Antagonismen jenseits von Kapital und Arbeit geht einher mit der Vernachlässigung der Frage nach dem Subjekt:* Es wird entweder strukturalistisch das Subjekt als Träger von Funktionen oder voluntaristisch das einheitliche, geschlossene Subjekt der Aufklärung – beispielsweise im Zusammenschluss als »transnationale Elite« zugrunde gelegt. Letztlich kommt es damit zu einer teilweisen Reproduktion des ökonomistischen Basis-Überbau-Schemas sowie, durch die absolute Machtzuschreibung auf die kapitalistische Elite in Umbruchsituationen, zu einer tendenziell verschwörungstheoretischen Komponente. Damit wird die Stärke des Begriffs der Hegemonie vertan: Während dieser das Erfassen der Vielfalt von Kräfteverhältnissen ermöglicht, scheint er doch immer wieder dahin zu führen, Macht als kohärentes und einseitiges Verhältnis zu verstehen.

Ernesto Laclau und Chantal Mouffe übernehmen Gramscis Ansatz, Politik als Verbindung verschiedener Kräfteverhältnisse im Ringen um

Hegemonie zu begreifen. Dies poststrukturalistisch weiter gedacht, ergibt sich bei ihnen eine Praxis, welche Interessen und Identitäten im Resultat modifiziert. Doch Laclau/Mouffe selbst vollziehen nicht den Schritt, ihre Theorie mit postfeministischen oder postkolonialen/antirassistischen Theorien zu verbinden.[1] Diese Ansätze zusammenführend entwerfe ich eine »subjektfundierte Hegemonietheorie«, worin deutlich wird, dass Identitäten nicht Ausgangspunkte, sondern Ergebnisse vom Ringen um Hegemonie darstellen.[2]

Im folgenden ersten Kapitel wird der Postmarxismus von Laclau und Mouffe vorgestellt. In je einem weiteren Kapitel werden zum einen die postkoloniale Theorie von Stuart Hall und zum anderen die postfeministische Theorie von Judith Butler hinzugezogen. Aus dieser Zusammenführung ergibt sich eine subjektfundierte Hegemonietheorie, mit der sowohl potentiell alle Herrschaftsverhältnisse als auch die Nicht-Essentialität von Identität in die Analyse der Gesellschaft einbezogen werden können. Abschließend wird aufgezeigt, wie sich aus diesen Prozessen das Verwobensein aller Herrschaftsverhältnisse ergibt.

POSTMARXISTISCH: ERNESTO LACLAU UND CHANTAL MOUFFE

Chantal Mouffe und Ernesto Laclau bewegen sich »in the twilight world between Gramsci and Derrida«, um eine diskurstheoretische Neuformulierung einer Politik der Hegemonie zu entwickeln (Yanarella 1993: 94). Als Klassismus bezeichnen sie Gramscis – beziehungsweise das traditionell marxistische – Verständnis von Klassen als sowohl feste wie auch einzige die Gesellschaft strukturierende Identitäts-

1 Chantal Mouffe setzt sich in ihren späteren Arbeiten explizit mit Identitäten auseinander. Dies geschieht jedoch auf einem veränderten theoretischen Hintergrund (u.a. Mouffe 1992).

2 Ausführlicher als es mir hier möglich ist, habe ich diese in meinem Buch *Der homo oeconomicus und das Andere. Hegemonie, Identität und Emanzipation* (Nomos 2008) dargestellt.

kategorien. Hierin sehen sie einen Essentialismus, das heißt, eine als unveränderlich angesehene Tatsache, die aus diesem Grund der Analyse vorausgesetzt wird, anstatt sie mit einzubeziehen. Dieser Klassismus führt Laclau und Mouffe zufolge zudem zwei weitere Essentialismen wieder ein, deren Überwindung gemeinhin als die Stärke von Gramscis Theorie gilt: zum einen die Reduktion von Macht auf den Staat (den Etatismus) und zum anderen die Reduktion gesellschaftlicher Verhältnisse auf Ökonomie (den Ökonomismus). Denn bei Gramsci dürfe es letztendlich in jeder hegemonialen Formation immer nur ein einziges vereinheitlichendes Prinzip geben, und dies könne nur eine Klasse sein: Auf ein Scheitern der Hegemonie der Arbeiterklasse könne nur eine Rekonstituierung der Macht der Bourgeoisie folgen. Damit aber seien hegemoniale Kämpfe zum einen auf Klassenkämpfe, zum anderen auf ein Nullsummenspiel reduziert: Gewinnt die eine Klasse nicht, gewinnt die andere (vgl. Laclau/Mouffe 1985: 105). Mit anderen Worten: Immer nur eine von beiden ist an der Macht, die Reduktion auf zwei Identitäten verstellt den Blick auf weitere Differenzierungen – dies entspricht einem etatistischen Verständnis.

Um aber immer nur dieselben zwei Identitätskategorien auszubilden, müssten die Bewegungsgesetze der Ökonomie erstens frei von jeder möglichen Beeinflussung durch zum Beispiel politische Handlungen sein. Des Weiteren müssten zweitens die daraus resultierenden sozialen Agenten einheitlich und homogen konstituiert sein, frei von jeder Fragmentierung; und schließlich, drittens, müsste die Position dieser Agenten in den Produktionsverhältnissen sie mit »historischen Interessen« ausstatten. Laclau und Mouffe zeigen, dass diese drei Annahmen nicht haltbar sind. So könnten Arbeiterkämpfe nicht einfach durch eine binäre dialektische Logik erklärt werden, denn nach Gramscis eigener Analyse hinge der Widerstand von Arbeiter_innen gegen bestimmte Herrschaftsformen davon ab, welche Positionen sie innerhalb des Ensembles der sozialen Verhältnisse besetzten, und könne demnach ganz unterschiedlich aussehen. Da somit die Ökonomie nicht die ihr zugesprochene Autonomie inne habe, sondern selber verschiedenen Einflüssen ausgesetzt sei, könne sie folglich schwerlich Subjekte unter einer einzigen Logik, die sie selbst nicht besitze, konstituieren (vgl. ebd.: 113ff.).

Indem Laclau/Mouffe Politik als Artikulation begreifen, das heißt in der Verbindung verschiedener Kräfteverhältnisse zur hegemonialen Stellung eines historischen Blocks, übernehmen sie Gramscis Ansatz; doch poststrukturalistisch weitergedacht verstehen sie unter Artikulation eine Praxis, welche die davon berührten Identitäten im Resultat modifiziert – dass es also im Prozess der Artikulation zu Verschiebungen bzw. zur Produktion von Interessen und Identitäten kommt (vgl. ebd.: 123ff.). So beeinflusst die Tatsache und die Art eines Arbeitskampfes nicht nur die Produktivkraftentwicklung, sondern auch den Charakter der Agenten. Dadurch verlieren sowohl die Identitäten als auch die Beziehungen zwischen ihnen ihren zwangsläufigen Charakter (vgl. ebd.: 148). Für Laclau und Mouffe sind die Grenzen zwischen den sozialen Identitäten nicht nur nie endgültig bestimmt und die Konstruktion kollektiver Identitäten damit instabil und kontingent, sondern sie werden aufgrund hegemonialer Verschiebungen stets neu definiert.

Die Vorstellung eines einheitlichen Subjekts wird auf diese Weise aufgegeben. Strukturen erfahren ständige Brüche und Verschiebungen *(dislocations)* und werden damit kontingent. Kontingenz ist also nicht die Abwesenheit von Notwendigkeit, sondern das Element von Unreinheit; eine Art »verfehlter Strukturierung«. Ebenso ergeht es den Subjekten: Ihre Identität ergibt sich im Verhältnis zu anderen Identitäten, die ebenfalls ständig von Antagonismen unterminiert werden (vgl. ebd.: 167ff.).

Aus diesem Wechselspiel von Subversion ergibt sich eine gegenseitige Bestimmung von Subjekt und Struktur: Das Subjekt erhält Freiräume aus der Dislokation von Strukturen, das heißt der Unmöglichkeit von Strukturen, sich vollständig zu konstituieren. Umgekehrt können sich die Strukturen nicht schließen, da das Subjekt unfähig ist, alles Diskursive (»das heißt alle Äußerungen und Handlungen, alles Verschweigen und Unterlassen«) identisch zu wiederholen. Subjekt und Struktur stehen sich nicht mehr getrennt voneinander gegenüber, sondern in Relation zueinander, und sind somit gleichursprünglich: »What we find, then, is a relationship of complete imbrication between both« (Laclau 1990: 21).

Doch gerade aufgrund ihrer Erkenntnis, dass sich in jeder Artikulation – und letztlich stellt nicht nur jedes Ringen um Hegemonie, sondern jedes Handeln eine Artikulation dar – Identität als Resultat modifiziert, ist das weitgehende Außenvorlassen von identitätspolitischen Aspekten bei Laclau/Mouffe nicht verständlich. Im Folgenden werden darum zwei weitere Theoretiker_innen mit in die Suche nach einem erweiterten Hegemoniebegriff einbezogen, die beide ebenfalls mit Hegemonie arbeiten – einmal aus explizit anti-rassistischer und einmal aus explizit feministischer Sicht: Stuart Hall und Judith Butler.

POSTKOLONIAL: STUART HALL

Auch für Stuart Hall, der ebenfalls nicht daran glaubt, dass sich die Reproduktion gesellschaftlicher Verhältnisse zwangsläufig aus der kapitalistischen Produktionsweise ergäbe, bildet die Frage danach, wie diese Verhältnisse hergestellt werden, die Grundlage. Dabei fokussiert er auf kulturelle Prozesse: Als einer der Begründer der *cultural studies* in Großbritannien untersucht Hall Machtverhältnisse mit dem Ziel, Macht und ihren Einfluss auf kulturelle Praktiken sichtbar zu machen. Mit Gramsci sieht Hall den Alltagsverstand der Menschen bzw. ihre Überzeugungen als entscheidende Kampffelder und zugleich materielle Kräfte; nur über sie könne Hegemonie hergestellt werden (vgl. Hall 1986: 81). Er betont, dass Gramscis Verständnis von Hegemonie als Konsens, der von allen getragen wird, in Form von Alltagshandeln Gestalt annimmt: Menschen reproduzierten die als ›normal‹ anerkannten Verhältnisse durch ihr alltägliches Handeln. Hegemonie sei also immer mit Praktiken verkoppelt. Entsprechend sieht Hall in Kultur – verstanden als das Feld der Praktiken, Repräsentationen, Sprachen und Bräuche in jeder historischen Gesellschaft – einen der wesentlichen Schauplätze, wo der Kampf um Führung ausgetragen wird (vgl. Hall 1983:

42). Indem er den Blick auf kulturelle Praktiken richtet, erfasst Hall die Mikroprozesse, durch welche sich Hegemonie konstituiert.

Wie Laclau/Mouffe schließt er an einen entscheidenden Aspekt in Gramscis Hegemonietheorie an: dass Hegemonie wesentlich von der Normalisierung der Idee abhängt, es gebe keine Alternativen. Diese Einsicht ist für ihn zentral. Ideologien seien

»dann am wirksamsten, wenn [...] es so aussieht, als seien unsere Formulierungen nur schlichte Beschreibungen dessen, wie die Dinge sind. ›Kleine Jungen spielen gerne raue Spiele, kleine Mädchen aber sind süß und niedlich‹ basiert auf einem ganzen Satz ideologischer Prämissen, obwohl diese Aussage ein Aphorismus zu sein scheint, der auf der Natur selbst gründet, nicht darauf, wie Männlichkeit und Weiblichkeit historisch und kulturell gesellschaftlich konstruiert werden. Ideologien haben die Tendenz, hinter der selbstverständlichen, ›naturalisierten‹ Welt des ›gesunden Menschenverstandes‹ aus dem Blickfeld zu geraten« (Hall 1981: 152).

In diesem Fall würden sexistische, ebenso aber rassistische Diskurse, welche sich um die Pole Unterwerfung und Herrschaft, Überlegenheit und Unterlegenheit gruppierten aus der Sprache der Geschichte in die Sprache der Natur verschoben. Die untergeordnete Stellung bestimmter ethnischer Gruppen erscheine nicht als Resultat spezifisch historischer Verhältnisse wie Sklavenhandel, Kolonisation und die aktive Unterentwicklung der ›unterentwickelten‹ Gesellschaften, sondern als gegebene Eigenschaft einer minderwertigen Abstammung. Verhältnisse, die durch ökonomische, soziale, politische und militärische Herrschaft abgesichert gewesen waren, seien in eine von der Natur zugewiesene Standesordnung transformiert und ›naturalisiert‹ worden (vgl. ebd.: 158). In diesem Zusammenhang spricht Stuart Hall von dem ›abwesenden‹, aber alles beherrschenden ›weißen Auge‹, mit dem die westliche Wissenschaft und der westliche Alltagsverstand die Welt erfassten: der unbenannte Ort, von dem aus die Welt betrachtet wird, und der notwendigerweise durch die (weiße) Hegemonie geformt ist (vgl. ebd.: 159).

Hall arbeitet in seinen *cultural studies* sowohl die Veränderlichkeit als auch die Kontinuität von Hegemonien heraus. Er betont, dass sich

Hegemonie nicht etappenförmig, also in sauber voneinander abgrenzbaren Phasen verändere, wie dies Einteilungen in historische Blöcke à la Fordismus und Postfordismus suggerieren. Aber auch Gramsci lenke die Aufmerksamkeit auf das widersprüchliche Bewusstsein, betone die Komplexität und den interdiskursiven Charakter des ideologischen Feldes. Es gebe niemals eine einzige einheitliche und kohärente ›dominante Ideologie‹, die alles durchdringe, sondern stets koexistierten viele Systeme und Strömungen philosophischen Denkens (vgl. Hall 1986: 83).

Ideologie bewege sich daher in einem ausdifferenzierten Terrain verschiedener diskursiver Strömungen, ihrer Verknüpfungspunkte und Bruchstellen sowie den zwischen ihnen herrschenden Machtbeziehungen. Dementsprechend seien auch die Prozesse der Dekonstruktion und der Rekonstruktion, der Verknüpfung und Trennung von Ideen, der Artikulation und Desartikulation vielschichtig. Hegemonie – konstruiert durch komplexe Prozesse von Kämpfen – sei nicht ›gegeben‹, sei nie ein für allemal errichtet, sondern »muss ständig unablässig erneuert, neu inszeniert werden« (Hall 1988: 201). Das Erringen von Hegemonie habe nie nur ein Gesicht, sondern nur eine vorherrschende Tendenz. ›Hegemonie‹ sei ein sehr außergewöhnlicher, historisch spezifischer und vorübergehender Augenblick in einer Gesellschaft und könne nie ein absoluter Sieg sein (vgl. Hall 1986: 71). Anstatt von einer Aneinanderreihung ›historischer Blöcke‹ auszugehen, nur unterbrochen von organischen Krisen, betont Stuart Hall: »hegemony is always shifting« (vgl. Hall 1992: 468). Umgekehrt macht die Erfassung der alltäglichen Handlungen auch die im Alltag produzierten Kontinuitäten sichtbar. Der Wechsel beispielsweise vom Wohlfahrtsstaat zum Neoliberalismus bzw. vom Fordismus zum Postfordismus ändert erst mal nicht viel am alltäglichen Rassismus. So wird in Halls Untersuchungen deutlich, auf welche Art und Weise sich Rassismen fortsetzen: durch die nicht oder kaum hinterfragten kleinen Handlungen im rassistischen Alltag.

Mit seinen *cultural studies* zeigt er auf, wie rassistische Verhältnisse Privilegien schaffen und wie diese als Kultur in alltäglichen Handlungen Kontinuität besitzen. Jene Bereiche, die traditionell aus ›dem

Politischen‹ ausgeschlossen waren, sind damit jene, in denen Herrschaftsformen täglich wiederholt und verfestigt werden. Damit betont er nicht nur die Bedeutung nicht-kapitalistischer Herrschaftsverhältnisse, sondern zieht sie in seine Analyse mit ein. Dadurch, dass Hall zeigt, wie sehr sich Kulturen bzw. Ideologien verinnerlicht und als Alltagspraktiken verfestigt haben, wird das permanente *Shifting* in seiner ganzen Zählebigkeit offensichtlich: alltäglich wiederholt und sich beständig dabei verändernd, doch gleichzeitig als historisch verfestigte Formen tief verwurzelt.

POSTFEMINISTISCH: JUDITH BUTLER

Die US-amerikanische Philosophin Judith Butler verortet ihre Theorie ebenfalls im Kontext von Hegemonie sowie ›on the left‹[3]; ihr Ansatz entstand allerdings nicht vor dem Hintergrund marxistischer, sondern feministischer Diskussionen. Sie verdeutlicht, warum Identitäten zwar geschichtlich konstruiert und kontingent sind, aber für die Interessen und gesellschaftlichen Möglichkeiten einen (begrenzenden und ermöglichenden) Rahmen darstellen, der vom einzelnen Subjekt ansatzweise verschoben, aber nicht vollständig überwunden werden kann. Das Verwobensein des einzelnen Subjekts mit den Strukturen, die seine Existenzweise ausmachen, steht damit im Mittelpunkt ihrer Analyse.

Ähnlich wie Laclau und Mouffe versuchen, den Marxismus von letzten Essentialismen zu befreien, so geht es Butler darum, im Feminismus die Vorstellung eines natürlichen, dem Diskurs vorgängigen, geschlechtlichen Körpers und damit einer essentiellen Grundlage des Sexismus zu überschreiten (vgl. Smith 1994: 230). Konstruiert zu sein bedeutet für eine Identität im Verständnis Butlers weder, dass diese Identität schicksalhaft determiniert, noch, dass sie frei wählbar wäre.

3 Zum Beispiel gemäß dem Untertitel des gemeinsam mit Ernesto Laclau und Slavoj Žižek herausgegebenen Diskussionsbandes *Contingency, Hegemony, Universality: Contemporary Dialogues on the Left* (2000).

Ebenso wenig meint sie, ›alles ist Diskurs‹ oder der Körper sei ›nur Text‹, wie ihr vielfach und vor allem in der deutschen Rezeption vorgeworfen wurde – demonstrativ nannte Butler ihr nachfolgendes Werk *Bodies That Matter* (1993).

Die Unterscheidung in biologisches Geschlecht (›*sex*‹) und soziales Geschlecht (›*gender*‹) hatte in der feministischen Theorie eine große strategische Bedeutung in Bezug auf vorherrschende biologische Determinismen: Mit der Trennung zwischen biologischem und sozialem Geschlecht wurde darauf verwiesen, dass zwischen beiden kein kausaler Zusammenhang bestehe. Doch Judith Butler problematisiert das *sex/gender*-Konzept mit seiner Annahme eines unveränderlichen, natürlichen Kerns der Geschlechtsidentität und dem ihm zugrunde liegenden binären Bezugsrahmen von Natur versus Kultur. Sozialkonstruktivistische Ansätze hatten trotz ihrer Trennung von biologischem und sozialem Geschlecht bereits auf die Ausblendung der Historizität des geschlechtlichen Körpers hingewiesen (vgl. u.a. Hirschauer 1989). Butler denkt dies weiter und kritisiert, dass noch immer ein natürliches körperliches Substrat vorausgesetzt werde, welches nachträglich überformt sei: Geschlecht könne nicht vor-sozial sein, denn es könne keine Grenze geben, wo der ›natürliche‹, von Diskursen unberührte Geschlechtskörper beginne. Die Dichotomie von Natur und Kultur wird aufgebrochen; die Trennung von *sex* und *gender* sei Resultat der modernen Spaltung zwischen Natur und Kultur.

»Die Geschlechtsidentität umfasst auch jene diskursiven/kulturellen Mittel, durch die eine ›geschlechtliche Natur‹ oder ein ›natürliches Geschlecht‹ als ›vordiskursiv‹, d.h. als der Natur vorgelagert oder als politisch neutrale Oberfläche, auf der sich die Kultur einschreibt, hergestellt und etabliert wird« (Butler 1990: 24).

Mit anderen Worten: Diskurse schreiben sich gerade nicht in unberührte Natur ein, sondern Körper und, allgemein und theoretisch korrekt ausgedrückt, ›das Lacan'sche Reale‹, spielen mit ihrer Materialität, ihren ›Bedürfnissen‹ und ›Notwendigkeiten‹ eine Rolle, nur sind sie nicht von Diskursen zu trennen. Körper heute oder im Barock oder in der Steinzeit sind anders; sie verändern sich, je nachdem, ob Menschen ins Fitnessstudio gehen oder den ganzen Tag zu Hause nähen – es gibt aber keine ›natürliche‹ Bewegungsform. Hormonhaushalte entwickeln sich unterschiedlich gemäß unserer Lebensentwürfe – es gibt aber keinen ›natürlichen‹ Lebensentwurf. Mein Todeszeitpunkt hängt nicht nur von meinem Geschlecht, Wohnort etc. ab, sondern meine Lebenserwartung läge sieben Jahre höher, wäre ich privat versichert. Doch weder private noch gesetzliche Versicherungen sind Naturzustände. Mein Körper ist weiß, weil mein Großvater zwar in Afrika lebte, aber in einem Kolonialsystem, und er sich eine weiße Frau aus Deutschland dazu holte. Aber natürlich wäre ansonsten nicht einfach meine Hautfarbe anders, sondern seine Enkelin wäre nicht ich: Körper beziehungsweise ›Natur‹ existieren nicht unabhängig von Kultur und Diskursen, wir sind nur denkbar in den gegebenen Existenzweisen.

Als Diskurse versteht Butler »geschichtlich spezifische Organisationsformen der Sprache« (und damit des Denkens), die koexistieren und sich überschneiden (ebd.: 212). Dabei warnt Butler vor einer Personifizierung des Diskurses im Sinne von ›der Diskurs konstruiert das Subjekt‹: Dies bedeute lediglich eine simple Umkehrung der Begriffe (vgl. Butler 1993: 30f.). ›‹Natur‹ sei nicht das weiße Blatt Papier, das durch den Diskurs geformt werde; im Gegenteil: Natur als ein leeres Blatt zu verstehen, basiere auf dem modernen Dualismus, wonach das Geistige männlich und das Körperliche weiblich kodiert ist. Hier wiederhole sich die Betrachtung des Körpers als stumme, der Kultur vorgängige, auf die Bezeichnung wartende Figur, die sich mit der Figur des Weiblichen überschneide, während der Diskurs stillschweigend einen maskulinen Charakter habe (vgl. Butler 1990: 216; 1993: 24f.). Daher müsse jede unkritische Reproduktion der Geist/Körper-Unterscheidung neu durchdacht werden. Diese Dichotomie habe »implizit die Geschlechterhierarchie produziert, aufrechterhalten und rational gerechtfertigt« (ebd.: 31). Der Körper ist in diesem Kontext keine unabhängige Materialität, die von ihr äußerlichen Machtbeziehungen geformt wird, sondern ebenfalls von Einfluss, ohne Umweltbedingungen aber nicht zu denken (vgl. ebd.: 61).

Wie Laclau und Mouffes Artikulationsbegriff zeigt auch das Konzept der Performativität wie Diskurse wirkungsmächtig werden. Performativität bestehe immer innerhalb eines Prozesses der geregelten und restringierten Wiederholung von Normen, wobei diese Wiederholung nicht *von* einem Subjekt performativ ausgeführt würde, sondern das sei, was das Subjekt ermögliche: Wir können nicht von einem Moment auf den anderen völlig anders sein, sondern sind unseren Existenzweisen verhaftet (vgl. Butler 1993: 139). Das Subjekt werde innerhalb eines ganzen Geflechts von Diskursen bzw. Machtbeziehungen hervorgebracht: Vielfältige Diskurse koexistieren zeitlich, woraus sich ungewollte Überschneidungen ergeben, aus denen spezifische Modalitäten diskursiver Möglichkeiten erzeugt werden (vgl. Butler 1990: 212).

Butler spricht in Anlehnung an Louis Althusser von ›Anrufung durch das Gesetz‹, wenn es darum geht, die Subjektkonstruktion zu verdeutlichen. In Bezug auf das Bild Althussers – wonach ein Polizist »He, Sie da!« ruft und die Umwendung zum Moment wird, der das Subjekt entstehen lässt – ähnelt ihre Kritik dabei jenen von Laclau/Mouffe und Hall: Im Strukturalismus werde die Subjektwerdung von einem personifizierten Diskurs im Sinne eines vorgängigen Subjekts in Gang gesetzt, was aus der Konstruktion keinen Prozess, sondern einen einmaligen Akt mache, dessen Wirkungen unumstößlich festgelegt seien (vgl. Butler 1993: 173). Dies reduziere den Konstruktivismus auf einen Determinismus: Das Subjekt sei statisch und die ›Metaphysik des Subjekts‹[4] letztlich wieder konsolidiert (vgl. ebd.: 31). Althusser habe nicht auf den Umfang des Ungehorsams eingehen können, den ein solches anrufendes Gesetz hervorbringen könnte, da der strukturalistische Diskurs nur von einem Gesetz in der Einzahl spreche, was zu einer Einheitlichkeit des Subjekts führen müsse (vgl. Butler 1990: 68). Statt als einmalige Anrufung beschreibt Butler die alltägli-

4 In Umkehrung der traditionellen Bedeutung von Metaphysik (als über das rein naturwissenschaftliche Hinausgehende) wird von Derrida der Glaube an die Präsenz des Bestehenden als Metaphysik bezeichnet.

che Bedeutung des Diskurses mit den darin verrichteten Handlungen als nicht einseitigen und als nie endenden Prozess (siehe zur Kritik an Butlers Machtbegriff Ludwig in diesem Band). Wenn aber das Subjekt nicht eindeutig bestimmbar sei, sondern sich innerhalb verschiedener Diskurse bilde, könnten Subjekt und Selbstidentität niemals abgeschlossen sein. Jedes Subjekt befinde sich inmitten sich verändernder, fragmentarischer und widersprüchlicher Diskursformationen. Das konstitutive Fehlschlagen der performativen Äußerung, dieser Rückstand zwischen dem diskursiven Befehl und seiner angeeigneten Wirkung, ermögliche einen daraus folgenden Ungehorsam (vgl. Butler 1993: 174).[5]

Ebenso wie bei Derrida, und wie bei Laclau/Mouffe, hat ›das Andere‹ bei Judith Butler die scheinbar widersprüchliche ›Aufgabe‹, die Konstruktion von Identitäten zu ermöglichen, und gleichzeitig die komplette Konstruktion zu verhindern. Wie bei Derrida konstituiert sich ein Subjekt in Butlers Verständnis durch einen Prozess der Ausschließung, durch die ständige Wiederholung, in dessen Moment das Subjekt sich selbst immer wieder neu erschafft. Diese Wiederholung kann nie identisch sein – es entstehen Risse des Anderen: Wenn ein Mann lernt, immer einparken können zu müssen, ist er immer bedroht durch die ausgeschlossene Identität ›nicht-einparken-können‹. Diese Risse bezeugen das, was die Identität des Subjekts sowohl ausschließt als auch erst begründet: das verworfene Andere. Eine Logik der Differenz ist keine stabile, sondern immer eine der *différance* (vgl. Derrida 1972: 84f.).

Doch Butler geht darüber hinaus und arbeitet die gesellschaftliche Bedeutung von Identitäten für Subjekte heraus. Wesentlich ist dies nicht nur für die Einbeziehung von Herrschaftsverhältnissen jenseits des Kapitalismus, sondern insbesondere, weil Butler mit ihrem Konzept der Performativität – also dem Zwang zur Iteration, verbunden mit der Materialität des Körpers – deutlicher als Laclau und Mouffe

5 Wie Widerstand mit Butler gedacht werden kann, wird von Hanna Meißner (2008) ausgeführt und weitergedacht.

gleichzeitig aufzeigt, wie schwer Verschiebungen sind (vgl. Butler 1998: 256). Identität wird bei ihr deutlich als hartnäckiges Verhaftetsein körperlicher Subjektivation (vgl. Butler 1997: 35).

Die Theorie der Performativität ist für Butler nicht weit von der Hegemonietheorie entfernt: Beide Ansätze betonen die Art und Weise, in welcher die soziale Welt gemacht werde und in welcher neue gesellschaftliche Möglichkeiten entstünden (vgl. Butler 2000: 14).

ALLE VERHÄLTNISSE IN IHREM VERWOBENSEIN ANALYSIEREN – UND NEU ERSCHAFFEN

Im historischem Block kommt es, anders als im von Gramsci selbst weitgehend auf materielle Zugeständnisse ›der Herrschenden‹ an ›die Beherrschten‹ verkürzten Verständnis, zu einem komplexen Geflecht von Machtbeziehungen. Nicht nur die Gesellschaft ist das Resultat politischer Kämpfe, sondern auch ihre Akteure: Sie dürfen nicht als getrennt von der Struktur verstanden werden, sondern als in Relation zu ihr stehend. Ähnliches gilt für die Beziehungen zwischen Klassen, Geschlechtern etc.: Keine dieser Identitäten kann ohne Bezug auf die anderen gedacht werden. Nur wenn es Kapitalist_innen gibt, gibt es Arbeiter_innen; nur wenn es Männer gibt, gibt es Frauen; nur wenn es Weiße gibt, gibt es Schwarze. Daraus folgt, dass jede historisch spezifische Ausformung, also beispielsweise eine weiblich weiße heterosexuelle bürgerliche etc. Identität nur in Relation zu allen anderen Identitäten zu denken ist. Anders als im traditionellen Marxismus-Verständnis (nicht dem Marx'schen!) geht es nicht um eine Befreiung *als* Arbeiterklasse, sondern um eine Befreiung *von* den Subjektpositionen, die Individuen im gesellschaftlichen Ganzen zugeordnet werden und deren Entwicklungsmöglichkeiten beschränken.

Als einer der Begründer von *cultural studies* lenkt Stuart Hall den Blick auf Mikroprozesse, verstanden als ›kulturelle‹ Praktiken. Diese sieht er als gesellschaftliche Tätigkeit, mit der die Menschen ihre Geschichte machen. So werden die abstrakten Überlegungen Laclau/Mouffes als Praktiken in der Gesellschaft erkennbar. Sichtbar wird damit auch der kulturelle Prozess, welcher Hegemonie »always shifting« sein lässt. So fasst Hall Hegemonie analytisch, vermeidet aber, sie als unverbundene Aneinanderreihung historischer Blöcke darzustellen. Umgekehrt verdeutlicht er die Zählebigkeit eingeschriebener Verhaltensmuster.

Butler führt vor, dass es keine Trennung zwischen einer sozialen und einer biologischen Identität geben kann; für Butler wie für Laclau/Mouffe ist Politik kein Machtkampf zwischen natürlichen Subjekten, sie ist ein Kampf um genau den Prozess der Konstruktion von Identität. Damit wird sie der Forderung gerecht, bei der Betrachtung von Rassismus oder Sexismus nicht von gegebenen Identitäten auszugehen. Entscheidend im Vergleich zu dem Ansatz von Laclau/Mouffe ist ihr Verständnis von Identität als hartnäckigem Verhaftetsein körperlicher Subjektivation sowie die damit verbundenen Folgen für differente Erfahrungen. Allerdings vernachlässigt ihr Fokus auf die Verschiebungsmöglichkeiten von Identität (*queering*) den gesellschaftlichen Kontext insofern als Konstitutionsbedingung für Subjekte, als es auch Veränderungen des gesellschaftlichen Kontextes bedarf, um Identität queeren zu können – da ja beides miteinander verwoben ist, können sich Subjekte innerhalb vollkommen identischer Strukturen nicht verändern bzw. ist die Veränderung des einen ohne die Veränderung nicht möglich.

Zusammenfassend ergeben sich damit als wesentliche Elemente einer subjektfundierten Hegemonietheorie, welche der Vielfalt von Herrschaftsverhältnissen gerecht werden will, folgende Aspekte:

- Das Ringen um Hegemonie findet nicht nur als Ausdruck des kapitalistischen Verhältnisses statt, sondern tendenziell in allen Sphären der Gesellschaft und zwischen allen Formen von Identitäten.
- Privilegien lassen sich nicht auf Vorteile durch die Mehrwertproduktion reduzieren: Sei es zum Beispiel der Zugriff auf den (weib-

lichen) Körper, eine angenehme Arbeitsteilung oder schlicht das Gefühl, zu den ›Tops‹ zu gehören.

- Hegemonie kann nur als Identität erreicht werden: Das Streben nach Hegemonie impliziert stets die Abgrenzung einer Identität zu einer oder mehreren anderen Identität(en), und jedes Ringen um Hegemonie und Emanzipation konstruiert Identität. Kurz: Hegemonie (re-)produziert Identitäten.
- Sex, race und class sowie jede Form von Identität sind artikulierte Kategorien, das heißt, sie bestehen immer in Relation zueinander.
- Jede Identifikation ist dabei instabil und nicht intentional determinierbar. Gleichzeitig aber besteht ein hartnäckiges Verhaftetsein mit der verkörperten Subjektivierung und damit Identität – entsprechend verbindet sich jeder Standpunkt kontingent mit Perspektiven, aber nicht zufällig.
- In diesem Prozess werden nicht nur die Identitäten und deren Interessen, sondern auch der gesellschaftliche Kontext (re-) produziert.
- Subjekte und Struktur sind nicht getrennt zu denken und verändern sich miteinander.
- Jede Artikulation, alles was wir tun, verändert sowohl den materiellen Kontext als auch Identität.

Analysen über Strukturen in der Gesellschaft sind nicht hinfällig, nur weil keine Struktur für immer besteht. Analytische Kategorien, die diese zu erfassen suchen, haben durchaus ihre Berechtigung. Die Erfahrung zeigt allerdings, dass solche Modellannahmen im nächsten Schritt schnell wieder »fetischisiert und verdinglicht« werden (Scherrer 1995: 469). Offensichtlich bedarf es der poststrukturalistischen Theorie, um nicht doch wieder in solche Argumentationsweisen zu verfallen.

Was bedeutet all dies aber für konkrete Analysen und empirische Arbeiten? In erster Linie: Alle diese Bezüge mitzudenken. Es heißt nicht, andere Theorien dafür über den Haufen schmeißen zu müssen. Aber es sollte ein Bewusstsein dafür entstehen, dass es verkürzt ist, nur ein einzelnes Herrschaftsverhältnis zu analysieren, und, vor allem, dass

Identitäten nicht als Ausgangspunkte zu verstehen sind, sondern als Ergebnisse von hegemonialen Prozessen. So habe ich in meinem Buch *Der homo oeconomicus und das Andere* (2008) Geschlechterkonstruktionen und rassistische Vorstellungen mit Kapitalismus ins Verhältnis gesetzt und damit verbundene, historisch wechselnde, Identitätskonstruktionen untersucht. Es geht aber nicht nur um Subjekte in explizit sexistischen, rassistischen etc. Verhältnissen: Butler beispielsweise wendet sich in den letzten Jahren ›prekärem Leben‹ zu, dem ›nicht betrauernswerten, und somit auch unlebbarem Leben‹ – dies kann beispielsweise als Grundlage dafür gesehen werden, dass der seit Jahrzehnten täglich wiederholte Tod von hunderttausend Menschen zu keiner wirklichen Delegitimierung der Weltwirtschaft führt.

In diesem Zusammenhang sei hier vor allem auf eines verwiesen: Wer die Veränderungen von Subjekten und Identitäten anfängt mitzudenken, wird in jedem Untersuchungsgegenstand diese Effekte erkennen können. Und dieser Analyseschritt ist notwendig, um nicht bei scheinbaren essentialistischen Begründungen von Machtverhältnissen stehen zu bleiben und das Verwobensein von Herrschaftsverhältnissen in den Blick zu bekommen. Nur so lassen sich Wege zu wirklicher Emanzipation finden; nur so werden wir es schaffen, *alle* Verhältnisse umzuwerfen, in denen Menschen geknechtete, erniedrigte Wesen sind.

LITERATUR

Butler, Judith (1990): Das Unbehagen der Geschlechter, Frankfurt/M.: Suhrkamp.

Butler, Judith (1993): Körper von Gewicht. Die diskursiven Grenzen des Geschlechts, Berlin: Berlin-Verlag.

Butler, Judith (1997): Psyche der Macht. Das Subjekt der Unterwerfung, Frankfurt/M.: Suhrkamp.

Butler, Judith (1998): Weitere Reflexionen zu Hegemonie und Gender, in: Oliver Marchart (Hg.), Das Undarstellbare der Politik. Zur Hegemonietheorie Ernesto Laclaus, Wien: Turia+Kant, S. 254–257.

Butler, Judith (2000): Restating the Universal: Hegemony and the Limits of Formalism, in: dies./Ernesto Laclau/Slavoj Žižek (Hg.): Contingency, Hegemony, Universality. Contemporary Dialogues on the Left, London/New York: Verso, S. 11–43.

Gramsci, Antonio (1929ff.): Gefängnishefte. Kritische Gesamtausgabe, Hg. v. Klaus Bochmann u. Wolfgang Fritz Haug, Hamburg/Berlin: Argument, S. 1971ff.

Habermann, Friederike (2008): Der homo oeconomicus und das Andere. Hegemonie, Identität und Emanzipation, Baden-Baden: Nomos.

Habermann, Friederike (2009): Halbinseln gegen den Strom. Anders leben und wirtschaften im Alltag, Königstein: Ulrike-Helmer.

Habermann, Friederike (2011): Von der Natürlichkeit des Bösen. Hunger in der Welt von Global Governance, in: Utta Isop/Viktorija Ratkoviç (Hg.), Differenzen leben. Kulturwissenschaftliche und geschlechterkritische Perspektiven auf Inklusion und Exklusion, Bielefeld: transcript, S. 94–109.

Hall, Stuart (1980): »›Rasse‹, Artikulation und Gesellschaften mit struktureller Dominante« (in Absprache mit dem Autor gekürzt), in: Stuart Hall – Rassismus und kulturelle Identität. Ausgewählte Schriften 2, Hg. v. Ulrich Mehlem u.a., Hamburg: Argument, 1994, S. 89–136.

Hall, Stuart (1981): Die Konstruktion von ›Rasse‹ in den Medien, in: Stuart Hall – Ideologie, Kultur, Rassismus, Ausgewählte Schriften 1, Hg. v. Nora Räthzel, Hamburg: Argument, 1989, S. 150–171.

Hall, Stuart (1983): »The Problem of Ideology – Marxism without Guarantees«, in: Stuart Hall – Critical Dialogues in Cultural Studies, Hg. v. David Morley u. Kuan-Hsing Chen, London/New York: Routledge, 1996, S. 25–46.

Hall, Stuart (1986): Gramscis Erneuerung des Marxismus und ihre Bedeutung für die Erforschung von ›Rasse‹ und Ethnizität, in: Stuart Hall – Ideologie, Kultur, Rassismus, Ausgewählte Schriften 1, Hg. v. Nora Räthzel, Hamburg/Berlin: Argument, 1989, S. 56–91.

Hall, Stuart (1988): Der Thatcherismus und die Theoretiker, in: Stuart Hall – Ideologie, Kultur, Rassismus. Ausgewählte Schriften 1, Hg. v. Nora Räthzel, Hamburg/Berlin: Argument, 1989, S. 172–206.

Hall, Stuart (1992): What is this ›Black‹ in Black Popular Culture?, in: Stuart Hall – Critical Dialogues in Cultural Studies, Hg. v. David Morley u. Kuan-Hsing Chen, London/New York: Routledge, 1996, S. 465–475.

Hirschauer, Stefan (1989): Die interaktive Konstruktion von Geschlechtszugehörigkeit, in: Zeitschrift für Soziologie, Heft 2, S. 100–118.

Laclau, Ernesto (1977): Politik und Ideologie im Marxismus. Kapitalismus – Faschismus – Populismus, mit einem Anhang »Populistischer Bruch und Diskurs« (1979), Berlin: Argument 1981.

Laclau, Ernesto (1990): New Reflections on the Revolution of Our Time, in: ders. (Hg.), New Reflections on the Revolution of Our Time, London/New York: Verso, S. 3–85.

Laclau, Ernesto/Chantal Mouffe (1985): Hegemonie und radikale Demokratie. Zur Dekonstruktion des Marxismus, Wien: Passagen, 2000.

Marx, Karl (1844): Zur Kritik der Hegelschen Rechtsphilosophie. Einleitung, in: Marx-Engels-Werke, Bd. 1, Berlin: Dietz, 1972, S. 378–391.

Meißner, Hanna (2008): Die gesellschaftliche Form des Selbst: Judith Butlers Theorie der Subjektivität, in: Zeitschrift für Frauenforschung & Geschlechterstudien, 26 (3+4), S. 23–37.

Scherrer, Christoph (1995): Eine diskursanalytische Kritik der Regulationstheorie, in: Prokla. Zeitschrift für kritische Sozialwissenschaft, Heft 100, S. 457–482.

Smith, Anna-Marie (1994): Das Unbehagen der Hegemonie. Die politischen Theorien von Judith Butler, Ernesto Laclau und Chantal Mouffe, in: Oliver Marchart (Hg.), Das Undarstellbare der Politik. Zur Hegemonietheorie Ernesto Laclaus, Wien: Turia+Kant, 1998, S. 225–237.

Yanarella, Ernest J. (1993): Whither Hegemony? Between Gramsci and Derrida, in: John Paul Jones/Wolfgang Natter/Theodore R. Schatzki (Hg.), Postmodern Contentions. Epochs, Politics, Space, New York/London: Guilford Press, S. 65–98.

Hegemonie, Diskurs, Geschlecht

Gesellschaftstheorie als Subjekttheorie, Subjekttheorie als Gesellschaftstheorie

GUNDULA LUDWIG

EINLEITUNG

Das Verhältnis von Macht und Subjekt ins Zentrum zu stellen, zeichnet sowohl hegemonie- als auch diskurstheoretische Ansätze aus. Mit dem Theorem, dass Macht sich nicht lediglich auf oder gegen Subjekte richtet, die ihrerseits bereits vor Machtverhältnissen existieren, sondern vielmehr Macht sich erst in einer jeweils historisch spezifischen Form des Subjekt-›Seins‹ materialisiert, weiten hegemonie- und diskurstheoretische Ansätze das Verständnis der Wirkweise und des Wirkradius von Macht in entscheidender Weise aus. So – und darin sehe ich eine bedeutsame Gemeinsamkeit dieser beiden Theoriestränge – liefern sie einen wichtigen Beitrag für eine Gesellschaftstheorie, die auch die Konstitution von Subjekten in ihre theoretische Analyse und politische Kritik integriert. Vor dem Hintergrund dieses geteilten Nenners interessiert mich in diesem Beitrag eine gleichermaßen hegemonietheoretische wie diskurstheoretische Konzeptualisierung und Kritik von vergeschlechtlichter Subjektkonstitution. Dazu werde ich queer-feministische Überlegungen im Anschluss an Judith Butler mit hegemonietheoretischen Überlegungen im Anschluss an Antonio Gramsci zusammenzuführen. Durch eine hegemonietheoretische und poststrukturalistische Dekonstruktion des vergeschlechtlichten Subjekts soll Frau-›Sein‹ und Mann-›Sein‹ als Effekt einer Machtformation sichtbar gemacht werden, die ich als heteronormative Hegemonie bezeichne.[1]

Mein Vorhaben ist der Diagnose geschuldet, dass Butler zwar instruktive Einsichten zur Theoretisierung der machtvollen Konstitution binär vergeschlechtlichter Subjekte bereithält, diesen jedoch eine gesellschaftstheoretische Unterfütterung und damit eine explizite Hinwendung zur Frage fehlt, wie jene Machtformation, in der vergeschlechtlichte Subjekte konstituiert werden, mit gesellschaftlichen Kräfteverhältnissen und Auseinandersetzungen in Verbindung steht. Zugleich bietet Gramscis Verständnis von Hegemonie als einer Machtformation, die sich in der Hervorbringung eines »Menschentypus« (GH, H22, §11: 2086)[2] materialisiert, zwar staatstheoretisch und kapitalismuskritisch interessante Erkenntnisse; hier fehlt allerdings die Ausweitung von Macht auf die Konstitution und Naturalisierung von Zweigeschlechtlichkeit der Subjekte. Eine hegemonietheoretische Gesellschaftstheorie und eine queer-feministische Subjekttheorie jeweils wechselseitig anzureichern, um die Konstitution von vergeschlechtlichten Subjekten gesellschaftstheoretisch fassen zu können, ist somit die Doppelbewegung, die ich in dem vorliegenden Aufsatz unternehmen möchte. Ein derartiges Vorhaben bringt mit sich, dass meine Lesart und Interpretation von Butlers Arbeiten durch eine gesellschaftstheoretische Brille, und jene von Gramscis Arbeiten durch eine queer-feministische inspiriert sind. Das, was ich als Leerstellen und Problematiken in den jeweiligen Ansätzen benenne und durch eine Zusammenführung erweitern möchte, speist sich jeweils aus der Informiert-

1 Die vorliegende Argumentation basiert auf meiner Dissertation »Geschlecht regieren« (vgl. dazu Ludwig 2011)

2 Der Begriff »Subjektkonstitution« findet sich bei Gramsci wenig überraschend nicht. Gramsci schreibt von der Herausbildung eines »Menschentypus« (GH, H22, §11: 2086). Hier und im Folgenden werde ich dort, wo ich mich auf Gramsci direkt beziehe, seine Terminologie, andernfalls den Begriff der Subjektkonstitution gebrauchen.

heit durch die je andere theoretische Perspektive. Da ich das Anliegen verfolge, diese beiden Theoriestränge zu verbinden, fokussiere ich nicht auf epistemologische, konzeptuelle oder politische Divergenzen zwischen Gramscis und Butlers Arbeiten von Geschlecht und Subjekt, die zweifellos auch zu finden sind. Vielmehr gehe ich von einem grundlegenden geteilten Anspruch aus – dem Verständnis von Subjekten als innerhalb von Machtformationen konstituiert – und versuche, Differenzen zwischen den beiden Ansätzen in fruchtbare Ergänzungen zu überführen.

HETERONORMATIVE MACHTFORMATIONEN, SUBJEKT UND GESCHLECHT

Geschlecht als diskursive Konstruktion und die Intelligibilität der Subjekte

Anstatt von Frauen und Männern als naturgegebenen Entitäten auszugehen, begreifen queer-feministische Ansätze binär vergeschlechtlichte Subjekte und Körper als materialisierte Effekte von machtvollen Diskursen. Bereits 1976 interpretierte Monique Wittig Heterosexualität als »politisches Regime« (Wittig 1992: xiii, Übersetzung GL), durch welches Subjekte erst zu weiblichen oder männlichen werden, was wiederum Voraussetzung dafür ist, dass Geschlechterungleichheit und Geschlechterunterdrückung überhaupt möglich werden. Damit legt Wittig den Grundstein dafür, *Heterosexualität als Heteronormativität* und damit als strukturierende Kraft in der Konstitution der Subjekte zu begreifen (vgl. dazu auch Warner 1991 und Wagenknecht 2007). Die Weiterentwicklung von Wittigs Überlegungen zu Heterosexualität als politischem Regime zur Heteronormativität als zentrale Kraft in der Konstitution der Subjekte wurde insbesondere durch die Arbeiten von Judith Butler forciert. Butler hat maßgeblich dazu beigetragen, Heterosexualität als strukturierende Logik für die Konstitution intelligibler Subjekte sichtbar zu machen. Da Butlers Arbeiten nach wie vor die nach meinem Dafürhalten umfangreichste *Theoretisierung* von vergeschlechtlichter Subjektkonstitution darstellen, beziehe ich mich hier auf diese. Durch die Einführung des Begriffs ›heterosexuelle Matrix‹ (Butler 1990) stellt Butler ein neues Verständnis von Geschlecht zur Diskussion: Geschlecht, so argumentiert Butler, ist eine innerhalb der heterosexuellen Matrix hervorgebrachte diskursive Konstruktion. Die heterosexuelle Matrix stellt den Rahmen hegemonialer kultureller Intelligibilität dar, durch welchen Körper, Geschlecht und Begehren sprech-, denk- und lebbar werden. Butler macht mit dem Begriff deutlich, dass die heterosexuelle Matrix als hegemonialer diskursiv-epistemischer Rahmen die Bedingung zur Ausgestaltung intelligibler Geschlechts-›identität‹ ist und daher sich unter gegenwärtigen Bedingungen niemand außerhalb dieser Matrix wähnen kann. Geschlecht beschreibt Butler daher als *Norm* (Butler 1990: 5; 1993: 2; 2004: 41), über deren Materialisierung vergeschlechtlichte Körper erst konstituiert werden (ebd.: 22; 2004: 42): Gemäß der heterosexuellen Logik sind diese lediglich als binär kodiert denk- und lebbar.

Den Modus operandi von Macht, über und durch den die diskursive Konstruktion Geschlecht wirkmächtig wird, beschreibt Butler mit dem Konzept der Performativität. In wiederholten performativen Praxen wird Geschlecht (als Norm) zitiert und materialisiert sich dabei in einem binär vergeschlechtlichten Körper (Butler 1990: 70). Dieser binär vergeschlechtlichte Körper gilt als natürlich, »weil durch die Art und Weise des Bezeichnungsprozesses der Effekt der Natürlichkeit entsteht« (Lorey 1993: 13). Darüber hinaus wird durch performative Praxen die Illusion eines inneren, authentischen Kerns des vergeschlechtlichten Subjekts, eine »Metaphysik der Substanz« (Butler 1990: 25) hervorgebracht – und zugleich wird in den performativen Akten eine Umkehrung vorgenommen: Die »Metaphysik der Substanz« wird zum Gegebenen, sie wird zur Begründung für Verhalten, Begehren, Wahrnehmungen (ebd.: 136).

In Abgrenzung des Begriffs der Performativität von jenem der performance hebt Butler hervor, dass performative Praxen nicht als willentliche Akte eines Subjekts mit einem autonomen Willen gedacht werden können. Vielmehr fallen die performativen Akte mit der Konstitution des Subjekts zusammen (Butler 1993: 232). Das Subjekt konstituiert sich über ein (Selbst-)Verhältnis zu einem vergeschlechtlichten Körper, der dabei ebenso erst konstituiert wird. In diesen Konstitutionsprozessen wendet das Subjekt Macht auf sich selbst: Das Subjekt ist »a modality of power that turns on itself; the subject is the effect of power in recoil« (Butler 1997: 6). Mit der Figur der Wendung von Macht auf sich selbst verdeutlicht Butler, dass Macht nicht nur auf das Subjekt *einwirkt*, sondern die Hervorbringung der Psyche Effekt und Voraussetzung der Subjektkonstitution ist. Macht ist daher dem Subjekt nie äußerlich, dieses konstituiert sich erst durch die Selbstreflexivität in Normen als Subjekt.

Dass die diskursive Konstruktion Geschlecht innerhalb der heterosexuellen Matrix ausschließlich als binär, unveränderlich, statisch und kohärent möglich ist, begreift Butler als normative Gewalt (Butler 1990: 139f; auch 1995: 52f). Sowohl eine eindeutige Geschlechts*zugehörigkeit* als auch *ein* konstantes Geschlecht zu ›sein‹, stellt eine gewaltvolle Bedingung von Subjektwerdung dar (Butler 2004: 120). Besonders deutlich wird die Gewaltförmigkeit der Norm Geschlecht bei den Vereindeutungspraxen bei Subjekten, die nicht eindeutig auf der Skala weiblich-männlich zuordnenbar sind oder sein wollen. Zugleich macht Butler sichtbar, dass in heteronormativen Gesellschaften (hetero-)normative Gewalt Teil *jeder* Subjektkonstitution ist. Sozialität fügt dem Subjekt Gewalt zu, was Bedingung für dessen Existenz ist (s.a. Chambers/Carver 2008: 128). Diese normative Gewalt, die in der vergeschlechtlichten Subjektformation eingelagert ist, wirkt nicht nur ›von außen‹ auf das Subjekt, sondern ist Teil des Selbstverhältnisses der Subjekte.

Macht als juridische Matrix

Butler zeigt eindrucksvoll auf, wie Heteronormativität als strukturierende Kraft für die Konstitution intelligibler Formen des Subjekt-›Seins‹ operiert. Damit macht sie nicht nur deutlich, dass der Körper ein materialisierter Effekt von Macht ist, sondern dass Geschlecht ein Scharnier zwischen dem Subjekt und der Macht ist, da über die Konstitution des Subjekts als Frau oder Mann Macht auf sich gewendet wird. Darüber hinaus führt Butler die normative Gewalt von vergeschlechtlichter Subjektkonstitution vor. Wie aber konzipiert Butler machttheoretisch die heterosexuelle Matrix? Oder anders: Welches Machtverständnis liegt ihrem Konzept der heterosexuellen Matrix zugrunde? Und wie erklärt Butler die Wirkmächtigkeit der heterosexuellen Matrix, also einer Machtformation, die Subjekte auf eine bestimmte Identität, auf bestimmte Körper, auf bestimmte Begehrensweisen festlegt?

Butler kritisiert an Louis Althussers Konzeption der ideologischen Staatsapparate (Althusser 1977), dass dieser eine starre, theologische Logik, die der Macht zugeschrieben wird, zugrunde liegt. Diese stattet das Gesetz mit einer quasi göttlichen Autorität aus (Butler 1997: 110ff). Allerdings lässt Butler selbst diese Denkfigur ebenso wenig hinter sich. Auch Butler gelingt es nicht überzeugend, in ihren geschlechter- und subjekttheoretischen Arbeiten Macht jenseits einer ›gottähnlichen Souveränität‹ zu fassen (ebd.: 110ff), vielmehr verbleibt Butler einem Verständnis von Macht verhaftet, in dessen Zentrum das Gesetz steht (Butler 1990: 76). Diese Kritik ist auch u.a. von Isabell Lorey vorgebracht worden (Lorey 1996, vgl. ähnlich Engel 2002, Pechriggl 2008). Ich möchte folgende Konsequenzen der Zentralität des Gesetzes bei Butler herausstellen: Da Macht als juridische Matrix gefasst wird, konzipiert sie Macht als top-down wirkende Kraft, die ähnlich einer theologischen Autorität wirkt. Damit begründet Butler aber die Wirkmächtigkeit der heterosexuellen Matrix letztlich wieder mit der Macht des Gesetzes. Unklar bleibt, warum und in welcher Weise die Subjekte sich dieser Matrix unterwerfen. Da Butler das Gesetz/die Matrix letztendlich selbst wie eine ›gottähnliche Souveränität‹

einsetzt, bleibt der Weg versperrt, die Wirkmächtigkeit von Heteronormativität auch jenseits einer juridischen Begründung zu erklären. Ebenso wenig gelingt es Butler, die jeweils historisch-konkrete Ausgestaltung der heterosexuellen Matrix mit gesellschaftlichen Auseinandersetzungen und Kämpfen in Verbindung zu bringen. Konsequenterweise gibt es innerhalb der heterosexuellen Matrix auch keine Widersprüchlichkeiten (Lorey 1996: 37).

Vor dem Hintergrund meiner Kritik an Butlers Machtverständnis erachte ich an dieser Stelle eine gesellschaftstheoretische Erweiterung von Butlers heterosexueller Matrix als hilfreich. Butler selbst schlägt in *Bodies that matter* vor, den Begriff der Matrix durch jenen der »heterosexual hegemony« (Butler 1993: xii) abzulösen, um so ein weniger starres Machtverständnis in Anschlag bringen zu können (s.a. Butler 1996: 119). Allerdings setzt Butler selbst dieses Vorhaben nicht um. Im Folgenden möchte ich Butlers Vorschlag aufgreifen und die heterosexuelle Matrix als heteronormative Hegemonie[3] verstehen, um die machttheoretischen Problemfelder von Butlers Konzeption der heterosexuellen Matrix zu bearbeiten. Dazu werde ich in einem ersten Schritt Gramscis Hegemoniekonzept skizzieren.

HEGEMONIE UND GESCHLECHT

Gramscis »Erneuerung des Marxismus« (Hall 1989: 57) liegt nach Stuart Hall – und dieser Auffassung schließe ich mich zur Gänze an – darin, neue Begriffe sowohl für das Verständnis von Machtverhältnissen in bürgerlichen Gesellschaften als auch für mögliche emanzipatorische Strategien konzipiert zu haben. Zugleich folge ich Hall ebenso in der Methodik der Bezugnahme auf Gramsci, der in seiner Weiterent-

3 Heteronormativ ziehe ich dem Begriff heterosexuell vor, da damit deutlicher zum Ausdruck gebracht werden kann, dass das Konstrukt der Heterosexualität als strukturierende Kraft wirkt (vgl. dazu Warner 1991).

wicklung von Gramscis Hegemonietheorie für die Analyse von Rassismus von folgender Prämisse ausgeht:

»Um allgemeineren Nutzen daraus [Gramscis Werk, GL] zu ziehen, müssen sie [die Ideen und Formulierungen, GL] vorsichtig aus ihrem spezifischen, historischen Zusammenhang herausgenommen und mit besonderer Sorgfalt und Geduld in neuen Boden verpflanzt werden.« (ebd.: 58).

Damit jedoch Gramscis Hegemonietheorie als instruktiver gesellschaftstheoretischer Beitrag einer queer-feministischen Subjekttheorie gelesen werden kann, ist a priori eine entscheidende Öffnung einer fundamentalen Verengung des gramscianischen Hegemoniebegriffs vonnöten: Im Einklang mit vielen feministischen und postkolonialen Autor_innen (u.a. Dhawan/Engel/Castro Varela 2011, Habermann 2008, Spivak 1988) gehe ich davon aus, dass Gesellschaftstheorie im Anschluss an Gramsci nur weiterentwickelt werden kann, wenn der Hegemoniebegriff aus der Verengung auf Klassenverhältnisse gelöst wird. Das Verbleiben von Gramscis Denken in einer Klassenlogik wurde u.a. und sehr folgenreich von Ernesto Laclau und Chantal Mouffe (2000) kritisiert. Ebenso wie Laclau und Mouffe sehe auch ich Gramscis theoretische Innovation darin, auf der Grundlage seiner Kritik des Ökonomismus neue Begriffe für politische Analysen und Praxen bereitgestellt zu haben. Dennoch bleiben bei Gramsci Klassenverhältnisse die einzig relevanten gesellschaftlichen Machtverhältnisse. Damit aber, und hier schließe ich mich Friederike Habermann an, »wird die Stärke des Begriffs der Hegemonie vertan: Während dieser das Erfassen der Vielfalt von Kräfteverhältnissen ermöglicht, scheint er [Gramsci, GL] doch immer wieder dahin zu führen, Macht als kohärentes und einseitiges Verhältnis zu verstehen« (Habermann 2008: 67). Im Folgenden verwende ich daher den Begriff der Hegemonie, um eine spezifische Weise von Macht in modernen, westlichen Gesellschaften zu bezeichnen, mit der nicht nur Klassenverhältnisse, sondern gesellschaftliche Ungleichheitsverhältnisse insgesamt regiert werden.

Mit dem Begriff der Hegemonie führt Gramsci ein Machtverständnis ein, das neben Zwang auf Konsens gründet. Einer Lohnarbeit nachzugehen, bestimmte Kleidung in der Arbeit und andere in der Freizeit zu tragen, Kinder in der Privatform Familie zu betreuen – all diese Praxen werden weder ausschließlich durch Zwang noch Gesetze erreicht. Vielmehr wird die Zustimmung dazu in zivilgesellschaftlichen Institutionen und Praxen, in Kampagnen, Medien, Schulbüchern, Straßennamen, Kirchen und Freizeiteinrichtungen geschaffen, in denen Vorstellungen dessen, was als ›normal‹, sinnvoll und richtig gilt, artikuliert werden. Damit gelingt es Gramsci, die Wirkmächtigkeit von Machtformationen nicht nur mittels einer juridischen Begründung zu erklären, sondern zu verdeutlichen, dass – in Gramscis Fall – Kapitalismus sich nur reproduzieren kann, wenn die Mehrheit der Subjekte dieser Gesellschaftsformation auch zustimmen. Die Übernahme hegemonialer Weltauffassungen in den »Alltagsverstand« (GH: H11, §12: 1375) ist Voraussetzung und Mittel für die Ausbildung gesellschaftlicher Handlungsfähigkeit: Die historisch-gesellschaftlichen Weltauffassungen stellen Formen bereit, in denen die Subjekte sich selbst und ihre Umwelt imaginieren und danach handeln. In der Übernahme der Weltauffassungen in den Alltagsverstand materialisieren sich diese – als Denk-, Fühl- und Wahrnehmungsformen, die handlungsleitend sind für alltägliche Praxen und Lebensweisen. Dabei bildet sich eine historisch spezifische Form des »Menschentypus« (GH, H22, §11: 2086) heraus. Die Aneignung der hegemonialen Weltauffassungen und die Konstitution des Subjekts fallen zusammen. Indem ich mich orientiere und richte, subjektiviere ich mich. Gerade weil Hegemonie nicht mit Zwang gleichzusetzen ist, sondern auch auf Konsens beruht, ist die Integration hegemonialer Weltauffassungen in den Alltagsverstand nicht bloß erzwungen, vielmehr liegt darin auch eine Selbsttätigkeit (GH: H10, Teil II, §48: 1341).[4] Die Art und Weise, wie das Subjekt sich zu hegemonialen Weltauffassungen ins Verhältnis setzt, kann somit als

4 Wie genau diese Selbsttätigkeit aber zu fassen ist, findet sich bei allerdings Gramsci nicht systematisch beschrieben, vielmehr formuliert er dies als offene Frage. Ich habe an anderer Stelle argumentiert, dass hier eine Zusammenführung mit Michel Foucaults gouvernementalitätstheoretischen Ausführungen zu Regieren und Technologien des Selbst hilfreich sein kann (Ludwig 2011: 141ff.).

widersprüchliche Gleichzeitigkeit von Unterwerfung und Aneignung von Möglichkeitsspielräumen gedacht werden.

Diese Deutungsmuster und Weltauffassungen, mittels derer Zustimmung organisiert wird, werden nicht top-down durchgesetzt, sondern sind Resultat gesellschaftlicher Auseinandersetzungen. Hegemonie ist Medium für und Effekt von gesellschaftliche(n) Auseinandersetzungen (Haug 1985: 174). Kritik und Forderungen subalterner gesellschaftlicher Gruppen sind Teil von Hegemonie. Im Prozess der Hegemonialwerdung von Weltauffassungen in zivilgesellschaftlichen Auseinandersetzungen werden hegemoniale und nicht-hegemoniale Stimmen und Vorstellungen miteinander artikuliert (vgl. auch Laclau/Mouffe 2000: 104). Da Hegemonie auch Versprechen und Kompromisse – als Voraussetzung für die Ermöglichung von Konsens und damit Hegemonie – umfasst, ist Hegemonie weder starr noch abgeschlossen. Gramsci betont mit seinem Begriff der »passiven Revolution« (GH: H10, Teil II, §41: 1331) die Bedeutung der Integration von Kritik von nicht-hegemonialen gesellschaftlichen Gruppen als Voraussetzung für die langfristige Aufrechterhaltung von Hegemonie. Hegemonie ist daher eine dynamische Machformation, die sich durch eine (bestimmte) Offenheit und ›Lebendigkeit‹ auszeichnet, anhand derer sie gerade ihre Langlebigkeit erlangt. Die jeweils historisch konkrete Ausgestaltung von Hegemonie ist Ausdruck gesellschaftlicher Kräfteverhältnisse (vgl. auch Brand 2005).

Gramsci beschreibt Hegemonie als Teil des integralen Staates. Neben Recht, Zwang und Repression, so Gramscis Argument, ist auch Führung eine Form der Machtausübung des integralen Staates (GH: H6, § 88, 783). Die Pointe eines derartigen Staatsverständnisses ist nicht, die Gesamtheit der gesellschaftlichen Praxen als staatlich zu fassen. Vielmehr soll damit verdeutlicht werden, dass die Stabilität des modernen, westlichen Staates vielfältige ›vorgelagerte‹ zivilgesellschaftliche Praxen, in denen das Einverständnis zu staatlichen Projekten organisiert wird, voraussetzt (ähnlich Priester 1979: 40 und Demirović 2007: 25). Oder mit Gramsci selbst gesprochen: Dass auch »sogenannte[r] private[r] Aktivitäten und Initiativen« (GH: H8, § 179,

1043) Teil des integralen Staates sind, führt zur »paradoxen Aussage: daß der Staat nicht immer dort zu suchen ist, wo er ›institutionell‹ zu sein scheint« (ebd.: § 233: 1079). Auf diese Weise kann mit dem Begriff der Hegemonie eine Formation staatlicher Macht konzipiert werden, die sowohl bezogen auf den Bereich als auch auf die Wirkweise über ein juridisches Verständnis von Macht hinausgeht. Zum einen operiert Hegemonie nicht primär über Gesetze, Zwang oder Repression, sondern über Konsens und »kulturelle[r] und moralische[r] Führung« (GH: H10, Teil I, §7, 1239). Zum anderen geht Hegemonie aus zivilgesellschaftlichen Praxen hervor, die zum Staat werden. Hegemonie ist daher weder eine top-down wirkende Form von Macht, noch erlangt sie ihre Wirkmächtigkeit einer gottähnlichen Souveränität gleich aus sich heraus. Hegemonie wird nicht einmal ›eingesetzt‹ und wirkt fortan quasi automatisch. Vielmehr wird Hegemonie beständig in alltäglichen zivilgesellschaftlichen Praxen und Auseinandersetzungen hergestellt. Konsequenterweise ist Hegemonie dynamisch und als Resultat von Kompromissen und Artikulationen heterogener Forderungen und Weltauffassungen eine Machtform, die sich stets transformiert, was paradoxerweise ihre Langlebigkeit ermöglicht. Dies bedeutet auch, dass Hegemonie immer eine konkrete historische und geographische Formation staatlicher Macht ist und nicht als ›die‹ universelle, ahistorische Hegemonie beschrieben werden kann. Ich bezeichne Hegemonie daher als staatliche Machtformation. In Anlehnung an Althussers Begriff der Gesellschaftsformation (1972) möchte ich damit verdeutlichen, dass Hegemonie eine zu einer bestimmten Zeit und in einem bestimmten geographischen Raum zu staatlicher Macht geronnene Formation gesellschaftlicher Praxen und Auseinandersetzungen ist.

HETERONORMATIVE HEGEMONIE

Die Frage, inwiefern nicht nur ein jeweils historisch spezifischer »Menschentypus«, sondern auch ein jeweils binär vergeschlechtlichter Menschentypus Effekt von Hegemonie ist, gelangt freilich nicht in

Gramscis Fokus der Aufmerksamkeit. Dennoch erachte ich Gramscis Begriff der Hegemonie als wichtigen Beitrag, um an Butlers Leerstelle in der Suche nach einer Antwort auf die Frage, wie jene Machtformation, die Subjekte erst zu binär vergeschlechtlichten macht – also die heterosexuelle Matrix – überhaupt Wirkmächtigkeit erlangt, anzuschließen. Drei Aspekte erscheinen mir aus gesellschaftstheoretischer Perspektive an Gramscis Verständnis von Hegemonie interessant, an die ich im Folgenden aus queer-theoretischer Perspektive anknüpfen möchte: Erstens ermöglicht der Begriff Hegemonie, eine Machtformation zu konzeptualisieren, die sich nicht nur in juridischen Mitteln erschöpft, sondern die in entscheidender Weise über Zustimmung wirkt. Zweitens beschreibt Hegemonie eine Machtformation, die als Resultat gesellschaftlicher Auseinandersetzungen immer auch Widersprüche beinhaltet. Drittens schließlich eröffnet eine an Gramsci orientierte Perspektive die Möglichkeit, Hegemonie als Formation staatlicher Macht zu denken. Diese drei Argumente möchte ich nun auf die Frage rückbeziehen, wie aus einer hegemonietheoretischen Perspektive Heteronormativität und heteronormative Subjektkonstitution konzipiert werden. Oder anders: Worin liegen neue machttheoretische Einsichten, wenn Heteronormativität nicht als heterosexuelle Matrix, sondern als heteronormative Hegemonie gedacht wird?

Da Butler entgegen ihrer Ansprüche dennoch das Gesetz als zentralen Mechanismus, über den die heterosexuelle Matrix operiert, beibehält, dient ihr das Gesetz selbst als ausreichende Erklärung für die Stabilität von Heteronormativität als subjekt- und gesellschaftsstrukturierende Kraft. Im Gegensatz dazu verschiebt hier eine hegemonietheoretische Perspektive den Blick: Denn diese betont gerade die Notwendigkeit von Konsens für die Stabilität von Macht- und Herrschaftsverhältnissen. Der Begriff der heteronormativen Hegemonie lenkt somit die Aufmerksamkeit auf die Frage, wie diese gerade über Zustimmung derart wirkmächtig werden kann. Hier kann mittels des gramscianischen Begriffs des »Alltagsverstandes« (GH: H11, §12: 1377) verdeutlicht werden, dass Heteronormativität – also die Vorstellungen, dass Subjekte ›naturgegebener Weise‹ weiblich oder männlich ›sind‹, dass

Vagina und Penis ›naturgegebener Weise‹ »Wahr-Zeichen« (Bublitz 2001) für einen weiblichen oder männlichen Körper sind‹ und dass das Begehren ›naturgegebener Weise‹ heterosexuell ausgerichtet ist, usw. – vor allem auch derart wirkmächtig ist, weil die Mehrheit der Subjekte diesen ›Wahrheiten‹ in ihrem Alltagsverstand auch zustimmt. Hier greift vor allem eine Orientierung an der ›Normalität‹: Subjekte orientieren sich an hegemonialen Deutungsmustern zu ›normalen‹ weiblichen oder männlichen Verhaltensweisen (von der Art zu sprechen bis zu Kleidungspraktiken), Körperpraktiken (vom Gang bis zum Rasieren der Körperhaare) und Lebensführungen (von der Berufswahl bis zur Häufigkeit von ›One-Night-Stands‹). Der Alltagsverstand erweist sich hier als zentrales Verbindungsglied zwischen Hegemonie und Subjekten, da die Subjekte darin hegemoniale Vorstellungen zur weiblichen und männlichen Normalität in handlungsleitendes (Alltags-)Wissen übersetzen. Die Übernahme von Heteronormativität in performativen (Alltags-)Praktiken resultiert somit auch in entscheidender Weise aus der breiten gesellschaftlichen Zustimmung zu hegemonialen Wissensformen über das, was ›normale‹ Frauen und Männer sind, tun, denken und fühlen.

Zugleich ermöglicht eine hegemonietheoretische Perspektive hier, hegemoniale Weltauffassungen zu Geschlecht, Sexualität, Begehren, Zweigeschlechtlichkeit, Körper, usw. – also zu Heteronormativität – als Resultat gesellschaftlicher Kräfteverhältnisse und Auseinandersetzungen zu konzeptualisieren. Nicht ein souveränes Gesetz gibt die Ausgestaltung von Heteronormativität vor, sondern diese wird in zivilgesellschaftlichen Auseinandersetzungen artikuliert, in denen vielfältige zivilgesellschaftliche Organisationen und Akteur_innen involviert sind. Freilich sind, das hat Gramsci in seiner Hegemonietheorie deutlich gemacht, die Zugänge zu diesen Artikulationsprozessen nicht gesellschaftlich egalitär verteilt, da das Ringen um Heteronormativität in gesellschaftliche Machtverhältnisse eingebettet ist, sodass die Ausgangsbedingungen und die materiellen, kulturellen und sozialen Ressourcen ungleich sind. Dies stattet manche Akteur_innen wie etwa Vertreter_innen von ›anerkannten‹ Naturwissenschaften, der katholischen Kirche oder ›anerkannten‹ Parteien mit Startvorteilen aus, während sich andere Akteur_innen wie etwa queere Bewegungen erst Gehör in den gesellschaftlichen Auseinandersetzungen verschaffen müssen. Dennoch aber zeichnet Hegemonie sich durch eine gewisse Widersprüchlichkeit und Offenheit aus, da Hegemonie eine Machtformation ist, in der sich heterogene Forderungen von gesellschaftlichen Akteur_innen und damit auch von gegenhegemonialen Kräften als Kompromisse artikulieren. Konsequenterweise ist die heteronormative Hegemonie auch keineswegs so kohärent, rigide und historisch unveränderlich, wie Butler das für die heterosexuelle Matrix beschreibt. Hegemonie ist widersprüchlich. Gerade weil Hegemonie auch Versprechen beinhaltet, an die die Subjekte Perspektiven und Hoffnungen heften können, kann Hegemonie nicht auf Unterwerfung reduziert werden. Diese Versprechen bergen auch die Möglichkeit, sich dieser zu bemächtigen und hegemoniale Weltauffassungen und Führungsweisen subversiv zu besetzen, zu verschieben und widerständig anzueignen.

Damit gelingt es durch eine hegemonietheoretische Erweiterung von Butlers Verständnis von Heteronormativität einem wichtigen Anspruch gerecht zu werden, den Butler selbst zwar formuliert, den sie aber, so meine Kritik, nicht einlösen kann. Butler schreibt: »(W)hat is enacted by the subject is enabled but not finally constraint by the prior working of power. Agency exceeds the power by which it is enabled.« (Butler 1997: 15) Auf diese Weise versucht Butler das Paradox zu theoretisieren, dass Machtformationen in bestimmter Weise zwar den Subjekten vorausgehen, aber zugleich nicht deterministisch auf das Subjekt einwirken. Nicht zuletzt, um die Möglichkeit von widerständigem Handeln nicht aufgeben zu müssen, möchte Butler Macht nicht mechanisch fassen, sondern Macht als subjektkonstituierend, aber dennoch nicht als determinierend konzipieren. Im Rekurs auf Derridas Reiteration (1972) argumentiert Butler, dass in performativen Praxen Macht nicht kopiert wird, sondern reiteriert wird. In der Reiteration sieht Butler also zugleich das stabilisierende wie instabilisierende Moment von Machtausübung. »[A] subject only remains a subject through reiteration or rearticulation of itself as a subject, and this dependency of the subject on repetition for coherence may constitute that subject's incoherence, its incomplete character.« (Butler 1997: 99) Damit aber kann Butler nur eine sprachtheoretische Begründung anbieten, warum Macht nicht deterministisch wirkt und auch innerhalb der heterosexuellen Matrix Widerständigkeit möglich ist. Um die prinzipielle Unabgeschlossenheit von Machtformationen jedoch gesellschaftstheoretisch begründen zu können, erachte ich es als zielführend, Heteronormativität aus hegemonietheoretischer Perspektive zu fassen. Eine derartige Sichtweise beschreibt Heteronormativität zwar auch als diskursives Gefüge, das bestimmte Annahmen über Subjekte, Körper, Geschlecht, Sexualität denk-, sprech- und lebbar macht, dieses Gefüge ist aber als Resultat von gesellschaftlichen Auseinandersetzungen ein widersprüchliches, und ein in bis zu einem gewissen Grad offenes, das auch subversive Forderungen und Versprechen beinhaltet, die angeeignet werden können. Gerade weil Hegemonie – als Machtformation, die auch auf Zustimmung beruht – auch Versprechen beinhaltet, die die Subjekte als lohnenswert und sinnvoll halten (können), unterwerfen sich Subjekte nicht nur Hegemonie, sondern bauen diese auch für sich in eine lebbare Form um. In diesen Aneignungs- und Umbauprozessen können hegemoniale Weltauffassungen und Versprechen durchaus auch in subversiver und emanzipatorischer Weise verschoben werden. Die Einführung des Begriffs der heteronormativen Hegemonie stellt mithin die Möglichkeit dar, das radikale Potential von Butlers Anspruch, die heterosexuelle Matrix nicht deterministisch zu fassen, zu realisieren, ohne dies sprachtheoretisch zu erklären. Denn gerade die Versprechen und Kompromisse, die Hegemonie erst ermöglichen, beinhalten auch die Möglichkeit, sich dieser zu bemächtigen und hegemoniale Weltauffassungen subversiv zu besetzen.

Zugleich ist dieser widersprüchliche und bis zu einem gewissen Grad offene Charakter von Hegemonie freilich ambivalent: Zum einen beinhaltet heteronormative Hegemonie zwar auch Elemente von Forderungen von sozialen Bewegungen, subversiven Akteur_innen und gesellschaftlichen Gruppen und gegenhegemonialen Kräften. Zum anderen ist gerade diese Integration im Modus der passiven Revolution und die Artikulation von Kompromissen eine entscheidende Voraussetzung dafür, dass sich Hegemonie durch beständige Transformationen immer wieder neu formiert. Darüber hinaus gilt es hier insbesondere aus einer interdependenten Perspektive zu fragen, wie in der Artikulation von Kompromissen auch verschiedene Ungleichheitsstrukturen und Identitätskategorien ineinander wirken. Hegemonie wird auch über Kompromisse organisiert, die Ungleichheiten entlang von Geschlecht, ›race‹, Klasse, nationaler Zugehörigkeit, Religion, usw. einsetzt. Nicht nur haben nicht alle gesellschaftlichen Gruppen zu den vielfältigen zivilgesellschaftlichen Praxen, in denen Hegemonie artikuliert wird, den gleichen Zugang, es können auch nicht alle gesellschaftlichen Gruppen in gleicher Weise an Zugeständnissen und Kompromissen teilhaben. So lässt sich beispielsweise mit der Transformation von der fordistischen Gesellschaftsformation zu einer neoliberalen in Westeuropa und den USA beobachten, dass die heteronormative Hegemonie insofern in gewisser Weise ›flexibilisiert‹ und ›pluralisiert‹ wurde, als gegenüber bestimmten – sich am Ideal von monogamen, heterosexuellen Paarbeziehungen orientierten – gleichgeschlechtlichen Lebensweisen eine bestimmte ›Toleranz‹ gilt und das ›Normalitätskontinuum‹ ausgeweitet wurde. Diese Veränderungen können zweifelsohne als Errungenschaft sozialer Bewegungen wie beispielsweise der Lesben- und Schwulenbewegung sowie all jener Bewegungen, die für die Ermöglichung alternativer Lebensweisen jenseits von fordistischer Rigidität, Moral und Normen kämpften, interpretiert werden, die in die Krise des Fordismus in den 1970er und 1980er Jahren mit Protesten gegen hegemoniale Lebens- und Arbeitsweisen intervenierten. Zugleich gelten diese ›neuen Freiheiten‹ aber vor allem für weiße, wohlhabende lesbische oder schwule Subjekte mit legalem Aufenthaltsstatus, die umso mehr ›akzeptiert‹ und ›toleriert‹ werden, je mehr sie dem heteronormativen Ideal gleichen. Darüber hinaus, so haben postkoloniale, queertheoretische Arbeiten aufgezeigt, wird genau diese neoliberale Politik der Toleranz auch als Distinktionsmerkmal des Westens gegen nichtwestliche Staaten sowie als konsensbildende Strategie für rassistische und islamophobe Politiken eingesetzt (u.a. Puar 2007). Dieses Ineinanderwirken von »neuer Homonormativität« (Duggan 2000: 92), Nationalismus und Anti-Islamismus zeigt sich in Mitteleuropa darin, dass die ›Toleranz‹ gegenüber Schwulen und Lesben als Charakteristikum des ›fortschrittlichen‹, ›toleranten‹ Europas konstruiert wird, das sich beispielsweise von den als ›anders‹ konstruierten muslimischen Einwander_innen abzuheben trachtet. Hieran wird deutlich, dass die neoliberale ›Flexibilisierung‹ der heteronormativen Hegemonie auf partikularen Kompromissen und Freiheitsversprechen beruht, die nicht nur nicht für alle Subjekte in gleicher Weise gilt, sondern darüber hinaus auch für die Organisation der Zustimmung zu rassialisierendem Nationalismus eingespannt wird.

Schließlich führt der Begriff der heteronormativen Hegemonie dazu, die Konstitution binär vergeschlechtlichter Subjekte mit staatlicher Macht zu verbinden. Wie nicht nur das Personenstandgesetz sondern schlichtweg jedes Gesetz innerhalb des modernen, westlichen bürgerlichen Staates deutlich macht, ist Heteronormativität insofern fundamental in den Staat eingeschrieben, als rechtlich kodiert und festgeschrieben wird, wer überhaupt als intelligibles Subjekt gilt (Holzleithner 2009). Die staatlich legitimierten und eingeforderten zurichtenden medizinischen Vereindeutigungspraxen bei intersexuellen Menschen verdeutlichen, dass eine eindeutige vergeschlechtlichte Subjektivität Voraussetzung für Staatsbürger_innenschaft ist (vgl. dazu auch u.a. Hark/Genschel 2003) und dass der Staat dies auch gewaltvoll durchsetzt. Wird Staat allerdings im Anschluss an Gramsci als integraler Staat gefasst, gibt dies ein Argument zur Hand, diese im Anschluss an Butler als normative Gewalt bezeichnete Gewalt durch gesamtgesellschaftlichen Konsens, der in der Zivilgesellschaft ausgearbeitet wird, zu erklären. Bereits Gramsci hat dargelegt, dass Hegemonie immer auch Gewalt umfasst. Darüber hinaus hat er herausgestellt, dass deren Anwendung sich auf die Zustimmung breiter Teile der Gesellschaft stützen muss, die diese Form der staatlichen Gewalt legitimieren. Dies erachte ich auch für die (hetero-)normative staatliche Gewalt als notwendig: Die Verbreitung von Weltauffassungen innerhalb der Zivilgesellschaft, die Zweigeschlechtlichkeit als naturgegeben festschreiben, stellt die Voraussetzung für diese Form staatlicher Gewalt dar. Was jedoch mit einer an Butler orientierten Perspektive deutlich gemacht werden kann, ist nicht nur, dass es sich bei Zweigeschlechtlichkeit um ein gewaltvolles Konstrukt handelt und Subjekte dieses auf sich beziehen müssen, um intelligibel zu werden, sondern, dass diese Form staatlicher Macht naturalisiert wird. Während Gramsci argumentiert, dass staatliche Gewalt über Zustimmung legitimiert wird, möchte ich dies in Bezug auf (hetero-)normative staatliche Gewalt noch weiter zuspitzen: Diese wird legitimiert, indem sie naturalisiert wird. Damit bleibt diese Form staatlicher Gewalt nicht unmittelbar zugänglich und nicht direkt als solche wahrnehmbar.

FAZIT

Die Überblendung der Arbeiten von Gramsci und Butler macht begreifbar, inwiefern nicht nur ein jeweils historisch spezifischer »Menschentypus«, sondern auch ein jeweils binär vergeschlechtlichter Menschentypus Effekt von Hegemonie ist. Heteronormativität wird dabei jedoch nicht als Matrix, die über die Logik des Gesetzes operiert, sondern als widersprüchliches Gefüge von Diskursen und Weltauffassungen theoretisierbar, die von heterogenen Akteur_innen in zivilgesellschaftlichen Institutionen und Praxen artikuliert werden und die stets Ergebnis gesellschaftlicher Auseinandersetzungen sind. Gerade weil Hegemonie eine Machtformation ist, die die Zustimmung der Mehrheit der Subjekte voraussetzt, ist auch die heteronormative Hegemonie keine top-down wirkende Formation, sondern ein Gefüge, in das Herrschaftswissen ebenso wie auch subversive Vorstellungen von Geschlecht, Körpern und Sexualität eingehen. Der Clou eines derartigen hegemonietheoretischen Verständnisses von Heteronormativität als strukturierende Logik in der Subjektkonstitution ist, durch die Fokussierung auf die Zustimmung nicht die Wirkmächtigkeit und die gewaltvolle Kraft von Heteronormativität in Abrede zu stellen oder als beliebigen Effekt von individueller Zustimmung aufzulösen. Vielmehr richtet eine derartige Perspektive die theoretische und politische Aufmerksamkeit auf die Analyse und Kritik der subtilen Techniken, mittels derer bestimmte Wissensformen von Geschlecht, Subjekt, Körpern, Sexualität, Lebensweisen, usw. überhaupt zu gesamtgesellschaftlichen ›Wahrheiten‹ werden können, die als naturgegeben Schulbücher, Gesetzestexte, öffentliche Einrichtungen und staatliche Sicherungssysteme prägen und so gesellschaftliche Ausschlüsse, Hierarchisierungen und Ungleichheiten ermöglichen und legitimieren.

LITERATUR

Althusser, Louis (1972): Das Kapital lesen, Reinbeck: Rowohlt.

Althusser, Louis (1977): Ideologie und ideologische Staatsapparate, Hamburg: VSA, S. 108–168.

Brand, Ulrich (2005): Gegen-Hegemonie. Perspektiven globalisierungskritischer Strategien, Hamburg: VSA.

Bublitz, Hannelore (2001): Wahr-Zeichen des Geschlechts. Das Geschlecht als Ort diskursiver Technologien, in: Lösch, Andreas/Schrage, Dominik/Spreen, Dierk/Stauff, Markus (Hg.), Technologien als Diskurs, Heidelberg: Synchron. Wissenschaftsverlag der Autoren, S. 167–183.

Butler, Judith (1990): Gender Trouble. Feminism and the Subversion of Identity., New York/London: Routledge.

Butler, Judith (1993): Bodies that matter. On the discursive limits of »sex«, New York/London: Routledge.

Butler, Judith (1995): Contingent Foundations: Feminism and the Question of Postmodernism, in: Benhabib, Seyla/Butler, Judith/Cornell, Drucilla/Fraser, Nancy: Feminist Contentions. A Philosophical Exchange, London/New York: Routledge, S. 35–57.

Butler, Judith (1996): Gender as Performance. Interview mit Peter Osborne und Lynne Segal, in: Osborne Peter (Hg.), Interviews with Intellectuals, London/New York: Routledge, S. 109–125.

Butler, Judith (1997): The Psychic Life of Power. Theories in Subjection, Stanford: University Press.

Butler, Judith (2004): Undoing Gender, New York: Routledge.

Castro Varela, Maria do Mar/Dhawan, Nikita/Engel, Antke (Hg.) (2011), Hegemony and Heteronormativity. Re-Visiting »The Political« in Queer Politics, Aldershot: Ashgate.

Chambers, Samuel A./Carver, Terrell (2008): Judith Butler and Political Theory. Troubling Politics, London: Routledge.

Demirović, Alex (2007): Politische Gesellschaft – zivile Gesellschaft. Zur Theorie des integralen Staates bei Antonio Gramsci, in: Buckel, Sonja/Fischer-Lescano, Andreas (Hg.), Hegemonie gepanzert mit Zwang. Zivilgesellschaft und Politik im Staatsverständnis Antonio Gramsci, Baden-Baden: Nomos-Verlag, S. 21–41.

Derrida, Jacques (1972): Die Schrift und die Differenz, Frankfurt a. M.: Suhrkamp.

Duggan, Lisa (2000): Das unglaubliche Schwinden der Öffentlichkeit. Sexuelle Politiken und der Rückgang der Demokratie, in: quaestio (Hg.), Queering Demokratie. Sexuelle Politiken, Berlin: Querverlag, S. 87–95.

Gramsci, Antonio (1991ff.): Gefängnishefte. Kritische Gesamtausgabe, 10 Bde.: Bochmann, Klaus/Haug, Wolfgang Fritz/Jehle, Peter (Hg.): Hamburg: Argument.

Habermann, Friederike (2008): Der homo oeconomicus und das Andere. Hegemonie, Identität und Emanzipation, Baden-Baden: Nomos-Verlag.

Hall, Stuart (1989): Gramscis Erneuerung des Marxismus und ihre Bedeutung für die Erforschung von »Rasse« und Ethnizität, in: Rätzel, Nora (Hg.), Ausgewählte Schriften 1. Ideologie, Kultur, Rassismus, Hamburg/Berlin, S. 56–91.

Hark, Sabine/Genschel, Corinna (2003): Die ambivalente Politik von Citizenship und ihre sexualpolitische Herausforderung, in: Knapp, Gudrun-Axeli/Wetterer, Angelika (Hg.), Achsen der Differenz, Münster: Westfälisches Dampfboot, S. 134–169.

Haug, Wolfgang Fritz (1985): Pluraler Marxismus. Beiträge zur politischen Kultur, Bd. 1, West-Berlin: Argument.

Holzleithner, Elisabeth (2009b): Sexualität, geschlechtliche Identität und Menschenrechte, in: Heißl, Gregor (Hg.), Handbuch Menschenrechte, Wien: Facultas, S. 263–279.

Laclau, Ernesto/Mouffe, Chantal (2000): Hegemonie und radikale Demokratie. Zur Dekonstruktion des Marxismus, Wien: Passagen.

Lorey, Isabell (1993): Der Körper als Text und das aktuelle Selbst: Butler und Foucault, in: Feministische Studien, Heft 2, S. 10–24.

Lorey, Isabell (1996): Immer Ärger mit dem Subjekt: theoretische und politische Konsequenzen eines juridischen Machtmodells: Judith Butler, Tübingen: edition diskord.

Ludwig, Gundula (2011): Geschlecht regieren. Zum Verhältnis von Staat, Subjekt und heteronormative Hegemonie, Frankfurt a. M.: Campus.

Pechriggl, Alice (2008): Naturrechtliche »Heteronormativät« vs. Politische Normsetzung. Zur Kritik von Diskursen über die Norm und über diese hinweg, in: Bartel, Rainer/Horwath, Ilona/Kannonier-Finster, Waltraud/Mesner, Maria/Pfefferkorn, Erik/Ziegler, Meinrad (Hg.), Heteronormativität und Homosexualitäten, Innsbruck/Wien/Bozen: Studienverlag, S. 25–42.

Priester, Karin (1979): Die Bedeutung von Gramscis »erweitertem« Staatsbegriff, in: Arbeitskreis Westeuropäischer Arbeiterbewegung (Hg.): Eurokommunismus und marxistische Theorie der Politik, Argument-Sonderband AS 44. Westberlin: Argument, S. 30–45.

Puar, Jasbir K. (2007): Terrorist Assemblages. Homonationalism in Queer Times, Durham: Duke University Press.

Spivak, G. Chakravorty (1988): Can the Subaltern Speak?, in: Nelson, Cary/Grossberg, Lawrence (Hg.), Marxism and the Interpretation of Culture, Urbana, Ill.: University of Illinois Press, S. 271–313.

Wagenknecht, Peter (2007): Was ist Heteronormativität? Zu Geschichte und Gehalt des Begriffs, in: Hartmann, Jutta/Klesse, Christian/Wagenknecht, Peter/Fritzsche, Bettina/Hackmann, Kristina

(Hg.), Heteronormativität. Empirische Studien zu Geschlecht, Sexualität und Macht, Wiesbaden: VS Verlag, S. 19–34.

Warner, Michael (1991): Fear of a Queer Planet, in: Social Text 29, S. 3–17.

Wittig, Monique (1992): The Straight Mind and other Essays, Boston: Beacon Press.

Die Artikulation von Differenz

Subjektpositionen, Intersektionalität und Hegemonie

KATHRIN GANZ

POSITIONIERUNGEN UND SUBJEKTPOSITIONEN

Der Verweis auf die soziale Positionierung von Individuen spielt in aktuellen gesellschaftskritischen Diskursen und politischen Praxen eine größer werdende Rolle. Die Diskussion um die Inszenierung von »Ich bin nicht Rappaport« im Schlosspark-Theater Berlin soll an dieser Stelle als Beispiel dienen. In diesem Stück spielt ein weißer Schauspieler mit schwarz geschminktem Gesicht die Rolle eines Schwarzen. Dieses, als *Blackfacing* bekannte Stilmittel steht in der rassistischen Tradition der Minster-Shows. Die verantwortlichen weißen Theaterschaffenden weisen darauf hin, dass die Intention hinter der Entscheidung, mit *Blackfacing* zu arbeiten, nicht rassistisch gewesen sei. *People of Color* dagegen kritisieren strukturellen Rassismus an deutschsprachigen Theaterhäusern, durch den schwarzen Schauspieler_innen u.a. Engagements verwehrt werden (vgl. Cherrat 2005), und stellen die Definitionsmacht weißer Personen über Rassismus in Frage.[1] In diesem Fall

1 Vgl. Tahier Della von der Initiative Schwarze Menschen in Deutschand, http://www.taz.de/1/archiv/digitaz/artikel/?ressort=bl&dig=2012%2F01%2F12%2Fa0177&cHash=20beb2e565 [21.02.2012], zur Diskussion um *blackface* am Schlosspark-Theater vgl. Strippel (2012).

wurde öffentlich gegen rassistische Repräsentationen durch Institutionen, die von Weißen dominiert werden, protestiert. Die Frage danach, welche Rolle die gesellschaftliche Positionierung der Akteur_innen spielt, war Teil der sich anschließenden Debatte. Hier wurde eingefordert, die eigene Position verantwortlich zu reflektieren und kritische Interventionen von Marginalisierten ernst zu nehmen, statt die Hegemonie der weißen Dominanzkultur zu reproduzieren und die Ansichten und Interessen von *People of Color* als partikulare zu verwerfen.

Im akademischen Feld wird der Diskurs über Subjektpositionen von allem von der kritischen Rassismusforschung, den *Postcolonial*, *Disability*, *Gender* und *Queer Studies* und feministischen Theorien vorangebracht. Sie rücken Subjektpositionen in den Mittelpunkt, denen nicht das Privileg der Unmarkiertheit zukommt, die also im Gegensatz zum hegemonialen Subjekt der westlichen Wissenschaftstradition ständig als Andere benannt werden (vgl. Eggers 2005). In Kontexten wie der kritischen Männlichkeitsforschung oder den *Critical Whiteness Studies* werden aber auch privilegierte Subjektpositionen in den Blick genommen. Die Überlegung, Rassialisierung, Klasse oder Geschlecht nicht isoliert voneinander zu untersuchen, ist dabei nicht neu (vgl. Walgenbach 2007: 25–38).

Aktuell wird vor allem das Stichwort »Intersektionalität« mit den Auseinandersetzungen um die theoretischen und methodischen Probleme der Analyse von Subjektpositionen in Verbindung gebracht.[2] Intersektionalität geht von einer grundsätzlichen Verwobenheit verschiedener Kategorien sozialer Differenzierung und Hierarchisierung aus und begreift diese als materialisierte Konstruktionen, die sich wechselseitig beeinflussen und konstituieren. Ich verstehe Intersektionalität als

2 Der Begriff wurde erstmals von der US-amerikanischen Juristin Kimberlé Crenshaw verwendet (vgl. Crenshaw 1989: 149). Dabei bezog sich die von ihr verwendete Kreuzungsmetapher zunächst auf Diskriminierung im Kontext von Mehrfachmarginalisierung. Inzwischen wird sie für die Durchkreuzung jeglicher, d.h. auch privilegierter sozialer Kategorien, verwendet. Das heißt, auch ein weißer, heterosexueller, nicht-behinderter Mann ist intersektional positioniert.

eine disziplinenübergreifende Forschungsperspektive, die der Fokus auf interdependente Herrschaftsverhältnisse eint. Auf welchen analytischen Ebenen, anhand welcher Forschungsgegenstände und mit welchen Methoden diese betrachtet werden, hängt aber zu großen Teilen von der disziplinären Ausrichtung der jeweiligen Arbeit ab.

In diesem Artikel interessiere ich mich für Subjektpositionen in (gegen-)hegemonialen Projekten aus der Perspektive der qualitativen Sozialforschung und dabei insbesondere für die Frage, *wer* in/für/über diese Projekte spricht. Entsprechend liegt mein Fokus darauf, einen methodologischen Rahmen für eine Analyse des artikulatorischen Handelns von Subjekten, durch das diese sich positionieren und positioniert werden, zu entwerfen. Dabei geht es mir zum einen darum, die intersektionalen Machtachsen zu berücksichtigen, zum anderen interessiert mich, wie Prozesse der Sedimentierung des Sozialen als diskursive Reproduktion verlaufen und wie sich Individuen zu Subjektivierungsanforderungen ins Verhältnis setzen. Jedoch ist dieses Problem theoretisch und methodologisch bisher noch nicht gelöst: Die Intersektionalitätsanalyse weist Lücken in Bezug auf das Verständnis von Hegemonie auf, während die Hegemonietheorie zwar einen Begriff von Subjektpositionen hat, dieser aber theoretisch unterbelichtet ist. Zudem ist offen, wie verkörperte Subjektpositionen für hegemonietheoretisch gerahmte Analysen methodisch erschlossen werden können (Habermann 2008: 277). Um eine Analyse von empirisch erhobenen Interviewdaten in diesem Sinne betreiben zu können, ergibt sich aus dem oben formulierten Erkenntnisinteresse die Notwendigkeit die Intersektionalitätsforschung um hegemonietheoretische Perspektiven zu ergänzen.

Um dieses Vorhaben einzulösen, beziehe ich mich auf Ernesto Laclaus und Chantal Mouffes poststrukturalistische Reformulierung der gramscianischen Hegemonietheorie und die intersektionale Mehrebenenanalyse von Winker/Degele (2009, 2011). Im folgenden Abschnitt werde ich zunächst erläutern, wie die Hegemonietheorie das Subjekt und sein artikulatorisches Handeln denkt, ohne auf eine Fundierung in Essentialismen oder auf ein zentrales gesellschaftliches

Verhältnis zu setzen. Im zweiten Teil des Textes wende ich den Blick wieder in Richtung der Intersektionalitätsforschung. Meine Diskussion der bisherigen Forschung zu dem Feld zeigt, dass die Analysen sozialer Ungleichheit, Diskriminierung und Privilegierung unter der Berücksichtigung mehrerer Herrschaftsverhältnisse eine Reihe von Fragen aufwerfen: Umstritten ist nicht nur, welche Kategorien für eine intersektionale Theorie oder eine konkrete Forschungsarbeit jeweils relevant sind, sondern auch auf welchen Analyseebenen sich Subjektpositionen konstituieren und wie soziale Strukturen, interaktive und performative Akte der Identifizierung, Zuschreibung und symbolische Repräsentationen, soziale Normen und Stereotype miteinander in Verbindung stehen. Im nächsten Schritt zeige ich, wie die intersektionale Mehrebenenanalyse versucht auf diese Fragen zu antworten, indem sie induktive und deduktive Schritte vorsieht und die Wechselwirkungen zwischen den verschiedenen Analyseebenen bestimmt. Zur Bestimmung dieser Wechselwirkungen macht der Artikel dann den hegemonietheoretischen Artikulationsbegriff stark. Abschließend diskutiere ich, was die »Artikulation der Differenz« unter der Bedingung der Kontingenz des Sozialen heißt und komme auf die Analyseperspektiven zu sprechen, die sich daraus ergeben.

SUBJEKTPOSITIONEN IN DER HEGEMONIETHEORIE

Die Laclau/Mouffe'sche Hegemonietheorie grenzt sich in ihrem Subjektverständnis sowohl von der Vorstellung einer Identität des »metaphysischen Willenssubjektes« (Marchart 2010: 313) als auch dem Diskurs vorgelagerter Interessen sozialer Gruppen ab. Es wird stattdessen davon ausgegangen, dass es keine Identität jenseits der performativen Praxen der Identitifizierung gibt. Antriebskraft dieser Identifizierung ist der Mangel. Hier greift die Hegemonietheorie eine die aus der psychoanalytischen Theorietradition stammende Überlegung auf, wonach die symbolische Ordnung durch einen grundsätzlichen Antagonismus unterminiert wird. Ihre Unvollständigkeit treibt das Subjekt an, den

Mangel an Universalität und Identität symbolisch zu füllen. Dadurch wird eine dauerhafte Dynamik sowohl für Diskurse, Subjekte als auch für das Soziale eingeführt (Nonhoff 2007a: 11). Der Mangel artikuliert sich über das Politische: »jene paradox erscheinende Logik, im Rahmen derer das Allgemeine konflikthaft verhandelt wird« (Nonhoff 2006: 109). Auf diese Weise knüpft die Hegemonietheorie die Identifikationen des Subjektes mit sich selbst und in Abgrenzung zum Anderen an einen Politikbegriff, der für die grundsätzliche Dynamik, die allem Gesellschaftlichen potentiell innewohnt, steht:

»Political discourse does not merely reflect the interests that are already constituted at the structural level; the subject positions through which we live our structural positionings are wholly constructed through the differential relations within political discourses« (Smith 1998a: 97).

Was bedeutet es nun, wenn Subjektpositionen als »bevorzugte Gegenstände« von Hegemonien und hegemonialen Konflikten bezeichnet werden (Reckwitz 2008: 69)? Mit dem Begriff der Hegemonie wird die politisch-diskursive Vorherrschaft bezeichnet, die auf der grundlegenden Konflikthaftigkeit von Gesellschaft beruht und damit notwendigerweise instabil ist (ebd.: 71, vgl. Nonhoff 2007a: 11–14). Sie institutionalisiert diskursiv hervorgebrachte Wissensordnungen, welche die Grenzen des legitim Denkbaren darstellen. Hegemonie stützt sich auf einen gesellschaftlichen Konsens, der konzeptionalisiert werden kann als Artikulation von Äquivalenzbeziehungen zwischen unterschiedlichen, auch gegnerischen Gruppen und ihren differenten Forderungen, die zu einem gemeinsamen, hegemonialen Projekt verknüpft werden. Trotzdem bleibt Hegemonie eine prekäre Form der Vorherrschaft unter der Bedingung von Kontingenz, denn die differenten Forderungen eines hegemonialen Projektes können erst durch den negativen Bezug auf eine antagonistische Äquivalenzkette selbst als äquivalent artikuliert werden (Nonhoff 2007a: 12) – dies macht den Antagonismus zum konstitutiven Außen, der ähnlich den Seiten einer Möbiusschleife Teil des Inneren eines hegemonialen Diskurses ist. Schließlich ist der Knotenpunkt für die imaginäre Einheit des hegemonialen Diskurses der »chronisch unterbestimmte« leere Signifikant

(Reckwitz 2008: 76), der den konstitutiven Mangel am Allgemeinen[3] zu füllen sucht.

Ein wesentlicher Bestandteil der artikulatorischen Strukturierung des diskursiven Raumes besteht in der fortlaufenden Artikulation von Subjektpositionen (ebd.: 73). Entsprechend ihrer Diskursivität sind Subjektpositionen auf ein konstitutives Außen angewiesen; auch für sie gilt die Logik der Differenz und Äquivalenz. Momente der Dislokation (Laclau 1990: 39) verhindern eine vollständige Fixierung und Kohärenz von Identität. Wie Judith Butler (1991, 1995) gezeigt hat, wird das Erfüllen von Identität zwar normalisierend eingefordert, aber gerade das Scheitern daran ist für das Subjekt konstitutiv, da es Positionseffekte (Smith 1998b: 226f.) evoziert. Hierin liegt die Bedingung der Möglichkeit, Subjekte als Teile von hegemonialen Diskursen zu artikulieren und damit zu politisieren, sei es als Arbeiter, Kommunistin, Pirat, Sexarbeiterin, Vater, Feminist_in oder *Queer of Color*. Solche Kategorien können diskursive Knotenpunkte (*nodal points*) darstellen, die im Diskurs zeitweise fixiert und mit Bedeutung versehen werden und mit denen sich Menschen selbst als sinnhafte Subjekte konstruieren können. In ihrer Nicht-Fixierung sind Subjektpositionen verstreut (*dispersion*). Sie haben ihren Ursprung nicht in einer natürlichen Essenz oder *einem* gesellschaftlichen Verhältnis (etwa dem Klassen- oder Geschlechterverhältnis), sondern werden durch unterschiedlichen Praxen und Institutionen reproduziert und dadurch überdeterminiert. Entgegen der Vorstellung einer einfachen, nicht intersektional gedachten Pluralisierung sind Subjekte entlang einer Reihe von hegemonial überdeterminierten Differenzierungskategorien positioniert. Eine Subjektposition erhält ihre Stabilität gerade dadurch, »dass sich verschiedene Unterscheidungssequenzen oder Register in ihr *kreuzen*« (Reckwitz 2008: 74, meine Hervorh.). Eine Subjektposition lässt sich nicht darauf reduzieren, eine Ausprägung einer binär gedachten Kategorie zu sein,

3 Der formale Begriff »das Allgemeine« bezeichnet hier »das substantiell wie normativ Absolute, [...] das Vollkommene und Unbefleckte des sozialen und politischen Zusammenlebens« (Nonhoff 2006: 107).

denn sie ist in ein Netz von Differenzbeziehungen eingebunden, die sie stabilisieren, ihre endgültige Fixierung und Vereindeutigung jedoch auch unterlaufen. In dieser Dynamik erscheinen bestimmte Subjektpositionen entlang von kulturalisierenden und naturalisierenden Diskursen »alternativlos« (Reckwitz 2008: 70) und aufgrund der damit verbundenen Intelligibilität auch erstrebenswert – jedoch in Hinblick auf Ungleichheitsverhältnisse nicht in gleichem Maße.

Im Anschluss an diese Überlegungen stellt sich die Frage, inwiefern die in der Intersektionalitätsdebatte und sozialen Ungleichheitsforschung zentral gesetzten sozialen Kategorien sich von anderen Elementen unterscheiden. In Anlehnung an Anna Marie Smith (1998a: 97–100) spreche ich mich dafür aus, soziale Kategorien wie Geschlecht, »Rasse«, Klasse oder gesunde/kranke Körper als für die soziale Verortung von Subjekten privilegierte Signifikanten zu betrachten. Die Bedeutung anderer differentieller Elemente ist von ihrer Beziehung zu solchen Knotenpunkten abhängig. Die Bedeutung der Knotenpunkte wiederum wird durch die Artikulation dieser Elemente gefüllt. Die Kategorien sind also tatsächlich mehr als bloße Identitäten oder Zuschreibungen: Sie verweisen auf gesellschaftliche Verhältnisse, d.h. hegemoniale Formen der Dominanz und Herrschaft, weil diese sich als diskursive Formationen in der Regel um komplexe Konstellationen mehrerer Knotenpunkte organisieren (Smith 1998a: 98). In diesen Konstellationen durchkreuzen verschiedene Differenzen die Subjekte, d.h., sie werden intersektional positioniert.

DIE DISKUSSION UM INTERSEKTIONALITÄT IN DEN GENDER STUDIES

In der Genealogie der Intersektionalität kommt dem *black feminism* zweifelsohne eine herausragende Rolle zu. Schriften wie das Combahee River Collective Statement (1983), indem Sexismus, Rassismus und Kapitalismus als *interlocking systems of oppression* gefasst werden, oder die Texte von Patricia Hill Collins (2000), Audre Lorde

(1984) und Angela Davis (1998) theoretisierten Geschlechterverhältnisse, Rassismus und Kapitalismus aus der Perspektive Schwarzer Frauen und unterziehen den von unmarkiertem Weißsein geprägten Mainstream feministischer Theorie eine grundlegenden erkenntnistheoretischen Kritik. Entlang der vielfältigen transnationalen und spezifischen lokalen Genealogien von Intersektionalität lassen sich weitere Konfliktlinien innerhalb feministischer Theoriebildung nachvollziehen (Bührmann 2009: 31f., Walgenbach 2007: 25–38). Vor deren Hintergrund muss die Erweiterung der Geschlechterforschung zur Intersektionalitätsforschung als das vorläufige Ergebnis andauernder hegemonialer Kämpfe um die Umgangsweisen mit privilegierten und marginalisierten Positionen innerhalb der feministischen Wissenschaft gelesen werden. In diesen Kämpfen geht es um den Stellenwert von Rassismus, Kapitalismus, Heteronormativität sowie des Körpers, der eine Reihe von binär strukturierten Hierarchien wie gesund/krank, nicht-behindert/behindert, jung/alt und schön/hässlich signifiziert. Weiße und/oder mittelständische und/oder nicht-behinderte und/oder heterosexuelle Wissenschaftler_innen werden in diesem Diskurs in besonderer Weise dazu aufgefordert, ihre relative Machtpositionen im Feld und die Konsequenzen ihres Handelns zu hinterfragen, sei es in Hinblick auf die Reproduktion von marginalisierten Positionen durch die eigene Arbeit oder auch in Hinblick auf die Vergabe von Stellen innerhalb des Wissenschaftsbetriebes. Darüber hinaus ist die Intersektionalitätsdiskussion ein Einsatz für eine herrschaftskritische Theoriebildung, bei dem auch die marktwirtschaftlichen Verwertungsinteressen, die mit »Diversity« verbunden werden (Hardmeier/Vinz 2007, vgl. auch Smykalla and Vinz 2011), sowie die neoliberale Affirmation von Differenz (Engel 2009) kritisch befragt werden.

Die sich aus der langen Tradition der Kritik am feministischen Kollektivsubjekt Frau ergebenden Komplexitätsansprüche sind Gegenstand der theoretischen sowie methodologischen Diskussionen, auf die ich im Folgenden eingehen werde. Allgemein lässt sich für die Intersektionalitätsforschung von einer Pluralität von Forschungsansätzen und theoretischen Zugängen sprechen, die den unterschiedlichen disziplinären Anwendungskontexten entsprechen. Gemeinsam ist den Ansätzen, dass es um die »Erforschung kategorialer Konnexionen auf unterschiedlichen, voneinander zu unterscheidenden Ebenen« (Bührmann 2009: 35) geht. Die programmatischen Diskussionen waren in den vergangenen Jahren von drei Fragen bestimmt. Erstens wurde darüber verhandelt, welche Kategorien für intersektionale Analysen von Bedeutung sind und ob deren Anzahl im Sinne einer möglichst großen analytischen Sensibilität möglichst groß sein soll oder aus forschungspragmatischen Gründen beschränkt werden muss. Zweitens stellte sich die Frage nach den Analyseebenen, auf denen intersektionale Analysen ansetzen. Drittens ging es schließlich um die Denkweise der Verwobenheit von Kategorien auf und zwischen verschiedenen Analyseebenen, also um das, was sich hinter der mitunter irreführenden Kreuzungsmetapher verbirgt.

Die Intersektionalitätsforschung fordert durch ihren Anspruch, mehrere Differenzkategorien bzw. gesellschaftliche Ungleichheitsverhältnisse zu berücksichtigen, ein hohes Maß an Komplexität ein. Sie steht also vor der Aufgabe, zu begründen, mit welchen Existenzweisen sie sich beschäftigt (vgl. dazu Walgenbach 2007: 41–44; Winkler/Degele 2009: 15–18): Umfasst schon die Trias *race*, *class* und *gender* die wesentlichen Differenzierungsachsen der Gesellschaft oder muss diese Auswahl mindestens um normative Heterosexualität und Zweigeschlechtlichkeit, Religion, Alter und Behinderung erweitert werden? Ist Attraktivität genauso relevant wie Gesundheit? In welchem Verhältnis stehen Nationalität und Rassismus zueinander? Wenn Subjektpositionen, wie eben behauptet, keine fixierten Totalitäten sind, ist es auch für die Theorie der Intersektionalität schlicht nicht möglich, diese Fragen abschließend zu klären. Alle Versuche, das Subjekt entlang einer Auswahl von kategorialen Zuschreibungen abschließend zu situieren, werden notwendigerweise scheitern (Butler 1991: 143). Entgegen dem Versuch, die relevanten Kategorien alle *a priori* zu bestimmen, schlagen Winker/Degele (2009) darum ein induktives Vorgehen vor, welches zunächst nach den tatsächlich artikulierten und dadurch mit Bedeutung versehenen Kategorien der Identifizierung und symbolischen Repräsentationen fragt. Es kommt also darauf an, ob in einem spezifischen Kontext Kategorien wie »Deutsch sein«, »bayrisch sein«, »blond sein« für eigene Identitätskonstruktionen und Abgrenzungsprozesse sowie als diskursiver Bezugsrahmen eine Rolle spielen. Nur auf der Analyseebene der sozialen Strukturen wagen Winker/Degele eine Festlegung auf die vier *Herrschaftsformen* Sexismus (hier als Heterosexismus gedacht und somit Sexualität einschließend), Klassismus, Bodyismus und Rassismus.[4]

Eine weitere Herausforderung stellen die Analyseebenen dar, die für intersektionales Forschen in Frage kommen. Bührmann (2009: 34) unterscheidet intersektionale Forschungsansätze hinsichtlich ihrer Fokussierung auf: 1. soziale Strukturkategorien und deren wechselseitiges Zusammenwirken im Kontext sozialer Ungleichheit, 2. soziale Interaktion, 3. die symbolische Ordnung und die (Re-)Konstruktion der Verwobenheit individueller wie kollektiver Deutungsmuster und -kategorien sowie 4. intermediäre Forschungszugänge, die versuchen zwischen Struktur und Handlung zu vermitteln.[5]

Hagemann-White (2009: 21) warnt davor, dass das Konzept der Intersektionalität ohne adäquaten Strukturbegriff in Beliebigkeit verfalle, »da es unversehens auf der Ebene der zwischenmenschlichen Beziehungen angesiedelt wird« (ebd. 21). Sie fordert eine Auseinandersetzung mit denjenigen strukturellen Machtverhältnissen, deren »Veränderung [...] das Potential zur Erschütterung der sozialen Ordnung hätte« (ebd. 21). Für den strukturorientierten Ansatz stehen in der deutschen Intersektionalitätsdebatte die Arbeiten von Cornelia Klinger und

4 Dieser Einbezug von Wissen über gesellschaftliche Strukturen macht es auch möglich, das Dethematisieren von bestimmten Kategorien aufzuzeigen – beispielsweise wenn Weißsein oder Nicht-Behindert-Sein nicht benannt werden. Ob die Beschränkung auf die vier Herrschaftsverhältnisse bestehen bleiben kann, ist aber meiner Ansicht nach offen, da je nach Forschungsfeld auch andere Strukturfaktoren relevant sind. Hier denke ich insbesondere an Staatlichkeit.

5 Eine ähnlichen Strukturierung des Forschungsfeldes nehmen Winker/Degele vor (2009: 18-24).

Gudrun-Axeli Knapp (Klinger/Knapp 2007, Knapp 2005, 2008), denen es um eine gesellschaftstheoretische Begründung der Konstitution von »Klasse, Rasse und Geschlecht« und damit um eine Herleitung institutioneller, politischer und materieller Strukturen geht. Walgenbach kritisiert an diesem Ansatz verschiedene Ausblendungen wie beispielsweise die Dethematisierung der jeweils privilegierten Seite (2007: 53–55). Die Strukturebene allein lässt zudem nur mittelbar Aussagen über die Konstitution von Subjektpositionen zu und tendiert dazu, die politischen Dynamiken artikulatorischer Praxen zugunsten des fest sedimentierten Sozialen zu übersehen. Den strukturorientierten Ansätzen gegenüber steht der ethnomethodologische *doing difference* Ansatz (Fenstermaker/West 2001). Dieser gibt Auskunft über die alltäglichen, interaktiven Herstellungsprozesse sozialer Differenzierungen über einzelne Kategorien (wie im »*doing gender*«) hinweg. Er zeigt, welche Rolle normative Erwartungen bei der simultanen Hervorbringung von *gender, race* und *class* spielen und wie hegemoniale Subjektpositionen und Diskurse durch »mikropolitische« Aktionen in Frage gestellt werden (Marchart 2010). Der mikrosoziologischen Herangehensweise fehlt jedoch der Blick auf sedimentierte Strukturierungen des Sozialen, die über gesellschaftliche Institutionen vermittelt werden, die das Nicht-Erfüllen normativer Erwartungen durchaus mit Gewalt sanktionieren und in Hinblick auf Produktionsverhältnisse ganz unterschiedliche Ausgangspositionen schaffen (vgl. Walgenbach 2007: 51).

Arbeiten, die »symbolische Ordnungen und die (Re-)Konstruktion individueller wie kollektiver Deutungsmuster und -kategorien in ihrer Verwobenheit« (Bührmann 2009: 34, vgl. Dietze et al 2007) untersuchen, vermitteln zwischen Struktur- und Mikroebene. So schlägt Walgenbach (2007: 56) mit dem Begriff der strukturellen Dominanz eine Perspektive vor, die gesellschaftliche Strukturierung durch Dominanzverhältnisse, ihre kontextabhängige Reproduktion in verschiedenen Feldern sowie die Konflikthaftigkeit des Sozialen zusammen denkt (vgl. Walgenbach 2007: 56). Auch Winker/Degele (2009) nehmen eine Position der Vermittlung zwischen unterschiedlichen Analyseperspektiven ein. Ihr von Anfang an auch methodologisch angelegter Mehrebenenansatz mag auf den ersten Blick pragmatisch wirken, wenn er Identitätskonstruktionen, symbolische Repräsentationen und soziale Strukturen zunächst analytisch zu unterscheiden versucht und entsprechend im empirischen Material ausfindig machen will. Entscheidend ist aber der Anspruch, »sowohl Wechselwirkungen von Differenzierungskategorien auf einer Ebene als auch über alle drei Ebenen hinweg« (ebd. 2009: 25) in Betracht zu ziehen, um die Subjektkonstruktion bzw. Subjektpositionen im Forschungsfeld heraus zu arbeiten. Damit nimmt sich der Ansatz den schwierigen Fragen nach den zu analysierenden Existenzweisen und Analyseebenen an und verbindet diese über den Begriff der Wechselwirkungen auf eine herausfordernde Weise mit der Frage, wie kategoriale Verwobenheit – also Intersektionalität – zu denken ist. Im Folgenden möchte ich zeigen, warum gerade eine hegemonietheoretische Rahmung sinnvoll ist, um dieser Herausforderung des Umgangs mit Wechselwirkungen zu begegnen.

INTERSEKTIONALE MEHREBENENANALYSE ALS ANALYSE VON SUBJEKTPOSITIONEN

Die intersektionale Mehrebenenanalyse ist ein praxeologisch verorteter Ansatz (vgl. Bourdieu 1979, 1987), der Praxen sozialer Positionierung als Wechselwirkungen von sozialen Strukturen, symbolischen Repräsentationen und Identitätskonstruktionen[6] untersucht (Winker/Degele 2009: 63f.). Es handelt sich dabei um einen qualitativ-empirischen, sozialwissenschaftlichen Forschungsansatz, der aus insgesamt acht Schritten besteht. Für jedes Interview werden zunächst die artikulierten

6 »Identität« bezeichnet im Kontext der intersektionalen Mehrebenenanalyse lediglich die Selbstbeschreibung, die Subjekte von sich und in Abgrenzung zu Anderen artikulieren. Die poststrukturalistische Kritik am metaphysischen Identitätsbegriff, der mit dem Diskurs des rationalen, selbstkohärenten Subjektes verbunden ist, ist insofern schon in den Ansatz eingeflossen. Im Folgenden verwende ich Identität(skonstruktion) im Sinne von Winker/Degele.

Identitätskonstruktionen und Abgrenzungen von anderen Identitäten (Schritt 1), die Bezüge zu symbolischen Repräsentationen, Normen und Stereotypen (Schritt 2) und die Verweise auf Strukturen, z.B. in Form von staatlichen Institutionen, Lohnstrukturen oder der Gestaltung von Reproduktionsarbeit (Schritt 3), herausgearbeitet. In Schritt 4 werden dann die Wechselwirkungen zwischen den Ebenen identifiziert. Dabei kristallisieren sich auf Fallebene zunächst eine Reihe von zentralen *Subjektkonstruktionen* (Winker/Degele 2011) heraus, die in Schritt 5 auf Sampleebene verglichen und geclustert werden. Anschließend werden vorgefundene strukturelle Herrschaftsverhältnisse – sedimentierte soziale Strukturen – analysiert. Winker/Degele schlagen vor, sich in diesem sechsten Schritt an Rassismus, Klassismus, Heteronormativismus und Abelismus als Herrschaftsverhältnissen zu orientieren, auch um eine theoretische Anbindung zu gewährleisten. Zur Vertiefung der benannten Repräsentationen in Schritt 7 bietet sich ein diskursanalytisches Vorgehen an. Der letzte Schritt dient schließlich der Zusammenschau der intersektionalen Wechselwirkungen auf allen drei Materialisierungsebenen (vgl. Winker/Degele 2009: 58–63 für einen schematischen Überblick). Es ist abhängig vom Forschungsinteresse, wonach die Interviews am Ende typisiert werden. Die im Sample artikulierten *Subjektpositionen* herauszuarbeiten ist eine Möglichkeit.

Die interviewte Person, ihre Biographie und die Räume, in denen sie sich bewegt, bilden den Kontext, in dem untersucht werden kann, wie Subjekte Differenzen und die Strukturierung des diskursiven Raumes (re-)artikulieren. Der analytische Blick der intersektionalen Mehrebenenanylse bleibt auf der Identitäts- und Repräsentationsebene nicht *a priori* auf ein definiertes Set von gesellschaftlichen Herrschaftsverhältnissen beschränkt. Dadurch ergib sich die für hegemonietheoretische Analysen reizvolle Herausforderung, die diskursiven Relationen der von mir als privilegierte Signifikanten beschriebenen sozialen Kategorien nachzuvollziehen. Es wird also untersucht, wie beispielsweise Geschlecht, Alter und Klasse als different und äquivalent artikuliert werden, welche anderen Elemente in diesen Äquivalenzketten von

Gewicht sind und welche Subjektpositionen sich darin herausbilden, die in einem bestimmten diskursiven Kontext relevant sind.

Der Begriff der Artikulation leistet die an dieser Stelle notwendige Verzahnung von sozialen Praxen und Diskursen. In einer Auseinandersetzung mit »Praktiken und Diskursen« beschreibt Reckwitz (2008) die beiden Begriffe als »zwei Felder unterschiedlicher Analysestrategien« (ebd.: 188) und »differente kulturtheoretische Fundierungsvokabeln« (ebd.: 189), denen jeweils ein »quasi ontologisches Primat« (ebd. 189f.) zugesprochen wird und die sich gegenseitig als sekundäre Phänomene einordnen. Eine für beide Seiten zufriedenstellende Synthese lässt sich an dieser Stelle sicher nicht formulieren. Jedoch erscheint mir der Begriff der artikulatorischen Praxis bei Laclau/Mouffe geeignet, die Denkweisen von Diskurs und Praxen produktiv zu verbinden. Winker/Degele betonen insbesondere das relationale Vorgehen und die Kontextgebundenheit der praxeologischen Perspektive: »keine soziale Tatsache [lässt] sich aus ihrem singulären Sosein erklären [...], jedes Element wird vielmehr durch die Beziehung zu anderen Elementen charakterisiert« (Winker/Degele 2009: 64). Auch die Hegemonietheorie denkt Bedeutung relational. Sie verwirft jede essentialistische Betrachtungsweise sozialer Verhältnisse. Bei Laclau/Mouffe sind es die artikulatorischen Praxen, die Beziehungen zwischen Elementen etablieren und damit ihre Bedeutungen modifizieren (ebd.). Der Diskurs resultiere als prekäre, immer nur vorläufig strukturierte Totalität aus diesen Praxen (ebd.: 105). Damit verbinden Laclau/Mouffe die Perspektive der Praxen mittels Artikulation mit einem breiten Institutionen, Rituale und Praxen umfassenden Diskursbegriff (ebd.: 109). In diesem Sinne nimmt die Hegemonietheorie ebenfalls »practices or regimes of practices« zum Ausgangspunkt, um deren Transformation, Stabilisierung und Aufrechterhaltung zu erklären (Glynos/Howarth 2009: 9).

Durch die analytische Trennung der drei Ebenen und die Reflektion über ihre Wechselwirkungen, die Winker/Degele vorschlagen, wird das Interviewmaterial auf eine Weise bearbeitet, die den Diskurs auseinandernimmt und so zu folgenden Fragen führt: An welchen Normen und

Repräsentationen orientieren sich Subjekte? Welche Institutionen werden als relevant angesehen und wie artikulieren sie ihr Verhältnis zu diesen, wenn sie sich zu Subjektivierungsanforderungen ins Verhältnis setzen? Von welchen Subjektpositionen grenzen sich Menschen ab, mit welchen artikulieren sie Affinitäten? Wo stellen Subjekte die Gesellschaft in Frage, d.h. wo überführen sie Elemente zurück in die Dynamik des Politischen? Eine auch methodisch subjektzentrierte Sicht erlaubt es also, Aussagen darüber zu treffen, wie Subjekte sich artikulatorisch verorten und zueinander in Beziehung setzen, welche Strukturen und Repräsentationen dabei für sie relevant sind und auf welche Weise sie hegemoniale Diskurse und Gegendiskurse reproduzieren.

Die Subjektposition erscheint dadurch als komplexes, intersektionales Geflecht und nicht als die Verortung des Subjektes in einzelnen Diskursen, die so getrennt voneinander gar nicht existieren, also etwa als »Mann« oder »schwarz«. Durch eine systematische Zusammenführung diskursanalytischer Perspektiven auf hegemoniale Diskurse und Strategien und intersektionale Forschung wird es zudem möglich, die Wirkmächtigkeit von Diskursen und Anrufungsstrukturen (Laclau 1981: 89) in heterogenen Gefügen zu untersuchen. Und schließlich eröffnen sich durch diese subjektzentrierte Sichtweise neue Forschungsperspektiven hinsichtlich der Bedeutung von Subjektpositionen in politischen Diskursen. Um diesen Punkt zu verdeutlichen, werde ich abschließend noch einmal auf Bedeutung gesellschaftlicher Antagonismen und des Politischen für die Intersektionalitätsanalyse eingehen.

INTERSEKTIONALITÄT UND DAS POLITISCHE SUBJEKT

Ich habe dargestellt, warum ich die intersektionale Mehrebenenanalyse für einen Ansatz halte, der hegemonietheoretische Arbeiten um einen methodologischen Analyserahmen von Subjektpositionen ergänzt. Im Folgenden möchte ich zeigen, inwiefern die Hegemonietheorie die intersektionale Mehrebenenanalyse befruchten kann. Denn obwohl die grundsätzliche Konflikthaftigkeit des Sozialen auch in Winker/Degeles intersektionaler Theorie zum Tragen kommt, bedarf es einer hegemonietheoretischen Rahmung, um die drei analytischen Ebenen (Struktur, symbolische Repräsentation und Identitätskonstruktion) und vier Strukturkategorien (Geschlecht, Klasse, »Rasse« und Körper) miteinander zu verbinden. Der Beitrag einer solchen Rahmung für die intersektionale Mehrebenenanalyse liegt vor allem darin, die Wechselwirkungen zwischen den drei Analyseebenen als artikulatorisches Handeln verstehbar zu machen. Durch eine solche Herangehensweise wird die intersektionale Mehrebenenanalyse meines Erachtens für die politische Dynamik des Antagonismus, die in den Artikulationen von Subjekten liegt, geschärft.

Mit dem Anliegen, Aussagen über soziale Ungleichheit treffen zu können, gehen Winker/Degele von der »grundlegenden Dynamik der ökonomischen Profitmaximierung« (2009: 25) aus, d.h. von der Akkumulationslogik kapitalistisch strukturierter Gesellschaften. Soziale Strukturen sichern aus dieser Sicht die Produktionsverhältnisse, die Wiederherstellung der Produktionsmittel und die Reproduktion der Arbeitskräfte (ebd. 25, vgl. Althusser 1977: 110). Die vier Strukturkategorien regulieren den flexibilisierten Zugang zum Arbeitsmarkt bzw. fungieren als Zugangsbarrieren und sind bedeutend für die Lohndifferenzierung und die Bereitstellung von kostenloser oder kostengünstiger Reproduktionsarbeit (vgl. Winker/Degele 2009: 37–52). Für die symbolische Reproduktion der sozio-ökonomischen Verhältnisse sorgen »Normen, Ideologien und Repräsentationen [als] hegemonial abgesicherte Begründungen, [die] auf naturalisierenden und/oder hierarchisierenden Bewertungen auf der Grundlage vielfältiger Differenzkategorien« (ebd.: 26) beruhen. Auf der Identitätsebene trägt die Verunsicherung der sozialen Akteur_innen ihren Teil zur Reproduktion kapitalistischer Verhältnisse bei (ebd.).

Ausgehend von einer Diagnose des Kapitalismus als bestimmendes hegemoniales Verhältnis werden also artikulatorische Praxen untersucht, die gesellschaftliche Strukturen reproduzieren und unterlaufen. Dies erinnert an die von Laclau/Mouffe formulierte Kritik an Gramsci:

»For Gramsci, even though the diverse social elements have a merely relational identity – achieved through articulatory practices – there must always be a single unifying principle in every hegemonic formation and this can only be a fundamental class« (Laclau/Mouffe 2001: 69).7

Aus poststrukturalistischer bzw. postmarxistischer Sicht liegt darin ein ökonomischer Reduktionismus, d.h., es wird davon ausgegangen, dass das Politische und das Soziale (also auch die sozialen Praxen der Subjekte) in letzter Instanz durch ein ökonomisches Verhältnis determiniert werden. Die zentrale theoretische Stellung der kapitalistischen Akkumulationslogik bildet sich im Ansatz von Winker/Degele allerdings nur bedingt ab. Die Wechselwirkungen zwischen den Ebenen und Kategorien können mit Bezug auf die kapitalistische Akkumulationslogik erklärt werden, aber es ist auch möglich, an dieser Stelle mit einem offeneren Antagonismus- bzw. Politikbegriff zu arbeiten. Damit bleibt die intersektionale Mehrebenenanalyse an die Hegemonietheorie anschlussfähig, welche an die Stelle Ökonomismus das Primat des Politischen setzt.

Für die poststrukturalistische Hegemonietheorie ist das Soziale stets nur ein Zwischenergebnis hegemonialer Artikulationen, »das Feld sedimentierter, unhinterfragter Rituale und Institutionen – nichts anderes [...] als das jederzeit reaktivierbare Politische im, wenn man so sagen will, Schlummermodus« (Marchart 2010: 299). Der fundamentale Mangel im Symbolischen und die Unmöglichkeit, Subjektpositionen zu fixieren, treiben die Strukturierung des diskursiven Raumes an. Ein Interview bietet einen kleinen Einblick in diesen Prozess. So können beispielsweise Aussagen identifiziert werden, in denen die interviewte Person einen Widerspruch zwischen gesellschaftlichen Strukturen und Normen, die in ihrem Leben von Bedeutung sind, artikuliert und aus

7 Bei Winker/Degele (2009) steht nicht der Klassenbegriff »vor der Klammer«, sondern die kapitalistische Akkumulationslogik. Ihr prozessualer Klassenbegriff leitet Klasse zwar von der Stellung im Produktionsprozess ab, betont aber Aspekte wie Distinktion und Exklusion. Entsprechend sprechen sie analog zu Sexismus und Rassismus von »Klassismus« als meritokratisch legitimiertem Herrschaftsverhältnis (vgl. ebd.: 42-44).

diesem Widerspruch eine gegenhegemoniale Forderung ableitet, die darauf abzielt, die betreffende Struktur zu verändern. Aus hegemonietheoretischer Perspektive ist es an dieser Stelle von Interesse, ob die Forderung wiederum im Rahmen eines alternativen hegemonialen Projektes in einer Äquivalenzkette mit einem leeren Signifikanten, dem symbolischen Vertreter des Allgemeinen, artikuliert wird und wie Bedeutung auf diese Weise aufs Neue temporär fixiert wird. Auf diese Weise wird durch die Betrachtung von Wechselwirkungen deutlich, wie der diskursive Raum strukturiert wird, d.h. welche Antagonismen und Relationen der Äquivalenz und Differenz ihn durchziehen und wie das Subjekt sich darin positioniert.[8]

Die Frage danach, wie sich Subjekte unter Bedingung der fundamentalen antagonistischen Spaltung des diskursiven Raumes politisch positionieren ist für die poststrukturalistische Hegemonietheorie von besonderen Interesse, da sie davon ausgeht, dass eine gelingende Politisierung von Subjektpositionen, d.h. die Artikulation von diversen, verstreuten Subjektpositionen in einer vereinenden Äquivalenzkette, für den Erfolg eines hegemonialen Projektes entscheidend ist (Nonhoff 2006: 173). Die Konstruktion eines politischen Kollektivsubjektes geht dem Diskurs nicht voraus, sondern ist, wie – wie Mouffe in ihrer Auseinandersetzung mit dem Kollektivsubjekt des Feminismus schreibt – als Ensemble von Subjektpositionen zu verstehen, die von verschiedenen Diskursen konstruiert werden und zwischen denen es keine notwendige Beziehung gibt.

Die Identität eines derart multiplen und widersprüchlich konstituierten Kollektivsubjektes hängt von bestimmten Formen der Identifikation ab, mit denen unvermeidlich Akte des Ausschlusses einhergehen (Mouffe 1992: 379). Diese können punktuell im Rahmen einer hegemonietheoretischen und intersektionalen Mehrebenenanalyse sichtbar werden, was wiederum ermöglicht, sich mit Hierarchien und Ungleichheitsverhältnissen innerhalb von hegemonialen Projekten zu be-

8 Wichtige Hinweise zur Operationalisierung der Hegemonietheorie finden sich bei Nonhoff (2004, 2007b).

schäftigen. So stellt sich für jedes hegemoniale Projekt nicht nur die Frage, wie »wir« und »ihr« konstruiert werden, sondern auch, welchen Einfluss die unterschiedlich positionierten Subjekte auf das gemeinsame Projekt haben, wenn sie aufgrund ihrer unterschiedlichen Positionierung im Machtgefüge eben nicht dazu in der Lage sind, »gleichwertige« Artikulationen zu bewirken (vgl. Wöhl 2007: 144). Anders als es liberale Imaginationen der Aufklärung und ihre zeitgenössischen Varianten gerne behaupten stehen Ressourcen, Lebens- und eben auch Artikulationschancen nicht allen Menschen ungeachtet ihrer Positionierung in gleicher Weise zu. So hat Nancy Fraser (1996) gezeigt, wie durch die Konzeption von Privatsphäre und Öffentlichkeit reguliert wird kann, welche Artikulationen von Gewicht sind.

Schon die Produktionsbedingungen von Texten, die in der Regel als Analysematerial in Betracht gezogen werden, sind hochgradig vermachtet. Mit der Methode des Interviews und der intersektionalen Mehrebenenanalyse eröffnet sich zumindest für zeitgenössische Fragestellungen ein anderer Zugang zu politischen Diskursen, den Subjektpositionen, die sie zur Verfügung stellen und den Subjekten, die diese durch ihre Artikulationen einnehmen, ohne diese zu verkürzen und die intersektionale Verwobenheit von Machtverhältnissen auszublenden. Auch wenn der Schwerpunkt der Intersektionalitätsforschung bislang auf Forschungsfeldern liegt, die offensichtlich mit sozialer Ungleichheit, Diskriminierung und Fragen der Anerkennung verbunden sind, bleibt diese Perspektive meiner Ansicht nach nicht darauf beschränkt. Eine poststrukturalistische Hegemonietheorie mit gesellschaftskritischem Anspruch muss meines Erachtens die Perspektiven verschiedener Akteure einbeziehen, wenn sie die Artikulation von Subjektpositionen durch hegemoniale Projekte mitsamt ihrer Ausschlüssen und Hierarchisierungsprozessen begreifen will, geht es doch schließlich darum zu verstehen, wie hegemoniale Verhältnisse reproduziert werden und wer die Möglichkeit hat, Interventionen zur Geltung zu bringen.

LITERATUR

Althusser, Louis (1977): Ideologie und ideologische Staatsapparate. Positionen, Hamburg/Westberlin: VSA.
Bourdieu, Pierre (1976): Entwurf einer Theorie der Praxis, Frankfurt a.M.: Suhrkamp.
Bourdieu, Pierre (1987): Die feinen Unterschiede. Kritik der Gesellschaftlichen Urteilskraft, Frankfurt a.M.: Suhrkamp.
Butler, Judith (1991): Das Unbehagen der Geschlechter. Frankfurt a.M.: Suhrkamp.
Butler, Judith (1995): Körper von Gewicht: Die diskursiven Grenzen des Geschlechts. Frankfurt a. M.: Suhrkamp.
Bührmann, Andrea D. (2009): Intersectionality – ein Forschungsfeld auf dem Weg zum Paradigma?, in: Gender. Zeitschrift für Geschlecht, Kultur und Gesellschaft 1(2), S. 28–44.
Cherrat, Nisam (2005): Mätresse – Wahnsinnig – Hure: Schwarze SchauspielerInnen am deutschsprachigen Theater, in: Eggers/Kilomba/Piesche/Arndt (Hg.), Mythen, Masken und Subjekte, S. 206–220.
Combahee River Collective (1993): The Combahee River Collective Statement, in: Barbara Smith (Hg.), Home Girls. A Black Feminist Anthology. New York, NY: Kitchen Table – Women of Color Press, S. 264–274.
Crenshaw, Kimberle (1989): Demarginalizing the Intersection of Race and Sex. A Black Feminist Critique of Antidiscrimination Doctrine, in: The University of Chicago Legal Forum, S. 139–167.
Davis, Angela Y. (1998): The Angela Y. Davis reader (Herausgegeben von Joy James), Malden MA: Blackwell.
Eggers, Maureen Maisha (2005): Rassifizierte Machtdifferenz als Deutungsperspektive in der kritischen Weißseinsforschung in Deutschland, in: Eggers/Kilomba/Piesche/Arndt (Hg.), Mythen, Masken und Subjekte, S. 56–72.

Eggers, Maureen Maisha/Kilomba, Grada/Piesche, Peggy/Arndt, Susan (Hg.) 2005: Mythen, Masken und Subjekte. Kritische Weißseinsforschung in Deutschland, Münster: Unrast.

Engel, Antke (2009): Bilder von Sexualität und Ökonomie. Queere Kulturelle Politik im Neoliberalismus, Bielefeld: transcript.

Fenstermaker, Sarah/West, Candace (2001): »Doing Difference« revisited. Probleme, Aussichten und der Dialog in der Geschlechterforschung, in: Bettina Heintz (Hg.), Geschlechtersoziologie. Sonderheft 41 der Kölner Zeitschrift für Soziologie und Sozialpsychologie, S. 236–249.

Fraser, Nancy (1997): Justice interruptus: Critical reflections on the »Postsocialist« Condition. New York/London: Routledge.

Glynos, Jason/Howarth, David/Norval, Aletta/Speed, Ewen (2009): Discourse Analysis: Varieties and Methods (= National Centre for Research Methods NCRM/014).

Habermann, Friederike (2008): Der homo oeconomicus und das Andere. Hegemonie, Identität und Emanzipation, Baden-Baden: Nomos.

Hagemann-White, Carol (2011): Intersektionalität als theoretische Herausforderung für die Geschlechterforschung, in Sandra, Vinz: Intersektionalität zwischen Gender und Diversity, S. 20–33.

Hardmeier, Sibylle/Vinz, Dagmar (2007): Diversity und Intersectionality – Eine kritische Würdigung der Ansätze für die Politikwissenschaft, in: femina politica 11(1), S. 23–33.

Hill Collins, Patricia (2000): Black Feminist Thought: Knowledge, Consciousness, and the Politics of Empowerment, London/New York: Routledge.

Klinger, Cornelia/Knapp, Gudrun-Axeli (2007): »Achsen der Ungleichheit – Achsen der Differenz: Verhältnisbestimmungen von Klasse, Geschlecht, ›Rasse‹/Ethnizität«, in: Cornelia Klinger/Gudrun-Axeli Knapp/Birgit Sauer (Hg.), Achsen der Ungleichheit. Zum Verhältnis von Klasse, Geschlecht und Ethnizität. Frankfurt a.M: Campus, S. 19–41.

Knapp, Gudrun-Axeli (2005): Intersectionality – ein neues Paradigma feministischer Theorie? Zur transatlantischen Reise von ›Race, Class, Gender‹, in: Feministische Studien, 23(1), S. 68–81.

Knapp, Gudrun-Axeli (2008): Verhältnisbestimmungen: Geschlecht, Klasse, Ethnizität in gesellschaftstheoretischer Perspektive, inCornelia Klinger/Gudrun-Axeli Knapp (Hg.), ÜberKreuzungen. Fremdheit, Ungleichheit, Differenz, Münster: Westfälisches Dampfboot, S. 138–170.

Laclau, Ernesto (1981): Politik und Ideologie im Marxismus. Kapitalismus, Faschismus, Populismus, Hamburg: Argument.

Laclau, Ernesto (1990): New Reflections On The Revolutions Of Our Time, London/New York: Verso.

Laclau, Ernesto/Mouffe, Chantal (2001): Hegemony and Socialist Strategy. Towards a Radical Democratic Politics, London/New York: Verso.

Lorde, Audre (1984): Sister Outsider: Essays and speeches by Audre Lorde. Berkeley, CA: The Crossing Press.

Marchart, Oliver (2010): Die politische Differenz, Frankfurt a.M.: Suhrkamp.

Nonhoff, Martin (2006): Politischer Diskurs und Hegemonie. Das Projekt Soziale Marktwirtschaft, Wiesbaden: VS Verlag.

Nonhoff, Martin (2007a): Diskurs radikale Demokratie Hegemonie – Einleitung, in: Nonhoff, Diskurs, radikale Demokratie, Hegemonie, S. 7–23.

Nonhoff, Martin (2007b): Politische Diskursanalyse als Hegemonieanalyse, in: Nonhoff, Diskurs, radikale Demokratie, Hegemonie, S. 173–193.

Nonhoff, Martin (Hg.) (2007): Diskurs, radikale Demokratie, Hegemonie. Zum politischen Denken von Ernesto Laclau und Chantal Mouffe, Bielefeld: transcript.

Reckwitz, Andreas (2007): Subjekt, Bielefeld: transcript.

Reckwitz, Andreas (2008): Praktiken und Diskurse. Eine sozialtheoretische und methodologische Relation, in: Herbert Kalthoff/Steffan Hirschhauer/Lindemann, Gesa (Hg.), Theoretische Empirie. Zur

Relevanz qualitativer Forschung, Frankfurt a.M.: Suhrkamp, S. 188–209.

Smith, Anna Marie (1998a): Laclau and Mouffe: The radical democratic imaginary, London/New York: Routlege.

Smith, Anna Marie (1998b): Das Unbehagen der Hegemonie. Die politischen Theorien von Judith Butler, Ernesto Laclau und Chantal Mouffe, in Marchart, Oliver (Hg.), Das Undarstellbare der Politik. Zur Hegemonietheore Ernesto Laclaus, Wien: Turia + Kant, S. 225–237.

Smykalla, Sandra/Vinz, Dagmar (2011): Intersektionalität zwischen Gender und Diversity: Theorien, Methoden und Politiken der Chancengleichheit, Münster: Westfälisches Dampfboot

Strippel, Andreas (2012): Alltagsrassismus: Alles nur Theater?, http://www.publikative.org/2012/01/18/alltagsrassismus-alles-nur-theater/vom 18.1.2012.

Walgenbach, Katharina (2007): Gender als interdependete Kategorie«, in: Walgenbach, Dietze, Hornscheidt, Palm: Gender als interdependente Kategorie, S. 23–64.

Walgenbach, Katharina/Dietze, Gabriele/Hornscheid, Antje/Palm, Kerstin (Hg.) (2007): Gender als interdependete Kategorie. Neue Perspektiven auf Intersektionalität, Diversität und Heterogenität. Opladen/Farmington Hills, MI: Barbara Budrich.

Winker, Gabriele/Degele, Nina (2009): Intersektionalität. Zur Analyse sozialer Ungleichheiten, Münster: transcript.

Winker, Gabriele/Degele, Nina (2011): Intersectionality as multi-level analysis: Dealing with social inequality, in: European Journal Of Womens Studies 18(1), S. 51–66.

Wöhl, Stefanie (2007): Die Subjekte der radikalen Demokratie: Institutionalisierte Differenzen und Barrieren gegenhegemonialer Artikulationen, in Nonhoff: Diskurs, radikale Demokratie, Hegemonie, S. 139–158.

Eine politische Konzeption von Räumen[1]

GEORG GLASZE

In dem 1990 erschienenen Buch »*New Reflections on the Revolution of our Time*« räumt Laclau dem Raumbegriff einen prominenten Platz ein und beschreibt ›Raum‹ (*space*) als Gegensatz von Politik (*politics*) (68). Die traditionelle Geographie des 19. und frühen 20. Jahrhunderts hat Räume als ›gegeben‹ konzeptualisiert und sah die Aufgabe des Faches in erster Linie darin, diese Räume zu identifizieren und zu beschreiben. Seit den 1960er Jahren hat sich jedoch die Sozial- und Kulturgeographie im Rahmen einer intensiven, sozial- und kulturtheoretisch informierten Debatte von dieser Vorstellung verabschiedet (einführend bspw. Wardenga 2002). Neuere Ansätze betonen durchweg die Gemachtheit jeglicher Räume und weisen darauf hin, dass die Herstellung von Räumen regelmäßig konflikthaft verläuft und umkämpft ist.

Es überrascht daher nicht, dass die britische Geographin Massey, eine der profiliertesten Autor_innen der raumtheoretischen Debatte, die Aussagen von Laclau kritisiert – obwohl sie die Arbeiten von Laclau

1 Der Beitrag ist eine grundlegend überarbeitete, ergänzte und aktualisierte Fassung von Glasze, Georg (2009): Der Raumbegriff bei Laclau – auf dem Weg zu einem politischen Konzept von Räumen. In: Georg Glasze/Annika Mattissek (Hg.): Handbuch Diskurs und Raum. Theorien und Methoden für die Humangeographie sowie die sozial- und kulturwissenschaftliche Raumforschung, Bielefeld: transcript, S. 213-218.

und seiner vielfachen Koautorin Mouffe gleichzeitig als wichtige Impulse für die Sozial- und Kulturgeographie rezipiert. Wie lässt sich verstehen, dass Ernesto Laclau in seiner Diskurs- und Hegemonietheorie, die das Feld des Politischen gegenüber den traditionellen Ansätzen der Politischen Theorie deutlich ausgeweitet hat, einen Begriff von ›Raum‹ entwickelt, den die neuere Sozial- und Kulturgeographie als dezidiert apolitisch zurückweist?

In diesem Kapitel soll zunächst die raumtheoretische Debatte in der Sozial- und Kulturgeographie, vor deren Hintergrund Doreen Massey argumentiert, skizziert werden. Anschließend werden die Argumentationen von Massey und Laclau gegenübergestellt. Zum Verständnis der unterschiedlichen Konzeptualisierung von Raum und Räumen trägt eine Differenzierung der beiden Laclau Schüler Marchart und Howarth bei, die herausarbeiten, dass der Raumbegriff bei Laclau auf einer ontologischen Ebene operiert und die Unmöglichkeit von Raum als endgültig fixierte Struktur thematisiere, während Massey auf der ontischen Ebene Räume der sozialen Wirklichkeit konzeptualisiere.

Auf Basis dieser Klärung wird die Verwendung des Begriffs ›Raum‹ bei Laclau zur Bezeichnung des theoretischen Extremfalls einer absoluten und endgültig fixierten Struktur kritisiert – für die Sozialwissenschaften kann diese Begriffsverwendung nicht sinnvoll übernommen werden. Alternativ wird aufbauend sowohl auf der Diskurs- und Hegemonietheorie als auch der raumtheoretischen Debatte in der Sozial- und Kulturgeographie eine dezidiert politische Konzeption von Räumen entworfen: Räume sind als ein Element der (Re-)Produktion von Gesellschaft immer umstritten, veränderbar und in diesem Sinne politisch. Die Versuche der Durchsetzung, Naturalisierung und Fixierung gerade bestimmter Räume sind in dieser Perspektive hegemoniale Akte. Die Anwendung der Perspektive ›politischer Räume‹ wird zum Abschluss anhand zweier Forschungsprojekte aus der Sozial- und Kulturgeographie illustriert.

DIE RAUMTHEORETISCHE DEBATTE IN DER GEOGRAPHIE

Für die Sozial- und Kulturgeographie spielt die Debatte darüber, wie das Verhältnis zwischen Gesellschaft und Raum bzw. die räumlichen Aspekte gesellschaftlicher Praktiken und Strukturen theoretisch gefasst werden können, eine zentrale Rolle. Um Unterschiede zwischen den Konzeptualisierungen von Raum, die in der Fachtradition der Humangeographie eine wichtige Rolle spiel(t)en, sichtbar zu machen, wird im Folgenden ein kurzer Überblick über die beiden in der Geographie (und vielfach auch außerhalb) prominentesten Raumkonzepte gegeben.

Räume als objektiv gegeben

Seit den Anfängen der wissenschaftlichen Geographie im 19. Jahrhundert gehören Fragen nach der Gliederung der Erdoberfläche in spezifische Räume zu den zentralen Fragen, welche Forschungsobjekte bzw. Perspektiven des Faches konstituieren. Vor dem Hintergrund des in hohem Maße die wissenschaftliche Diskussion prägenden evolutionistisch-naturwissenschaftlichen und realistischen Diskurses zielte die traditionelle Geographie bis in die 1960er Jahre auf die Identifizierung und Beschreibung von Räumen, die als gegebene, wesenhafte Ganzheiten gedacht wurden. Typische wissenschaftliche Arbeiten der Geographie waren in dieser Epoche länderkundliche Monographien (als typische Beispiele für zahlreiche Arbeiten s. eine Länderkunde Marokkos von Mensching 1957 oder eine Länderkunde Südtirols von Dörenhaus 1959).

Aufgebrochen wird dieses Paradigma im Kontext der quantitativen Revolution mit der Hinwendung zu raumwissenschaftlichen Ansätzen ab den 1950er Jahren in der englischsprachigen Geographie und ab Ende der 1960er Jahre in der deutschsprachigen Geographie. Die raumwissenschaftliche Geographie will Gesetzmäßigkeiten der räumlichen Organisation gesellschaftlicher Prozesse und Strukturen herausarbeiten – so untersucht beispielsweise Bartels 1982 statistische Zusammenhänge zwischen Siedlungsstruktur und Wirtschaftsentwicklung. Die raumwissenschaftliche Geographie konzeptualisiert Räume zumindest idealtypischerweise als wissenschaftliche Konstrukte.

Seit den 1970er Jahren weisen vor dem Hintergrund der so genannten humanistischen Wende die Arbeiten aus der Wahrnehmungsgeographie zudem darauf hin, dass verschiedene Individuen und verschiedene Gruppen unterschiedliche Vorstellungen von räumlichen Gegebenheiten haben und diese unterschiedlichen Wahrnehmungen das jeweilige Verhalten bspw. bei der Wohnungswahl oder dem Tourismus beeinflussen (als Beispiele für Arbeiten in diesem Paradigma s. Hasse 1981 und Höllhuber 1976). Allerdings hält die Wahrnehmungsgeographie dabei an der Gegebenheit eines objektiven Raums fest, der eben nur unterschiedlich wahrgenommen würde. Gleichzeitig tendieren raumwissenschaftlich orientierte Arbeiten vielfach dazu, die Räume zu verdinglichen, die sie selbst auf der Basis der quantitativen Sozialforschung konstruiert haben. Letztlich reproduzieren beide Ansätze vielfach die Idee gegebener Räume (überblicksartig: Arnreiter/Weichhart 1998; Wardenga 2002, 2006).

Räume als sozial konstruiert

Im Kontext der Protestbewegungen der 1960er Jahre setzt in der englischsprachigen Geographie Ende der 1960er Jahre eine Auseinandersetzung mit marxistischen Theorieentwürfen ein. Wahrnehmungsgeographische Arbeiten werden aus dieser Perspektive kritisiert, weil sie nicht in der Lage seien, gesellschaftliche Prozesse zu konzeptualisieren. Dem damals vorherrschenden raumwissenschaftlichen Paradigma wirft die marxistisch informierte *radical geography* vor, dass dabei die räumliche Differenzierung sozialer Prozesse und Strukturen als Ergebnis distanzräumlicher Strukturen (bspw. metrische Distanzen, Zentralitäten, Erreichbarkeiten) erklärt werde. Die vermeintliche Neutralität dieser distanzräumlichen Strukturen verschleiere gesellschaftliche Machtverhältnisse und Ungleichheitsbeziehungen und verhindere damit eine Kritik bestehender gesellschaftlicher Verhältnisse (Anderson 1973).

Die marxistisch informierte Geographie will hingegen analysieren, welche Rolle Räumlichkeit *innerhalb* gesellschaftlicher Strukturen und Prozesse spielt – d.h. wie sich die Machtstrukturen von Gesellschaft in deren räumlicher Organisation niederschlagen und auf diese Weise gefestigt werden. Zu einem einflussreichen Bezugspunkt der Diskussion werden die Publikationen des französischen Stadtsoziologen Henri Lefebvre (für die englischsprachige Geographie dabei insbesondere 1986 [1974]), welche darauf zielen, »Raum als soziales Produkt zu verstehen, in dem [...] soziale Prozesse und Strukturen konkret werden«, woraus folgt, »dass alle Raumproduktionen umkämpft sind« (Belina/Michel 2007: 19). Mit der marxistisch informierten *radical geography* kann sich in der englischsprachigen Humangeographie nach 1970 also erstmals auf breiter Front eine Perspektive durchsetzen, welche davon ausgeht, dass Strukturen bzw. Prozesse, welche von der Geographie als ›räumlich‹ beschrieben und analysiert wurden, immer Ausdruck und Ergebnis sozialer Strukturen bzw. Prozesse sind (Massey 1992).

Während die Auseinandersetzung mit der sozialen Produktion von Raum in der englischsprachigen Sozialgeographie seit den 1960er Jahren in hohem Maße von marxistisch informierten und dezidiert gesellschaftskritischen Ansätzen geprägt war, war die Auseinandersetzung mit einem objektivistischen Raumverständnis in der deutschsprachigen Sozial- und Kulturgeographie in weitaus stärkerem Maße durch die Ansätze der Handlungs- und Systemtheorie geprägt. Diese kritisieren seit Mitte der 1980er Jahre das raumwissenschaftliche Denken in kausalen Raumgesetzen und die unterkomplexe Konzeptualisierung von Gesellschaft in wahrnehmungsgeographischen Arbeiten. Sie untersuchen, wie Räume in alltäglichen Handlungen bzw. in der Kommunikation produziert und reproduziert werden. Für die deutschsprachige Humangeographie ist hier insbesondere der handlungs- und strukturationstheoretisch orientierte Entwurf von Benno Werlen wegweisend. Dieser zielt darauf ab, zu untersuchen, wie intentional handelnde Akteure in ihren alltäglichen Handlungen Räume (re-)produzieren (Werlen 1987, 1995, 1997). Raum und räumliche Strukturen sind dabei nach Werlen sowohl Ergebnis menschlichen Handelns als auch Ausgangsbedingungen, wobei sich diese Ausgangsbedingungen nicht nur auf physisch-materielle Gegebenheiten, sondern auch auf sozial-kulturelle und subjektive Komponenten von Handlungskontexten beziehen. Klüter hingegen schließt an die Grundüberlegung der Luhmann'schen Systemtheorie an, die nicht Subjekte und nicht Handlungen, sondern Kommunikation als Baustein des Sozialen fasst: Er möchte herausarbeiten, welche Funktion Raum als »Element sozialer Kommunikation« hat (Klüter 1986, 1987, 1994, 1999). Neuere Arbeiten führen diesen Ansatz auf der Basis einer gründlichen und stringenteren Auseinandersetzung mit dem Theoriegebäude der Luhmann'schen Systemtheorie fort und sprechen von Raumsemantiken als einer bestimmten Form der Beobachtung – einer Semantik, welche die Komplexität sozialer Beziehungen reduziert (Miggelbrink/Redepenning 2004; Pott 2005; Redepenning 2006).

Letztlich gehen also sowohl die Ansätze der marxistisch orientierten Geographie, der handlungstheoretisch orientierten Geographie als auch der systemtheoretisch orientierten Geographie davon aus, dass die Konstruktion von Räumen durch gesellschaftliche Praktiken und Strukturen geprägt wird. Räume werden als Ausdruck und Konsequenz gesellschaftlicher Praktiken und Strukturen gedacht – als sozial konstruiert.

Eine diskurs- und hegemonietheoretische Konzeptualisierung von Räumen

In neueren Ansätzen der Sozial- und Kulturgeographie, die von der Diskurs- und Hegemonietheorie beeinflusst sind, wird der Zusammenhang zwischen Räumlichkeit und sozialen Gegebenheiten insofern radikalisiert, als diese Ansätze weder gesellschaftliche Strukturen noch Subjekte als gegeben und feststehend konzeptualisieren, sondern als immer widersprüchlich, instabil und brüchig. Räume können damit nicht als Konsequenz gegebener sozialer Strukturen und Prozesse gedacht werden. Vielmehr wird davon ausgegangen, dass auch Soziales immer wieder neu konstituiert wird. Die Konstitution von Räumen ist dabei Teil der Konstitution von Gesellschaft. So insistiert Massey (1999, 2005), dass Räume nicht nur als das Ergebnis einer sozialen Produktion zu verstehen sind, sondern die Konstitution von Räumen integraler Bestandteil der Konstitution des Sozialen ist:

»...space is now rendered as part (a necessary part) of the generation, the production, of the new. In other words the issue here is not to stress only the production of space but space itself as integral to the production of society« (Massey 1999: 10).

Vor diesem Hintergrund werden seit wenigen Jahren die konzeptionell-heuristischen Potenziale diskurstheoretischer Ansätze für die Konzeptualisierung von Räumen diskutiert. Ein zentrales Argument ist dabei, dass mit der Verknüpfung von sozialen Differenzierungen (wie insbesondere ›eigen/fremd‹) mit räumlichen Differenzierungen (wie insbesondere ›hier/dort‹) die sozialen Differenzierungen objektiviert und naturalisiert werden. Die Konstitution spezifischer Räume ist damit ein wichtiges Element der diskursiven Herstellung hegemonialer sozialer Ordnungen (einführend Glasze/Mattissek 2009).

Ein wichtiges Forschungsfeld der Sozial- und Kulturgeographie stellt die Untersuchung der Konstitution von Räumlichkeit in Texten und weiteren Zeichensystemen dar (wie Bildern, Filmen, Karten, aber bspw. auch Landschaftsbildern und architektonischen Ensembles). Die Konzeption und insbesondere auch die forschungspraktische Operationalisierung der Beziehungen zwischen sprachlichen sowie visuellen symbolischen Formen (d.h. der Bedeutungszuschreibung) und der physisch-materiellen Qualität von Objekten (bspw. eines Grenzzauns) ist Thema lebhafter Debatten in der Sozial- und Kulturgeographie (s. die Beiträge in Glasze/Mattissek 2009).

Insgesamt lässt sich also für ein diskurstheoretisches Verständnis von Räumen festhalten, dass erstens das Soziale (bspw. die Identität von Subjekten, gesellschaftliche Ungleichheitsverhältnisse) als diskursiv hervorgebracht konzeptualisiert wird, d.h. als immer nur temporär fixiert, als von Widersprüchen durchzogen und sich in den jeweiligen materiellen und räumlichen Erscheinungsformen permanent wandelnd, und dass dabei zweitens die Konstitution von Räumen als ein wichtiger Teil der Konstitution des Sozialen gedacht wird.

Der Raumbegriff bei Laclau und die Kritik von Massey

Laclau verbindet Zeitlichkeit mit nicht determinierten und unerwarteten Ereignissen, dem Aufbrechen etablierter Strukturen, den dadurch notwendigen Entscheidungen – und damit mit dem Politischen. Raum versteht er hingegen als Anordnung und damit als fixierte Struktur – der Gegenpart von Zeitlichkeit. Entsprechend formuliert er: »*Politics and space are antinomic terms*« (Laclau 1990: 68). Dabei will Laclau seinen Raumbegriff nicht metaphorisch verstanden wissen:

»There is no metaphor here. [...] If physical space is also space, it is because it participates in this general form of spatiality« (Laclau 1990: 41f.).

Die Verräumlichung eines Ereignisses ist nach Laclau die Auslöschung seiner Zeitlichkeit (ebd.). Sein Argument verdeutlicht er mit dem Fort/Da-Spiel nach Freud. Der Wiener Psychoanalytiker hatte bei seinem Enkel beobachtet, dass dieser im Alter von anderthalb Jahren ein ›Spiel‹ entwickelt hatte, bei dem er immer wieder Gegenstände wegwarf, so dass diese ›fort‹ waren, und sie dann wieder zurückzog, so dass sie wieder ›da‹ waren. Nach Freud ermöglicht das Fort/Da-Spiel dem Kind, die Angst vor dem Ereignis ›Abwesenheit der Mutter‹ zu verarbeiten. Das Ereignis wird durch eine Abfolge von An- und Abwesenheit symbolisiert, somit synchron präsent gemacht und in diesem Sinne verräumlicht. Letztlich konzeptualisiert Laclau alle wiederkehrenden Abfolgen daher nicht als zeitlich, sondern als räumlich. Auch jede teleologische Konzeption von Veränderung, bei der Richtung, Ziele und Zwecke einer Veränderung determiniert sind, sei räumlich (ebd.: 42).

Vor dem Hintergrund einer solch exklusiven Gleichsetzung von Zeitlichkeit mit Wandel, Entscheidungen und dem Politischen verwundert es nicht, dass die britische Geographin Massey Laclau vorwirft, seine Perspektive auf Raum mache es unmöglich, die politische Dimension von Räumen ins Blickfeld zu nehmen (Massey 1992).[2] Aufbauend auf marxistischen, poststrukturalistischen und postkolonialen Ansätzen und im Rahmen der raumtheoretischen Debatte in der Sozial- und Kulturgeographie konzeptionalisiert Massey Räume als geprägt von Vielfalt, Fragmentierung und Widerspruch. Sie sieht Raum »as constructed out of interrelations, as the simultaneous coexistence of social interrelations and interactions at all spatial scales [...]« (Massey 1992: 155) und betont die Untrennbarkeit von Raum und Zeit (ebd.: 159). Ein solches Denken, das auf die Pluralität und Vielfältigkeit des Raums abhebe, stehe ihr zufolge einem teleologischen Denken in zeitlichen Sequenzen gegenüber, welches durch eine scheinbar widerspruchsfreie Abfolge unterschiedlicher Zustände gekennzeichnet sei.

»Truly recognizing spatiality [...] necessitates acknowledging a genuinely co-existing multiplicity – a different kind of difference from any which can be compressed into a supposed temporal sequence« (Massey 1999: 281).

Die Ursachen für diskursiven Wandel liegen nach Massey daher nicht nur in der zeitlichen Dynamik, sondern auch im Raum begründet. Veränderungen entstünden aus den unüberwindbaren (gleichzeitigen!) Widersprüchen, die im Raum angelegt seien (ebd.). Nach Massey bietet die Konzeptionalisierung von Raum als Gleichzeitigkeit von Widersprüchen und Vielfalt letztlich eine Voraussetzung für das normative Ziel einer radikalen Demokratie, wie es Laclau und insbesondere Mouffe skizziert haben (Laclau/Mouffe 1985; Massey 1995, 1999, 2005; Mouffe 2005 [1993]).

Obwohl sowohl Laclau als auch Massey vor dem Hintergrund poststrukturalistischer Ansätze argumentieren, und die normativen Zielrichtungen ihrer Arbeiten sich im Leitbild der ›radikalen Demokratie‹ treffen, scheinen beide von vollkommen unterschiedlichen Konzepten zu sprechen, wenn sie sich auf Raum beziehen. Die Laclau-Schüler

2 In ähnlicher Weise kritisiert auch Kohn die Dichtomisierung von Raum und Zeit bei Laclau. Sie betont, dass sowohl Zeit als auch Raum »*elements of fixity and flux*« enthalten (Kohn 2003).

Howarth (1993) und Marchart (1998) greifen diese Widersprüche auf. Sie argumentieren, dass die Konzeption von Laclau auf einer ontologischen Ebene operiere, während Massey als Sozialwissenschaftlerin auf einer ontischen Ebene Räume der sozialen Wirklichkeit konzeptualisiere. Während Laclau also nach den Voraussetzungen der sozialen Wirklichkeit frage, bemühe sich Massey, angemessene Kategorien für die Beschreibung und Analyse sozialer Wirklichkeit zu entwickeln.

Marchart (1998) schlägt folgende Systematisierung der Raumbegriffe bei Laclau und Massey vor: Laclau fasse Raum als

»Namen für den theoretischen Extremfall einer völligen Auslöschung von Zeitlichkeit und Dislokation, d.h. Ereignissen, welche in eine Struktur einbrechen. Dieser Extremfall kann jedoch nie eintreten, weil das konstitutive Außen der Struktur immer Spuren und dislokatorische Turbulenzen im Inneren hinterlassen wird [...]«.

Raum setze Laclau also gleich mit einer (letztlich unmöglichen) endgültig fixierten Struktur. Der Umstand, dass es Raum (singular) als endgültig fixierte Struktur im ontologischen Sinn nicht geben könne, sei die Voraussetzung und der Grund dafür, dass es auf der ontischen Ebene, d.h. der Ebene der sozialen Wirklichkeit, hingegen unterschiedliche, veränderbare und immer wieder (re-)produzierte Räume (plural) geben könne.

Howarth weist auf das Risiko hin, dass die Betonung (gleichzeitiger) räumlicher Vielfalt, wie sie Massey ausführe, nicht nur als Potenzial für Koexistenz und gesellschaftliche Dynamik gelesen werden kann, sondern dass eine solche Argumentation Gefahr laufe, dass damit nationalistische und regionalistische Politiken legitimiert werden, welche Gesellschaft territorial gekammert organisieren wollen und damit progressiven Ideen universeller Rechte und politischer Partizipation zuwiderlaufen (1993: 53). Während Massey von einem relationalen Raumkonzept ausgeht, sieht Howarth die Gefahr, dass ihr Plädoyer für räumliche Vielfalt in eine Containerraumlogik eingebaut und dann als Legitimation für nationalistische und rassistische Politiken verwendet werden kann, so wie beispielsweise der bayerische Landesverband der NPD auf seiner Internetseite fordert: »Die Vielfalt der Kulturen erhalten! Überfremdung und Einwanderung stoppen! «.[3] Eine weitere Auseinandersetzung mit der raumtheoretischen Debatte leisten die Laclau Schüler allerdings ebenso wenig wie eine weitere Ausarbeitung der konzeptionell-begrifflichen Differenzierung zwischen ›Raum‹ und ›Räumen‹.

Erst in jüngster Zeit hat der Laclau-Schüler Stavrakakis (2008) darauf hingewiesen, dass innerhalb der Diskurs- und Hegemonietheorie sowie insbesondere bezüglich des normativen Ziels einer radikalen Demokratie (bislang) kaum über Räume als Kategorie des Sozialen nachgedacht wurde und wird. Er weist darauf hin, dass eine demokratische Gesellschaft sich der Notwendigkeit bewusst sein müsse, ihre eigenen Räume[4] zu schaffen und immer wieder zu reproduzieren, aber sich gleichzeitig auch bewusst sein muss, dass eine endgültige Fixierung unmöglich sei (ebd.: 156).

Zwischenfazit: eine politische Konzeption von Räumen

Die Diskussion zwischen Laclau, Massey, Howarth, Marchart und Stavrakakis zeigt zum einen die Potenziale der Diskurs- und Hegemonietheorie nach Laclau und Mouffe für die Sozial- und Kulturgeographie sowie die raumbezogenen Sozial- und Kulturwissenschaften insgesamt. So verdeutlicht die Replik von Howarth und Marchart einen für die raumbezogenen Sozial- und Kulturwissenschaften entscheidenden Punkt der Diskurs- und Hegemonietheorie: Genauso wie das Stre-

3 NPD Landesverband Bayern 2012 (http://www.npdbayern.de/index.php/me-nu/56/thema/257/Die_Vielfalt_der_Kulturen_erhalten_Ueberfremdung_und_Einwanderung_stoppen.html; 10. Juni 2012)

4 Stavrakakis spricht im Originalzitat vom Singular ›Raum‹ (»A democratic society is – or should be – conscious of the need to represent itself, to create and institute its own space, but, at the same time, aware of the ultimate impossibility of any final representation.«). Im Sinne der klärenden Unterscheidung von Marchart wäre es hier aber angebracht, von ›Räumen‹ zu sprechen.

ben nach Identität und Bedeutung nur möglich, aber auch unvermeidlich ist, weil Identitäten und Bedeutungen niemals endgültig fixiert werden können, so gibt es Verräumlichungen nur deswegen, weil eine endgültige und absolute Fixierung unmöglich ist. Weil Räume also niemals gegeben sind, sondern konstituiert werden, diese Herstellungsprozesse aber immer umstritten sind, *sind Räume immer politisch* (Glasze 2012). Dementsprechend hebt Stavrakakis (2008) hervor, dass eine demokratische Gesellschaft sich mit der Herstellung von Räumen auseinandersetzen müsse.

Zum anderen verdeutlicht die Diskussion aber auch einige Probleme der Rezeption einer politischen bzw. philosophischen Theorie in den Sozialwissenschaften. So erscheint es fraglich, ob es für die sozialwissenschaftliche Forschung sinnvoll und notwendig ist, den letztlich unmöglichen, theoretischen Extremfall einer völligen Auslöschung von Zeitlichkeit und Dislokation unter Bezug auf Laclau mit dem Begriff ›Raum‹ zu fassen.

Darüber hinaus erscheint es für die Sozial- und Kulturgeographie sowie die Sozial- und Kulturwissenschaften insgesamt aber auch problematisch, *jegliche* Versuche einer Fixierung sozialer Wirklichkeit, d.h. jegliche Sedimentation von Diskursen, im Sinne Marcharts als Räume zu bezeichnen. Es ist zwar richtig, dass jede Strukturierung in dem Sinne räumlich ist, als dass sie nur topologisch gedacht und präsentiert werden kann. Würden die Sozial- und Kulturwissenschaften aber in diesem Sinne *jegliche* Strukturierungen als Räume bezeichnen, dann würde auf der ontischen Ebene eine sozialwissenschaftliche Differenzierungsmöglichkeit verloren gehen. Es wäre dann bspw. unmöglich zu unterscheiden einerseits zwischen Identitätskonstruktionen, die mit einer ›hier/dort‹-Unterscheidung arbeiten (s. dazu den systemtheoretisch hergeleiteten Vorschlag von Redepenning 2006) wie ›Umland‹ versus ›Kernstadt‹, ›London‹ versus ›Frankfurt‹, ›Europa‹ versus ›USA‹ sowie andererseits zahlreichen anderen Identitätskonstruktionen wie ›weiß‹ versus ›schwarz‹, ›akademisch‹ versus ›nicht-akademisch‹, ›Mann‹ versus ›Frau‹, ›Geschäftsführerin‹ versus ›Angestellte‹ etc. Die Beziehungen zwischen diesen unterschiedlichen sozialen Kategorien und damit die spezifische soziale Funktion von Räumlichkeit im Sinne der ›hier/dort‹-Unterscheidung könnte dann nicht mehr untersucht werden: Die spezifische Sehschärfe eines sozialwissenschaftlichen Blicks drohte verloren zu gehen (Glasze/Pütz 2007; Glasze 2012).

Für eine diskurs- und hegemonietheoretisch informierte Bearbeitung raumbezogener Fragestellungen in den Sozial- und Kulturwissenschaften erscheint es sinnvoll, die Konzeption von Räumen als immer kontingent und damit politisch aufzugreifen, allerdings nur jene Artikulationen als Konstitution von Räumen zu fassen, die symbolisch und/oder materiell hier/dort-Unterscheidungen herstellen, indem bspw. in einem territorialen Sinne Grenzen gezogen und Regionen differenziert werden (»hier in Bayern wird…, während dort in Hessen…«), in einem skalaren Sinne Maßstabsebenen (»hier vor Ort versuchen wir …, aber Europa macht es…«) oder in einem topologischen Sinne Orte konstituiert und unterschieden werden (»hier in Frankfurt machen wir…, aber in Köln läuft das…«; genauer hierzu Glasze 2012).

ZWEI FALLSTUDIEN ZUR UMSTRITTENEN (RE-)PRODUKTION VON RÄUMEN

Die französischen banlieues als ›Gegenorte der Republik‹ oder ›Orte postkolonialer Unterdrückung‹

Verschiedene Studien haben gezeigt, dass die *cités* (Großwohnsiedlungen) in den so genannten *banlieues* in Frankreich in hegemonialen Diskursen (insbesondere in den Medien aber auch in der Politik) als städtebaulich und sozial ›problematische‹ Stadtviertel stigmatisiert werden. Auf der Basis diskurs- und hegemonietheoretischer Ansätze sowie Überlegungen von Foucault kann argumentiert werden, dass die französischen Vorstädte dabei als Orte konstituiert werden, wo die Werte und die Ordnung ›der Republik‹ nicht gelten. Mit der Differenzierung zwischen einem ›hier‹ und ›dort‹ wird damit auch eine Differenzierung zwischen einem republikanischem ›wir‹ und ›devianten

Anderen‹ hergestellt und damit spezifische Politiken für die *banlieues* und ihre Bewohner_innen legitimiert. Die räumliche Differenzierung kann dabei als eine diskursive Technik gefasst werden, die dazu dient, die Anderen implizit herzustellen (als Einführung in diese Debatte Germes/Glasze 2010).

Aber die diskursive Konstitution von Stadtvierteln und die damit zusammenhängende Konstitution von Gesellschaft sind nicht unumstritten. So zeigen neuere Arbeiten, wie bspw. im französischen Rap gegenhegemoniale Diskurse die *banlieues* mit anderen Themen und Konzepten verknüpfen bspw. mit der Frage nach Kontinuitäten zwischen der Behandlung von ›Indigenen‹ im französischen Kolonialreich und der ›postkolonialen‹ Behandlung von deren Nachfahren durch die ›postkoloniale Republik‹. Die Konzeptualisierung der *banlieues* als ein besonderer Raum wird dabei nur selten hinterfragt und vielfach reproduziert, aber die *banlieues* werden nicht als Orte der Devianz, sondern als Orte der postkolonialen Unterdrückung konstituiert und damit auch andere gesellschaftliche Grenzen, andere Antagonismen artikuliert (Tijé-Dra 2011).

Edit wars als umstrittene Raumproduktionen im GeoWeb

Die so genannte ›Kritische Kartographie‹ weist seit den 1980er Jahren darauf hin, dass Karten niemals einfach nur gegebene Räume, die gegebene Welt, abbilden, sondern, dass Karten immer kategorisieren, definieren, anordnen, lokalisieren, bezeichnen und damit ganz bestimmte Räume (re-)produzieren (Glasze 2009). Die Entwicklung und Verbreitung des Internets hat die Kartographie zunächst nur insofern verändert, als damit zahlreiche digitale Karten einer großen Zahl von Nutzer_innen rasch und einfach zugänglich wurden.

Sehr viel grundsätzlicher ist der Wandel, der mit den Entwicklungen des interaktiven Internets, dem so genannten ›Mitmachweb‹ oder Web 2.0 und des so genannten GeoWeb einhergeht. Als GeoWeb wird die Gesamtheit geographischer Informationen im Internet bezeichnet, insbesondere die virtuellen Globen (wie *Google Earth* und *World-Wind*) und digitalen Karten (wie *Bing Maps*, *Google Maps*, *Open Street Map* etc.), die es ermöglichen, Informationen im Internet georeferenziert zu präsentieren. War die Herstellung traditioneller Karten i.d.R. auf eine kleine Elite von Produzent_innen begrenzt (staatliche Organisationen wie das Militär, topographische Ämter, wissenschaftliche Institute sowie einige spezialisierte Verlage) treten im GeoWeb zum einen neue kommerzielle Akteure hinzu (bspw. *Google*, *Microsoft*, *Nokia*) zum anderen kann sich im Web 2.0 aber prinzipielle jeder, der über einen Internetzugang verfügt, an der Herstellung georeferenzierter Informationen beteiligen. Bekanntestes und wichtigstes Beispiel für diese Entwicklung ist *Open Street Map*, ein GeoWeb-Projekt nach dem Wiki-Prinzip, das von einer rasch wachsenden Zahl registrierter Teilnehmer_innen weiterentwickelt wird (zum Zeitpunkt der Fertigstellung dieses Aufsatzes im Mai 2012 sind weit mehr als eine halbe Million Menschen bei OSM registriert, wovon zumindest ein gewisser Teil auch aktive Teilnehmer_innen sind). Die *Open Street Map* wird gefüttert mit den georeferenzierten Informationen, welche registrierte Teilnehmer_innen über private GPS-Geräte erfassen. *Open Street Map* setzt damit auf die Schwarmintelligenz der wachsenden Zahl von Beiträger_innen und kann heute bereits in vielen Regionen eine deutlich höhere Informationsdichte bieten, als kommerzielle Anbieter von georeferenzierten Informationen, so dass diese sich gezwungen sehen, ihre Karten ebenfalls für die Ergänzung und Veränderung durch ›Laien‹ zu öffnen. Insgesamt entwickelt sich im GeoWeb damit ein riesiges Feld ›freiwilliger geographischer Informationen‹ (*volunteered geographic information*) bzw. des ›*people powered mapping*‹, das auf die Schwarmkompetenz und -intelligenz tausender Freiwilliger setzt (Schuurman 2009; Crampton 2010: 130ff.)

Diese ›Öffnung‹ der Kartographie für neue und mehr Akteure wurde teilweise als ›Demokratisierung‹ interpretiert. Eine solche Interpretation übersieht jedoch, dass die Herstellung von Räumen immer umstritten ist. Vielmehr muss der Frage nachgegangen werden, wie in dem Zusammenspiel einer Vielzahl von neuen Akteuren und spezifischen technischen Rahmenbedingungen gerade bestimmte Karten entworfen und damit bestimmte Räume (re-)produziert werden. Wie verlaufen Aushandlungs- und Entscheidungsprozesse im GeoWeb? Die Bedeutung dieser Fragen zeigt sich besonders eindrücklich in Konfliktsituationen, in denen unterschiedliche Weltbilder und Interessen in Widerstreit liegen (Bittner et al. 2011).

So war bspw. innerhalb der *Open Street Map community* die Hauptbennenung des Knotens (*node*) jener Stadt, die im Deutschen i.d.R. als ›Jerusalem‹ bezeichnet wird, umstritten. In einem so genannten *edit war* löschten unterschiedliche Nutzer wochenlang jeweils den bisherigen Namen und ersetzten ihn, so dass dieser Knoten mal mit einer arabischen Bezeichnung, mal mit einer hebräischen versehen war. Als vorläufigen Kompromiss einigten sich palästinensische und israelische *mapper* Ende 2011 bei einem persönlichen Treffen in einem Café inzwischen darauf, dass der Knoten vorerst keine Bezeichnung bekommt. Ein ›heißer‹ *edit war* wird zum Zeitpunkt der Fertigstellung dieses Aufsatzes um die Bezeichnung von Straßen und Plätzen in Syrien geführt. Da in Syrien auch Google mit dem Programm MapMaker auf *volunteered geographic information* setzt, wird dieser *edit war* nicht nur in *Open Street Map*, sondern bspw. auch für *Google Maps* relevant. So haben regimekritische *mapper* beispielsweise die *Hafez Al Assad*-Autobahn in Damaskus umbenannt nach *Ibrahim Al Kashoch* – einem getötetem Regimekritiker. In diesem Fall fordert die Web 2.0-Kartographie also die traditionelle Fähigkeit autoritärer Regime heraus, ihre Herrschaft auch über die Einschreibung in die jeweiligen Geographien zu zementieren. Zum Zeitpunkt der Fertigstellung dieses Beitrages im Mai 2012 zeigt *Google Maps* die ›neutrale‹ Bezeichnung ›*Southern Bypass*‹ bzw. in einer am Englischen orientierten Transkription des Arabischen ›*Mothalik Aljanobi*‹.[5]

5 Für die Hinweise zu den beiden *edit wars* ›im Nahen Osten‹ danke ich Dipl.-Geogr. Christian Bittner, der am Lehrstuhl für Kulturgeographie der FAU Erlangen-Nürnberg an einer Dissertation zu ›Web 2.0-Karten im Nahostkonflikt‹ arbeitet. Weitere Hinweise zu dem OSM-*edit war* um Jeru-

FAZIT: HEGEMONIETHEORIE UND RAUMTHEORETISCHE DEBATTE IN DEN SOZIAL- UND KULTURWISSENSCHAFTEN

Die Verwendung des Raumbegriffs bei Laclau und die Kritik von Massey an am Laclau'schen Raumbegriff zeigen, dass Überlegungen aus der Politischen Theorie nicht einfach in die Sozialwissenschaften importiert werden können, sondern dass hierbei vielfach Übersetzungs- und Kontextualisierungsarbeit geleistet werden muss. Auf der Basis einer solchen Übersetzungsleistung bietet die Diskurs- und Hegemonietheorie aber fruchtbare Impulse für die raumtheoretische Debatte und ermöglicht eine dezidiert politische Konzeption von Räumen in den Sozial- und Kulturwissenschaften.

LITERATUR

Anderson, James (1973): Ideology in geography. An introduction, in: Antipode 5 (3), S. 1–6.

Arnreiter, Gerhard/Weichhart, Peter (1998): Rivalisierende Paradigmen im Fach Geographie, in: Gerhard Schurz/Paul Weingartner (Hg.), Koexistenz rivalisierender Paradigmen. Eine post-kuhnsche Bestandsaufnahme zur Struktur gegenwärtiger Wissenschaft, Opladen/Wiesbaden: Westdeutscher Verlag, S. 53–85.

Bartels, Dietrich (1982): Siedlungssystem und Arbeitsmarkt – Einige empirische Resultate für die Bundesrepublik Deutschland, in: Erdkunde 36 (1), S. 31–36.

salem finden sich in den OSM-Archiven. Zu dem *edit war* in Syrien siehe beispielsweise der Blogeintrag ›Google conspiring for regime change in Syria through maps?‹ vom Stefan Geens, 8. Januar 2012 (http://googleearth.com/2012/01/google-conspiring-for-regime-change-in-syriathrough-maps-hardly/; 15.04.2012).

Bauriedl, Sybille (2009): Impulse der geographischen Raumtheorie für eine raum- und maßstabskritische Diskursforschung« in: Georg Glasze/Annika Mattisek (Hg.), Handbuch zur Diskursanalyse in der Geographie, Bielefeld: transcript, S. 219–230.

Belina, Bernd/Michel, Boris (2007): Raumproduktionen. Zu diesem Band, in: Bernd Belina/Boris Michel (Hg.), Raumproduktionen. Beiträge der Radical Geography. Eine Zwischenbilanz, Bd. 1, Münster: Westfälisches Dampfboot (Raumproduktionen: Theorie und gesellschaftliche Praxis), S. 7–34.

Bittner, Christian/Glasze, Georg/Michel, Boris/Turk, Cate (2011): Krisen- und Konflikt-Karten im Web 2.0. Ein kritischer Blick auf die neuen Krisen-und Konfliktkarten, in: Geographische Rundschau 63 (11), S. 60–65.

Crampton, Jeremy W. (2010): Mapping. A Critical Introduction to Cartography and GIS, Malden, Oxford, Chichester: Wiley-Blackwell.

Dörenhaus, Fritz (1959): Wo der Norden dem Süden begegnet: Südtirol. Ein geographischer Vergleich, Bozen: Athesia Verlag.

Germes, Mélina/Glasze, Georg (2010): Die banlieues als Gegenorte der République. Eine Diskursanalyse neuer Sicherheitspolitiken in den Vorstädten Frankreichs, in: Geographica Helvetica 65 (3), S. 217–228.

Glasze, Georg (2012): Politische Räume. Die diskursive Konstitution eines ›geokulturellen Raums‹ – die Frankophonie, Bielefeld: Transkript-Verlag (im Druck).

Glasze, Georg/Mattisek, Annika (2009) (Hg.): Handbuch zur Diskursanalyse in der Geographie, Bielefeld: transcript.

Glasze, Georg/Mattisek Annika (2009): Diskursforschung in der Humangeographie: Konzeptionelle Grundlagen und empirische Operationalisierungen, in: dies. (Hg.), Handbuch zur Diskursanalyse in der Geographie, Bielefeld: transcript, S. 11–59.

Glasze, Georg/Pütz, Robert (2007): Sprachorientierte Forschungsansätze in der Humangeographie nach dem linguistic turn, in: Geographische Zeitschrift 95 (1+2), S. 1–4.

Hasse, Jürgen (1981): Fremdenverkehrsentwicklung als Wahrnehmungsproblematik, in: Geographische Rundschau 33 (2), S. 69–71.

Howarth, David (1993): Reflections on the politics of space and time«, in: Angelaki 1 (1), S. 43–55.

Höllhuber, Dietrich (1976): Wahrnehmungswissenschaftliche Konzepte in der Erforschung innerstädtischen Umzugsverhaltens. Karlsruher Manuskripte zur Mathematischen und Theoretischen Wirtschafts- und Sozialgeographie 19.

Klüter, Helmut (1986): Raum als Element sozialer Kommunikation, Gießen: Selbstverlag des Geographischen Instituts der Justus-Liebig Universität.

Klüter, Helmut (1987): Räumliche Orientierung als sozialgeographischer Grundbegriff, in: Geographische Zeitschrift 75(2), S. 86–98.

Klüter, Helmut (1994): Raum als Objekt menschlicher Wahrnehmung und Raum als Element sozialer Kommunikation, in: Mitteilungen der Österreichischen Geographischen Gesellschaft 136, S. 143–178.

Klüter, Helmut (1999): Raum und Organisation, in: Peter Meusburger (Hg.), Handlungszentrierte Sozialgeographie. Benno Werlens Entwurf in kritischer Diskussion, Stuttgart: Franz Steiner Verlag, S. 187–212.

Kohn, Margaret (2003): Radical space: building the house of the people, Cornell: Cornell University Press.

Laclau, Ernesto (1990): New reflections on the revolution of our time, London: Verso.

Laclau, Ernesto/Mouffe, Chantal (1985): Hegemony & socialist strategy: towards a radical democratic politics, London: Verso.

Lefebvre, Henri 1986 [1974]): La production de l'espace. Paris: Anthropos.

Marchart, Oliver (1998): Kunst, Raum und Öffentlichkeit(en). Einige Anmerkungen zum schwierigen Verhältnis von Public Art und politischer Theorie. Online unter http://eipcp.net/transversal/0102/marchart/de.

Massey, Doreen (1992): Politics and space/time, in: New Left review 196, S. 65–84.

Massey, Doreen (1995): Thinking radical democracy spatially, in: Environment and Planning D: Society and Space 13 (3), S. 283–288.

Massey, Doreen (1999): Philosophy and politics of spatiality: some considerations, in: Geographische Zeitschrift 87 (1), S. 1–12.

Massey, Doreen (2005): For space, Los Angeles: Sage.

Mensching, Horst (1957): Marokko. Die Landschaften im Maghreb, Heidelberg: Keysersche Verlagsbuchhandlung.

Miggelbrink, Judith/Redepenning, Marc (2004): »Die Nation als Ganzes? Zur Funktion nationalstaatlicher Semantiken«, in: Berichte zur deutschen Landeskunde 78 (3), S. 313–337.

Mouffe, Chantal (2005 [1993]): The return of the political, London/New York: Verso.

Pott, Andreas (2005): »Kulturgeographie beobachtet. Probleme und Potenziale der geographischen Beobachtung von Kultur«, in: Erdkunde 59 (2), S. 89–101.

Redepenning, Marc (2006): Wozu Raum? Systemtheorie, critical geopolitics und raumbezogene Semantiken, Leipzig: Leibniz-Institut für Länderkunde.

Schuurman, Nadine (2009): The new Brave NewWorld: geography, GIS, and the emergence of ubiquitous mapping and data: an interview with Michael Goodchild. Environment & Planning D 27, S. 571–580.

Stavrakakis, Yannis (2008): Antinomies of space. From the representation of politics to a topology of the political, in: BAVO (Hg.), Urban politics now. Re-imagining democracy in the neoliberal city, Rotterdam: NAi Publishers, S. 143–161.

Tijé-Dra, Andreas (2011): Eine andere banlieue? Vorschläge zur diskursanalytischen Untersuchung gegenhegemonialer Sprecherpositionen und Raumkonzeptionen. Unveröffentlichte Diplomarbeit. Geographisches Institut der Universität Mainz.

Wardenga, Ute (2002): Alte und neue Raumkonzepte für den Geographieunterricht, in: Geographie heute 23 (200), S. 8–11.

Wardenga, Ute (2006): Raum- und Kulturbegriffe in der Geographie«, in: Mirka Dickel/Detlev Kanwischer (Hg.), TatOrte. Neue Raumkonzepte didaktisch inszeniert, Berlin: LIT, S. 21–47.

Werlen, Benno (1987): Gesellschaft, Handlung und Raum. Grundlagen handlungstheoretischer Sozialgeographie, Stuttgart: Franz Steiner Verlag.

Werlen, Benno (1995): Sozialgeographie alltäglicher Regionalisierungen. Band 1: Zur Ontologie von Gesellschaft und Raum, Stuttgart: Franz Steiner Verlag.

Werlen, Benno (1997): Sozialgeographie alltäglicher Regionalisierungen. Band 2: Globalisierung, Region und Regionalisierung, Stuttgart: Franz Steiner Verlag.

Hegemonietheoretische Zugänge zum Finanzwesen

Neogramscianismus und Poststrukturalismus

CHRISTOPH SCHERRER

EINLEITUNG

Die noch anhaltende, 2007 in den USA entstandene Finanzkrise erneuert nicht nur das Interesse an der Geldökonomie, sondern führt auch zu einer Öffnung der wissenschaftlichen Diskurse zum Finanzwesen. Das Monopol der neoklassischen Finanzmarkttheorie ist gebrochen. Zwar ist die Masse der Literatur unmittelbar auf Krisenlösung fixiert, doch auch die grundlegende Kritik an der Geldwirtschaft, sei sie von Karl Marx oder Silvio Gesell inspiriert, erlebt eine Renaissance. Zu dieser klassischen Kritik, die sich durch die Finanzkrise durchaus bestätigt fühlen kann, aber jenseits »paradiesischer« Lösungen, die auf gänzliche Überwindung der Ambivalenzen des Geldes setzen, wenig anzubieten haben, gesellen sich Zugänge zum Finanzwesen, die diesem durchaus kritisch gesonnen sind, aber weder unmittelbar praktische Lösungen noch grundsätzliche Überwindung anstreben. Diese Ansätze wollen verstehen, wieso das Finanzwesen eine so überragende Position in der Gesellschaft einnehmen konnte. Zu diesen Zugängen zählen vor allem gramscianisch und poststrukturell inspirierte Arbeiten. Sie erkunden die Genese und Form der Hegemonie des Finanzwesens.

Im Gramscianismus wird Hegemonie mit der Fähigkeit gleich gesetzt, partikulare Interessen zu universalisieren. Dies kann nicht allein durch Zwang erfolgen, sondern bedarf zusätzlich einer geschickten Bündnispolitik. Das Interesse dieser Forschungsrichtung ruht daher stark auf der Frage, wie Zustimmung zum eigenen Programm unter Bündnispartnern erzeugt und Gegner marginalisiert werden können. Zugleich wird anders als im Mainstream Zwang nicht nur als ein Machtinstrument gefasst, das von einem Kollektivakteur gegen andere Einzel- oder Kollektivakteure eingesetzt wird, sondern auch als eine Folge struktureller Konstellationen, wie beispielsweise das Fehlen echter Alternativen zum Verkauf der Arbeitskraft für Lohnabhängige. Ferner ist der Nationalstaat nicht die zentrale Kollektivkategorie. Vielmehr liegt der Fokus auf Klasse, einer zur Nation quer liegenden Kategorie. Der sogenannte Neogramscianismus zeichnet sich durch sein Interesse an der Frage aus, inwiefern sich eine internationale Bourgeoisie herausgebildet hat und inwieweit diese bereits hegemonial geworden ist (van der Pijl 1984; Gill 1990). Falls Letzteres zuträfe, wären die Nationalstaaten dieser Bourgeoisie untergeordnet. Ich selbst habe die These vertreten, dass diese im Entstehen begriffene Bourgeoisie insbesondere die mächtigste Nation als Rammbock für ihre Interessen nutzt bzw. ein Überlappen von Interessen der USA und dieser Bourgeoisie im Sinne einer »doppelten Hegemonie« vorliegt (Scherrer 2001).

Der Fokus auf Klasse läuft Gefahr, diese soziale Kategorie zu essentialisieren, worauf Ernesto Laclau und Chantal Mouffe früh hingewiesen haben (1991). Doch solange Klasse nicht als gegebene soziale Realität vorausgesetzt wird, sondern als analytisches Konstrukt, als gesellschaftliche Anrufungs- und Zuschreibungsformel oder Denkschema behandelt wird, dessen Angemessenheit und Wirkmächtigkeit jeweils aufs Neue hinterfragt wird, kann auch aus poststrukturalistischer Sicht mit der Kollektivkategorie Klasse (oder Gender, Herkunft etc.) fruchtbar umgegangen werden (Scherrer 1999). Gleiches gilt für das Konzept Struktur, dessen Hypostasierung zu einer geschlossenen Totalität von Laclau kritisiert, nicht aber die Existenz von Strukturen als solchen verneint wird (Laclau 1991; Butler 1992; Wullweber 2010).

Diese hegemonietheoretischen Zugänge versprechen grundlegendere Einsichten zur Entstehung der »Finanzialisierung« und zur Ursache der Finanzkrise und seines Managements. Erstens zeigen sie den konflikthaften und kontingenten Entwicklungsweg des modernen Finanzwesens auf. Zweitens weisen sie auf den gesellschaftlichen Charakter von Geld hin, auf die Abhängigkeit der modernen Finanzinstrumente von interpersonellem Vertrauen innerhalb von Netzwerken und geographischen Knotenpunkten. Drittens beleuchten sie die Machtwirkung von spezifischen Verständnissen ökonomischer Zusammenhänge. Und viertens erhellen sie mit dem Konzept der Identität die Art und Weise, wie die Teilnehmer des Finanzgeschehens ihre Interessen, Rollen, Verantwortlichkeiten und Möglichkeiten verstehen. Insgesamt ermöglichen die hegemonietheoretischen Zugänge das komplexe Ineinandergreifen von Ideen, materieller Reproduktion und politischen Strategien in den Blick zu nehmen und bei der Kritik am Finanzwesen über die Skandalierung der Exzesse auf den Märkten hinauszugehen.

Die mit dem Neogramscianismus identifizierten Arbeiten sind von einem akteurszentrierten Blick geprägt, der sich durchaus auf Gramsci stützen kann, schließlich war er als Parteiführer von einem aktiven Eingreifen in die Politik überzeugt. Eine wichtige Kategorie, auf die er als politischer Aktivist Einfluss nehmen wollte, ist das Bewusstsein der Lohnabhängigen und Bauern, welches er mit dem Begriff Alltagsverstand fasste. Dieser Alltagsverstand wird allerdings im Neogramscianismus vernachlässigt (frühe Ausnahme Augelli/Murphy 1989). Es erhielt mehr Aufmerksamkeit in den Arbeiten, die sich mit Hegemonie innerhalb einzelner Staaten befasst haben (Kebir 1991). In den letzten Jahrzehnten ist dieser am Alltagsverstand interessierte Strang aber in Arbeiten aufgegangen bzw. von diesen verdrängt worden, die sich mit Fragen von Mikropolitiken, Identität, Normalisierung und Gouvernementalität unter Bezug auf Michel Foucault beschäftigen (z.B. Ludwig 2010 und in diesem Band).

Die vier genannten Stichwörter charakterisieren den poststrukturalistischen Blick auf Hegemonie. Diese beruhe auf Machtverhältnissen auf der Mikroebene. Demnach sind Machtverhältnisse in die Identitäten der Subjekte eingeschrieben und am wirksamsten, wenn ihre jeweiligen Sichten und Praxen als normal empfunden werden. Gesamtgesellschaftlich sind Machtverhältnisse verkörpert in Institutionen, Techniken und Wissensbeständen, die in ihrem Zusammenspiel – so die zeitgenössische Diagnose – eine äußere Fremdführung und Disziplinierung gepaart mit der inneren Selbstführung der Individuen bewirken (Burchell et al. 1991, Bröckling et al. 2011). Der poststrukturelle Zugang erfuhr jüngst höchste Anerkennung. Eric Helleiner, einer der zentralen Autoren der Internationalen Politischen Ökonomie, lobte Paul Langley und dessen poststrukturalistische Arbeiten zu »The Everyday Life of Global Finance« (2008) sowie Richard MacKenzie für seine wissenssoziologische Arbeit »An Engine, not a Camera« (2006) dafür, dass sie die konkreten Praktiken und Wissensgrundlagen der Finanzindustrie analysiert und damit wichtige Trends im globalen Finanzwesen identifiziert hätten (Helleiner 2011: 74).

Bei beiden Strömungen ist eine explizite Auseinandersetzung mit dem Finanzwesen eher noch selten, obgleich Kapitalfraktionen im Gramscianismus bedeutsam sind und Geld eine Kernfrage des Poststrukturalismus berührt, nämlich die nach den Repräsentationsmöglichkeiten (denn Geld steht immer für was anderes). In den neogramscianischen Arbeiten stand unter Anleihen bei Foucault die disziplinierende Wirkung globaler Finanzmärkte im Vordergrund (Gill 2001), weniger die Konsensfaktoren. Diese sind interessanterweise mehr im Fokus der poststrukturalistischen Arbeiten, die sich mit dem Alltagsbewusstsein sowohl der Finanzakteure als auch der allgemeinen Bevölkerung beschäftigen.

Im Folgenden will ich aufzeigen, dass die mehr akteurszentrierte Hegemonieanalyse des Gramscianismus durch poststrukturalistische Analysen fruchtbar ergänzt, aber nicht ersetzt werden kann (bzw. auch umgekehrt, Gramsci den Poststrukturalismus anreichert). Die Fruchtbarkeit beider Zugänge für eine Analyse des heutigen Finanzwesens und seiner Krisen arbeite ich anhand von vier Autor_innen heraus. Der Beitrag beginnt mit der Vorstellung der Arbeiten von Marieke de Goede zur gesellschaftlichen Legitimation der Börsen, gefolgt von Richard

MacKenzies Analyse der Genese der das heutige Börsengeschehen anleitenden Effizienzmarkthypothese und Paul Langleys Untersuchungen zu alltäglichen Finanzgeschäften. Während Langley und de Goede sich explizit im poststrukturalistischen Paradigma verorten, gilt dies für den Wissenssoziologen MacKenzie nicht. Die Parallelen sind jedoch nicht übersehbar (diese Meinung teilt auch Langley 2010: 401). MacKenzie greift den von Judith Butler in den poststrukturalistischen Diskurs eingeführten Begriff der Performativität auf und erklärt mit ihm die Wirkmächtigkeit der Effizienzmarkthypothese. Die Einsichten dieser drei Autor_innen fließen dann in eine gramscianisch angeleitete Analyse der Hegemonie des Finanzkapitals in den Vereinigten Staaten von Amerika (USA) ein, die auf meinen bisherigen Arbeiten beruht.

GENESE DER BÖRSE – DAS GLÜCKSSPIEL WIRD GESELLSCHAFTSFÄHIG

Während die Macht des Finanzkapitals zunehmend Aufmerksamkeit erheischt, befasst sich de Goede in ihrem Buch »Virtue, Fortune, and Faith: A Genealogy of Finance« (2005) mit einer etwas tieferen Schicht der Hegemonie. Sie fragt, warum das Börsengeschehen als normal und legitim angesehen und es gesellschaftlich nur von Wenigen hinterfragt wird (zumindest vor der Krise von 2008). Das war nicht immer so. Die Börse wurde zeitweise mit dem Glückspiel gleichgesetzt und gesellschaftlich geächtet. Die Geschichte der Börse ist von gesellschaftlichen Auseinandersetzungen um die Unterscheidung der beiden Sphären geprägt, zwischen denen keine »natürliche« Grenze besteht (siehe auch auf Deutsch sehr ausführlich Stäheli 2007).

Im 19. Jahrhundert, insbesondere nach der Etablierung der Welt ältesten Terminbörse, der Chicago Board of Trade im Jahre 1848, konnte sich das moderne Finanzwesen vom Geruch des Glückspiels befreien, indem die Äquivalenzkette Glückspiel und Börsenspekulation durch verschiedene diskursive Techniken (weitgehend) getrennt wurde.

Erstens wurde zwischen verschiedenen Zwecken unterschieden. Das Glückspiel als Form des Müßiggangs und des Versuchs der persönlichen Bereicherung wurde mit einer Terminbörse kontrastiert, die die nationale Wirtschaft durch die Schaffung gut funktionierender Getreidemärkte befördert. Zweitens wurde zwischen den Personen und ihrer jeweiligen Art, Spekulationen zu handhaben, differenziert. Dem unbesonnenen Glücksspieler, der von Fortuna »verführt« wird, wurde der besonnene, rational handelnde, sorgfältig Informationen abwägende professionelle Risikoträger gegenüber gestellt. Bei de Goede findet sich das anschauliche Zitat eines Verteidiger der Börsenspekulation aus dem Jahre 1919: »The blame [für Spekulationsverluste] should not be placed upon the *kind* of business engaged in, but upon the kind of *man* and the *way* in which he engages in it« (de Goede 2005: 78, Hervorhebungen im Original). Diese Gegenüberstellung ist zudem stark Gender kodiert und ruht auf einer langen Tradition auf, nicht nur Fortuna als Frau darzustellen, sondern auch den Kredit mit weiblicher Verführung gleichzusetzen, der es galt, mit Manneszucht und Selbstbeherrschung zu begegnen. (ebd.: 25–35). Ferner wurde der Spekulant zum Risikoträger geadelt. Als solcher nähme der Spekulant eine gesellschaftlich produktive Rolle ein, denn er geht reale wirtschaftliche Risiken ein, die von jemandem übernommen werden müssten. Glücksspieler gingen hingegen nur ein künstliches Risiko ein (ebd.: 81).

Drittens erhielten Kalkulation und Vorsorge, die noch im 18. Jahrhundert als Herausforderung göttlicher Vorsehung betrachtet wurden, zunehmend den Status moralischer Verpflichtung. Moralisch gut sei die Person, die vorausschauend gegen künftige Risiken absichert. Viertens wurde der »ernsthafte« Charakter der Finanzspekulation durch ihre Verwissenschaftlichung unterstrichen und vom Glücksspiel abgehoben. Es begann mit dem Versuch, das Börsengeschehen mittels Tabellen und Schaubildern in eine kohärente und messbare Domäne zu verwandeln. Obgleich die Zusammenstellung des für den Börsenindex Dow Jones Average genutzten Portfolios arbiträr war, vermittelte dieser den Eindruck von einem messbaren und damit auch berechenbaren Börsengeschehen (ebd.: 95; siehe auch nächster Abschnitt). Schließlich nennt de Goede noch die Etablierung einer Börsenaufsicht (U.S. Securities and Exchange Commission, SEC) mit entsprechenden Regeln für Börsengeschäfte im Gefolge des Börsencrashs von 1929 als eine entscheidende Technik, die zur Normalisierung, Legitimierung und letztlich Depolitisierung des Finanzwesens geführt hätte. Dieser Effekt trat ein, obgleich die SEC zunächst die bereits vorherrschenden Praktiken der Börsenmitglieder lediglich bestätigte (ebd.: 123f.).

Was de Goede allerdings nicht in den Blick nimmt, ist die Tatsache, dass in den letzten Jahrzehnten auch das Glückspiel wieder gesellschaftsfähig wurde (Kindt/Palchak 2002). Die Regulierung des Glücksspiels hat dazu sicherlich auch beigetragen. Insgesamt deutet die gesellschaftliche Aufwertung des Glückspiels auf noch umfassendere Umwälzungen kapitalistisch verfasster Gesellschaften hin (Boltanski/Chiapello 2006). Das Finanzwesen verteidigt entsprechend seine Legitimität nicht mehr in Abgrenzung zum Glücksspiel, sondern durch die Unterscheidung von besonnenem Finanzgeschäft und Exzessen. Exzesse einzelner Institute oder gar der Schuldner (Eigenheimbesitzer, die sich nicht die Hypotheken leisten können) verursachten Finanzkrisen, nicht das normale, professionell gehandhabte und staatlich beaufsichtigte Finanzgeschäft.

PERFORMATIVITÄT – DIE KARRIERE DER EFFIZIENZMARKTHYPOTHESE

Der Wissenssoziologe Donald MacKenzie greift den von J. L. Austin (1962) geprägten und später insbesondere von Judith Butler (1997) und Michel Callon (1998) angewandten Begriff der »Performativität« gewinnbringend für die Analyse der erfolgreichen Karriere der Effizienzmarkthypothese, sprich der Hypothese von effizienten Finanzmärkten, auf (MacKenzie 2006). Diese Hypothese genoss vor der Finanzmarktkrise weitverbreitete Anerkennung in den Wirtschaftswissenschaften und unter den akademisch gebildeten Personen des Finanzwesens. Sie wird von ihren sich rasch vervielfältigenden Kritiker_innen als eine der zentralen Ursachen der Finanzkrise identifiziert (Taleb 2008). Die Hypothese besagt, dass die Preise für Finanzmarktprodukte, seien es Devisen, Aktien oder Derivate, umso stärker deren durch zukünftige Ereignisse beeinflussten »wahren« Preis widerspiegeln, je freier Finanzmarktakteure agieren können. Käufer als auch Verkäufer handeln auf diesen Märkten rational auf der Basis der ihnen zur Verfügung stehenden Informationen. Das Ergebnis ihrer Tauschakte ist insofern effizient, als dieses zur effizienten Allokation (Einsatz) von Ressourcen, sprich Kapital, Arbeit und Land (natürliche Ressourcen), führt (Fama 1970). Mit dieser These ließen sich die seit den 1980er Jahren vorgenommenen Liberalisierungen des Finanzwesens einschließlich der Möglichkeiten für spekulative Arbitrageoperationen wissenschaftlich begründen (Blyth 2003).

MacKenzie fragt nun, wie ein Modell mit eher unrealistischen Annahmen hohe Akzeptanz gewinnt und auch in der Krise von vielen nicht aufgegeben wird. Seine Antwort unterscheidet sich sowohl von den Antworten vieler Kritiker des Neoliberalismus, die die Effizienzmarkthypothese als instrumentelle Ideologie kritisieren (Panitch/Konings 2009), als auch von der Mehrheitssicht in den Finanzwissenschaften, die die Karriere der Hypothese als den Durchbruch einer guten Idee begreift (Malkiel 2003).

MacKenzie beschreibt die Genese der Effizienzmarkthypothese mit Blick auf ihre Attraktivität für ein – ideologisch – breites Feld von Ökonomen, welches gerade auch einige Keynesianer mit einschließt. Ihre Entstehung ist eingebettet in den allgemeinen Trend zur Mathematisierung in den Wirtschaftswissenschaften (MacKenzie 2006: 84).[1] Die zunächst rein akademische Beschäftigung mit stochastischen Finanzmarktmodellen erlangte auch bald praktische Bedeutung, obgleich die Effizienzmarkthypothese die Arbeit von Finanzanalysten in Frage stellt. Denn die mit ihr konsistente Random-Walk-Hypothese besagt,

1 Aus einer Husserlschen Perspektive hat Till Düppe kürzlich diese Mathematisierung als Versuch interpretiert, Abstand von den notwendig konträren Interessen im Feld der Ökonomie zu gewinnen (Düppe 2011).

dass Kursentwicklungen dem Zufall unterliegen, wobei Abweichungen von den Fundamentaldaten durch Arbitrage beseitigt werden (bei einer Abweichung nach oben werden Marktakteure auf fallende Preise spekulieren und dadurch zum Fall der Preise beitragen, bei Abweichungen nach unten umgekehrt). Mit anderen Worten: Das Bemühen der Finanzanalysten, mittels Intuition, Erfahrung und dem Einsatz unterschiedlicher Techniken nachhaltig bessere Ergebnisse als der Marktdurchschnitt zu erzielen, sei vergeblich (MacKenzie 2006: 80). Doch einige Praktiker machten sich die Effizienzmarkthypothese zu Nutze, und zwar vor allem zur systematischen Evaluierung von Investitionserfolgen, indem sie diese ins Verhältnis zu der mittels Börsenindices (z.B. Dow Jones Index) erfassten Gesamtentwicklung des Marktes setzten und Investmentfonds schufen, die solche Indices abbildeten. Indexfonds ergaben sich zwangsläufig als praktische Empfehlung der Effizienzmarkthypothese, denn wenn es nicht dauerhaft möglich ist, eine höhere Rendite als der Markt im Durchschnitt zu erzielen, dann sollte ein Portfolio von Vermögenstiteln zusammengestellt werden, das den Markt in Form eines Indexes widerspiegelt (Malkiel 2003).

Am Einsatz von Börsenindices hatten insbesondere die institutionellen Investoren (Investoren, die anderer Leute Geld verwalten) ein Interesse, da diese ihnen ermöglichten, einerseits die Leistungsfähigkeit der von ihnen beauftragten Fondsmanager zu evaluieren und andererseits durch den Kauf von Anteilen an Indexfonds mindestens die Durchschnittsrendite zu erzielen. Beides diente und dient ihnen heute noch zur argumentativen Absicherung gegenüber denen, deren Vermögen sie verwalten. Die wissenschaftliche Absicherung von Investitionsstrategien ist vor allem zentral für die Verantwortlichen von öffentlichen Pensionsfonds (MacKenzie 2006: 85), die unter einen besonders starken Rechtfertigungsdruck stehen. Diese Beobachtung greift MacKenzie unter dem Blickwinkel »Performativität« wieder auf (siehe unten).

Während so die Effizienzmarkthypothese an praktischer Relevanz gewann, kam sie in der Wissenschaft in die Kritik. Insbesondere der Mathematiker Mandelbrot stellte die der Effizienzmarkthypothese zugrunde liegende Annahme einer logarithmierten Normalverteilung, die die Wahrscheinlichkeit von »Ausreißern« für sehr gering hält, in Frage. Doch, so resümiert MacKenzie, hätte Mandelbrot so sehr die Anwendbarkeit der herkömmlichen statistischen Instrumente in Frage gestellt, dass seine Annahme von »Extremwerten« von der Zunft, ebenso wie er selbst, ausgegrenzt wurde (ebd.: 115).

Der Clou von MacKenzies Analyse ist allerdings, dass sich die Realität der Börse für einen gewissen Zeitraum auch ohne statistische Tricks an die Theorie angenähert hätte. Dies ist der Kern seiner Performativitätsthese, die im Folgenden eingehender erläutert werden soll. Zunächst gilt es, den Begriff der *Performativität* von *Performanz* abzugrenzen. Performanz bezeichnet die Aufführung einer Handlung, wobei ein handelndes Subjekt vorausgesetzt wird. Mit dem Begriff der *Performativität* wird jedoch die Vorstellung eines autonomen, bewusst handelnden Subjekts hinterfragt. Im Äußerungsakt werden das Äußerungssubjekt und die Handlung, die sie bezeichnet, hervorgebracht, wobei dieser Effekt allerdings erst durch Wiederholung, die nicht notwendigerweise identisch ausfallen muss, entsteht. Im vorliegenden Kontext lenkt Performativität den Blick darauf, wie ökonomische Modelle durch Benennung und Anwendung auf ökonomisches Handeln einwirken, es gar konstituieren.

MacKenzie unterscheidet vier Ausprägungen von Performativität. Die *generische* Performativität ist dann gegeben, wenn eine Idee aus dem ökonomischen Diskurs von den Marktteilnehmer_innen aufgegriffen wird. Im Laufe der 1970er Jahre wurde es für die Marktakteure immer wichtiger, die neue Terminologie der Effizienzmarkthypothese zu beherrschen (MacKenzie 2006: 85). Die *effektive* Performativität stellt sich dann ein, wenn der Gebrauch der aufgegriffenen Ideen sich auf wirtschaftliche Prozesse auswirkt. Je mehr die Leistung von Investmentfonds-Managern mit dem Börsenindex S&P 500 verglichen wurde, desto größeren Anreiz hatten diese Manager, zumindest einen Teil in Indexfonds zu investieren (ebd.: 87). Die Finanzmarkttheorie ging auch in die Infrastruktur der Finanzmärkte ein, z.B. in die Computerprogramme zur Kalkulation von Optionspreisen (ebd.: 250–252).

Wenn die Auswirkung dergestalt ist, dass sich die Wirklichkeit dem Modell annähert, so bezeichnet MacKenzie es als *Barnesian*-Performativität, in Hommage an Barry Barnes, der ein solches Phänomen, nämlich die Zentralität von selbstbestätigenden Rückkoppelungsschleifen im gesellschaftlichen Leben, beschrieben hatte (ebd.: 19). Hier nennt MacKenzie zunächst die wachsende Bedeutung von Börsen-Indices aufgrund der Effizienzmarkthypothese. Das starke Wachstum der Indexfonds führte zu technischen Veränderungen bei der Kursermittlung, Bekanntmachung und Abwicklung der Transaktionen, die die Transaktionskosten der Theorie angenähert haben. Sein wohl schlagkräftigstes Beispiel ist die Auswirkung des ebenfalls mit der Effizienzmarkthypothese konsistenten Black-Scholes-Merton-Modells auf die Entwicklung der Optionspreise. Die Anwendung des Modells zur Bewertung von Finanzoptionen[2] (Derivate) führte zu geringeren Preisen als zuvor, was den Optionshandel attraktiver machte. Die häufigere Anwendung des Modells führte dann zu einer Annäherung der tatsächlichen Optionspreise an die Modellpreise (ebd.: 256–257). Das Modell wurde folglich erst durch seine Anwendung wahr, also in seiner Performativität. Dem Einwand, dass es sich schlicht um eine Entdeckung eines dem tatsächlichen Marktgeschehen angemessenen Verfahrens handelt, begegnet MacKenzie mit dem Hinweis, dass vor dem massiven Einsatz des Modells ab 1973 die börsliche Realität nicht dem Modell entsprach. Darüber hinaus wich ab 1987 das Marktgeschehen wieder vom Modell ab, was MacKenzie mit der Lehre aus dem Börsencrash von 1987 erklärt, bei dem deutlich wurde, dass es bei fallenden Kursen schwierig ist, Verkaufsoptionen zu tätigen (ebd.: 204–209, 258–259).

Für diese Abweichung nach 1987 führt MacKenzie den Begriff der *Gegenperformativität* ein. Sie liegt dann vor, wenn sich durch die An-

---

2 Finanzoptionen, auch Derivate genannt, sind abgeleitete Wertpapiere. Es werden Leistung und Gegenleistung in einer zeitlichen Differenz getauscht, und zwar vorgeblich als Versicherung gegen Risiken in der Zukunft. Sie dienen jedoch zumeist der Spekulation auf zukünftige Kursentwicklungen.

wendung der Theorie die wirtschaftlichen Prozesse von den Voraussagen der Theorie entfernen. Neben obigem Beispiel führt er einen weiteren Effekt des Black-Scholes-Merton-Modells zur Bewertung von Optionen an. Zwar ist dieses Modell, wie obig erwähnt, einerseits ein gutes Beispiel für effektive Performativität, da es merklich zur Ausweitung des Optionshandels beitrug. Doch seine breite Anwendung, so MacKenzie, hätte mit dazu beigetragen, dass entgegen der dem Modell zugrunde liegenden Annahme einer geringen Varianz der Zufallsverteilung von Kursentwicklungen eine »wilde« Varianz entstanden sei, sprich sich die Wahrscheinlichkeit extremer Ereignisse erhöht hätte (ebd.: 260). Er zeigt dies am Hedgefonds Long-Term Capital Management auf, an dem sich die für die Entwicklung des Black-Scholes-Merton-Modells 1997 mit einem Wirtschaftsnobelpreis ausgezeichneten Ökonomen selbst beteiligt hatten. Dieser Hedgefonds musste im Jahre 1998 spektakulär abgewickelt werden. Für das Scheitern wird zumeist angeführt, dass das Black-Scholes-Merton-Modell zum Eingehen zu großer Risiken verleitet habe (aufgrund der erwähnten Annahme geringer Varianz; Taleb 2008, Dunbar 2000). Auf der Basis umfänglicher Interviews kommt MacKenzie allerdings zu einem anderen Schluss. Das Management von Long-Term Capital Management sei einer anderen für die Neoklassik typischen Annahme aufgesessen, nämlich, dass das eigene Verhalten keine Auswirkung auf das Verhalten der anderen Marktakteure hat, sprich die Leugnung von Makroeffekten. Der vorangegangene Erfolg von LTCM führte zu vielen Nachahmern, was dazu führte, dass als LCTM aus einigen Spekulationsgeschäften aussteigen wollte, zugleich ganz viele andere Fonds ihm gleich taten, so dass es an Käufern mangelte und die Kurse drastisch fielen (MacKenzie 2006: 218–236). Die Anwendung einer Strategie, die für einen einzelnen Marktakteur geringes Risiko bedeutet (da vom »market taker« weder Angebot noch Nachfrage signifikant verändert werden), kann das Risiko systemisch erhöhen, wenn diese von vielen nachgeahmt wird, so dass ein den Markt beeinflussendes »Superportfolio« entsteht.

Die Performativitätsthese von MacKenzie in Bezug auf Effizienzmarkthypothese leuchtet selbst einigen Kritikern dieser Hypothese nicht ein. Die Angleichung der Realität ans Modell könnte zufällig entstanden sein oder eben durch verminderte Transaktionskosten für die Finanzoptionen, die jedoch nicht auf das Modell rückführbar sind. Postulierte Kausalitäten sollten sicherlich kritisch hinterfragt werden, doch führt MacKenzie überzeugend aus, dass die Transaktionskosten gerade durch die mittels des Modells erleichterte Preisfindung gesunken sind. Diese Kritiker befürchten vor allem aber, dass die Kritik am ökonomischen Mainstream durch die Performativitätsthese unterminiert würde, denn wenn die Modelle ihre eigene Realität schaffen könnten, dann ginge die Kritik an ihren ontologischen, methodologischen und epistemologischen Schwächen ins Leere (Hodgson 2010: 403; Ingham 2010). Allerdings könnte auch umgekehrt argumentiert werden, gerade weil die Modelle in begrenzter Weise auf Realität einwirken, sollten sie einer Kritik unterzogen werden, doch sollte nicht naiv angenommen werden, dass Kritik ausreiche, sie zu entzaubern (siehe unten).

Für einen hegemonietheoretischen Zugang sind die Ausführungen von MacKenzie in mehrerer Hinsicht erhellend: Erstens zeigt er die Bedeutung von theoretischen Modellen für das Handeln von Personen und die mit der Praxis einhergehende Normalisierung einer »Weltsicht« auf. Zweitens wird deutlich, dass nicht jedes beliebige Modell privilegierter Akteure (wie es bspw. Ökonomen sind) erfolgreich sein kann. Vielmehr muss sich das Model hinsichtlich eines jeweiligen Referenzsystems als plausibel erweisen. Im Falle des Black-Scholes-Merton-Modells für Optionsscheinpreise führte seine Anwendung zu Gewinnen. Zudem lieferte es eine Erklärung für die ökonomischen Prozesse, die die Optionspreise bestimmen, so dass es sich als Grundlage für die Berechnung der Preise von Optionen auf sämtliche Basiswerte eignete (MacKenzie 2006: 20).

Drittens ist das Konzept von Performativität hegemonietheoretisch sehr spannend. Wissensprozesse und Interpretationen existieren nicht zusätzlich oder sind von nachrangiger Bedeutung zu »realen« materialen Finanzstrukturen, sondern sind genau die Form, in der sich das Finanzwesen materialisiert, als wiederholte Aufrufung und Anwendung von Normen (de Goede 2005: 7). Ein zunächst rein theoretisch mehr oder weniger plausibles Modell wird durch die Anwendung plausibilisiert. Anfänglich kann dies nur auf wenige Akteure zutreffen, doch deren Erfolg lässt zumindest die Begrifflichkeit des Modells diffundieren (generische Performativität oder Diskurs). Darüber hinaus können sich die Erwartungshaltung der Marktakteure, die Marktregeln und die Marktinfrastruktur ändern, so dass das Modell durch Normalisieren plausibilisiert wird (effektive Performativität oder Dispositiv). Die barnesische Performativität, wenn sich die Realität der Theorie »anpasst«, ist letztlich nicht notwendig, um einen bestimmten Diskurs hegemonial werden zu lassen, wirkt aber, falls sie eintrifft, nochmals verstärkend.[3] Da es sich bei solcher Art hegemonial gewordenen Diskursen nicht um eine ideologische Verblendung handelt, kann ein solcher Diskurs durch Kritik allein nicht entzaubert werden, denn er ist in zu viele Handlungen eingeschrieben. Das widerstrebende Aufgreifen der Effizienzmarkthypothese durch aus der Sicht der Hypothese überflüssige Finanzanalysten ist ein schönes Beispiel für Hegemonialwerdung durch Opposition. Anfänglicher Widerstand und selbst bleibende Kritik müssen kein Zeichen für die Existenz gegenhegemonialer Kräfte sein, soweit der Widerstand überwunden oder marginalisiert werden kann. Gerade die anfängliche Opposition kann zum Bedeutungsgewinn des neuen Diskurses beitragen. Das Beispiel weist aber auch auf die Bedeutung des Auftretens neuer Akteure hin, im Falle der Effizienzmarkthypothese sind es die institutionellen Investoren.

Viertens verweist das Konzept der Performativität auf die »materiellen« Dimensionen des Wissens. Das Modell schreibt sich in Routinen und technische Apparate ein und wird somit in seiner Handlungs-

3 Die barnesische Performativität gilt zudem für Versuche, Menschen über ein Konzept wie beispielsweise »Klasse« anzurufen. Wenn genügend Menschen diese Anrufung plausibel finden und sich entsprechend verhalten, avanciert das analytische Konzept Klasse zur gesellschaftlichen Wirklichkeit.

anleitung gefestigt. Für die Durchsetzung eines anderen Konzeptes müssten zunächst diese Routine gebrochen werden und die technischen Apparaturen ersetzt werden. Schließlich zeigt das Beispiel von der Effizienzmarkthypothese, dass sich zwar ein Diskurs in der Kritik bewähren kann, allerdings sich auch gegen Kritik immunisieren muss. Das Eingehen auf Mandelbrots Kritik hätte zu viele andere Praktiken der Zunft in Frage gestellt. Ganz im Sinne von Thomas Kuhns Theorie wissenschaftlicher Paradigmen führen auch offensichtliche Krisen nicht automatisch zu einer Abkehr von bisherigen Annahmen, sondern zu verstärkten Versuchen, solche mit der Theorie zunächst nicht erklärbaren Phänomene zu erklären. So kann eine spezifische Auslegung der Effizienzmarkthypothese die Krise von 2008 auch als Bestätigung der Hypothese interpretieren. Denn die Effizienzmarkthypothese schließt nicht aus, dass einzelne Vermögenstitel überdurchschnittlich profitabel sein können. Sie erklärt die Abweichung mit höherem Risiko. Entsprechend hat die derzeitige Krise sie nicht widerlegt, da es sich gezeigt hätte, dass die hohen Vorkrisenprofite auf hohem Risiko beruhten (MacKenzie 2006: 67).

Somit ergänzt MacKenzies Ansatz ein akteurszentriertes Verständnis von Hegemonie durch die Analyse der Genese zentraler Diskurse, die allerdings nicht frei von Akteuren konzeptionalisiert werden. Unterbelichtet bleibt allerdings erstens das Handeln interessierter Interessengruppen, die mittels Forschungsförderung und Verschaffung von Zugängen zur Politik und zu Medien durchaus auf die Prozesse in der Wissenschaft einwirken können (Scherrer 2000). Zweitens erhält die Einbettung des von MacKenzie jeweilig untersuchten Diskurses in umfassendere Diskurse kapitalistischer Vergesellschaftung wenig Beachtung, obgleich das Beispiel der Effizienzmarkthypothese nahe legt, dass für den Erfolg eines solchen Konzeptes zudem eine Korrespondenz zu anderen gesellschaftlichen Diskursen vorliegen muss. Schließlich fehlt im Zusammenhang mit diesen anderen gesellschaftlichen Diskursen noch der Bezug auf das alltägliche Handeln der Bevölkerung, auf das, wie im Folgenden vorgestellt, Paul Langley hinweist.

EVERYDAY FINANCE – ÜBERWINDUNG DER DICHOTOMIEN VON GLOBAL-LOKAL

Paul Langley hat den Begriff *Everyday Finance* in die Debatte eingebracht. Aus seiner Beschäftigung mit *World Financial Orders* (2002) ergab sich ein Unbehagen über die in den unterschiedlichen Paradigmen der Internationalen Politischen Ökonomie vorherrschende Sicht, die globale Finanzwelt als eine externe Kraft anzusehen, die auf nationale Souveränität einwirkt. Dieses Unbehagen führte zu einem Forschungsprogramm, das den Blick auf die Verknüpfung von lokalen und globalen Finanzpraxen wirft. Dabei übernimmt Langley die poststrukturelle Kritik an dichotomischen Kategorien, denen zugleich eine Hierarchie inhärent ist. So würde die Internationale Politische Ökonomie bei der Gegenüberstellung von globalen Finanzbeziehungen und nationalen Wirtschaften die ersteren höher bewerten und alltägliche Finanztransaktionen wie die Besicherung von Darlehen durch Hypotheken oder Formen der Sicherung des Einkommens im Alter durch Vernachlässigung abwerten.

Unter Bezug auf Henri Lefebre (1991) kritisiert Langley die vorherrschende Darstellung des globalen Finanzwesens als »raumlos« (s. auch French et al. 2009). Es würde dadurch in eine separate Sphäre außerhalb des nationalen Territoriums und alltäglicher Räume verbannt, wo es in seinen Bewegungen keinen physischen Beschränkungen unterworfen sei. Entsprechend würde es als exogene Kraft jenseits nationaler Kontrolle und Einwirkungsmöglichkeiten wahrgenommen. Eine solche Sicht würde zum einen verkennen, dass Staaten aktiv die Liberalisierung des Finanzwesens betrieben hätten, und zum anderen, dass die Entstehung globaler Finanzbeziehungen auf der Restrukturierung von alltäglichen Kreditbeziehungen aufsetzt. Vor allem trüge eine solche Sicht zur Depolitisierung der Finanzwelt bei, denn wenn sie außerhalb von Einwirkungsmöglichkeiten steht, greifen politische Maßnahmen zu ihrer Einhegung ins Leere (Langley 2008: 5).

Eine solche Depolitisierungswirkung bescheinigt Langley auch der häufigen Entgegensetzung von »fiktiver« Finanzwirtschaft und »realer« Produktionswirtschaft (Langley 2008: 6f.). Im neoliberalen Diskurs findet sich diese Dichotomie in der Vorstellung vom Finanzwesen als Ort des Zurverfügungstellens von Investitionen für die »reale« Wirtschaft, wobei weniger die Versorgung der Wirtschaft mit Krediten als vielmehr die Kapitalbeschaffung durch die Börse zum zentralen Mechanismus der Kapitalallokation avanciert. Keine Erwähnung findet in diesem Diskurs die vielfach nachgewiesene geringe Bedeutung der Börse für die Finanzierung von Investitionen, denn die Masse der Investitionen wird aus einbehaltenen Gewinnen der Firmen oder mittels Krediten finanziert. Die Überhöhung der Börse geht Hand in Hand mit der diskursiven Privilegierung der Aktionäre (Shareholder Value) gegenüber dem Management, den Beschäftigten und anderen Stakholder eines Unternehmens.

Eine solche dichotome Unterscheidung findet sich laut Langley selbst im marxistischen Diskurs wider. Im Marxismus wird von fiktivem Kapital und in spezifischen Phasen kapitalistischer Entwicklung von fiktiver, parasitärer Akkumulation gesprochen. Langley führt hier an, dass Hilferdings Definition von Finanzkapital vergessen wurde, die auf die Verbindung von Industrie und Finanzkapital in Deutschland vor dem Ersten Weltkrieg abhob (Langley 2008: 7). Meines Erachtens wäre ein zentralerer Einwand gegen die Unterscheidung von »fiktivem« und »realem« Kapital allerdings, dass auch Investitionen in Fabriken Spekulation darstellt, nämlich die Erwartung, dass die Produkte dieser Fabrik tatsächlich einen Markt finden. Falls die erhoffte Marktnachfrage ausbleibt, dann erweist sich das Fabrikgebäude und insbesondere die spezialisierten Maschinen als ebenso fiktiv, sprich ohne oder nur mit geringem Tauschwert. Sprich, die polare Gegenüberstellung von »fiktivem« und »realem« Kapital sollte einer differenzierteren, Mischungsverhältnisse beachtenden Sichtweise weichen.

Die Vernachlässigung von Kreditbeziehungen und die Absonderung des Finanzwesens als einen gesonderten, globalen Raum findet Langley in der Internationalen Politischen Ökonomie wieder. Diese sei auf Kapitalströme (*flows*) fokussiert und hätte dabei übersehen, dass Finanztransaktionen vor allem Kreditbeziehungen konstituieren, mit denen machtdurchtränkte Anrechte und Rückzahlungsversprechen entstünden. Die Ausweitung der Kreditbeziehungen ginge zudem mit einer lokal unterschiedlich ausfallenden Intensivierung von Gläubiger-Schuldner-Beziehungen einher. Deren qualitative Änderungen beruhten sowohl auf Veränderungen in den alltäglichen als auch den globalen Kreditbeziehungen (Langley 2008: 10). Letzteres illustriert Langley am Beispiel der Veränderung des Pensionssystems in den USA. Die Vorsorge für die Altersrente ist eine der wichtigsten Kategorien des Sparens für werktätige Menschen. Die bisherige Alterseinkommenssicherung in Form eines staatlich vermittelten Umlageverfahrens wird zunehmend durch private Formen der kapitalgedeckten Rente ersetzt. Zudem werden die Pensionssysteme von zuvor festgesetzten Rentenzahlungen auf festgesetzte Beitragszahlungen und marktabhängige Rentenauszahlungen umgestellt, wodurch das Marktrisiko auf die einzelnen Lohnabhängigen abgewälzt wird. Die dieses Geld verwaltenden Pensionsfonds sind auf kurzfristig maximale Rendite aus und treiben somit die globalen Kapitalströme an.

Das von Paul Langley initiierte Forschungsprogramm zu Everyday Finance verspricht zwei wichtige Lücken in den hegemonietheoretischen Ansätzen zum Finanzwesen zu füllen, nämlich zum einen hinsichtlich des Verhältnisses von Finanzkapital zu anderen Kapitalien und zum anderen die Frage der Vermittlung von Alltagspraxen der Menschen, z.B. ihre Alterssicherungsstrategien, und den Prozessen auf den globalen Finanzmärkten.

GRAMSCIANISCHE INTERPRETATION: IN DER KRISE WÄCHST DIE MACHT DES FINANZKAPITALS

Die folgenden Ausführungen zum Finanzkapital basieren auf meinen eigenen Arbeiten zur Hegemonie des Finanzkapitals, die bisher im Wesentlichen gramscianisch inspiriert waren (Scherrer 1999, 2011). Sie nehmen eine gegenüber poststrukturalistischen Arbeiten stärker akteurszentrierte Sicht ein, es geht um die Hegemonie des Finanzkapitals.

Die Analyse beginnt mit einer Definition des Finanzkapitals als die Akkumulation von Kapital über finanzielle Operationen anstatt mittels Warenproduktion, Dienstleistungen und Handel. Die Körperschaften, die diese finanziellen Tätigkeiten ausüben, sind allerdings nicht darauf festgelegt, sie können sich in den anderen Feldern engagieren. Doch soll im Unterschied zu Langley das Großkapital nicht von vornherein dem Finanzkapital zugeordnet werden, sondern dessen Verhältnis zu den Finanzmarktakteuren im engeren Sinne aus einer Hegemonieperspektive untersucht werden.

Wird unter Hegemonie die Fähigkeit verstanden, partikulare Interessen zu universalisieren, so gilt es, die »borniertenk Interessen des Finanzkapitals zu identifizieren: Erzielung hoher Renditen, ein möglichst großer Handlungsspielraum und die staatliche Absicherung im Falle von Krisen (Scherrer 2008: 539–540). In den letzten Jahrzehnten gelang es dem Finanzkapital insbesondere in den USA diese Interessen durchzusetzen: überdurchschnittliche Kapitalrendite, exorbitante Gehälter für das mittlere und gehobene Management, massive Zurücknahme staatlicher Aufsicht und staatlich vermittelte Sozialisierung der Verluste. Inwiefern sahen andere gesellschaftliche Gruppen bei dieser Zielerreichung des Finanzkapitals ihre eigenen Interessen aufgehoben? Diese Frage soll in Bezug auf einige dieser Gruppen beantwortet werden.

Nach anfänglichen Widerständen in den frühen 1980er Jahren, als die »feindliche« kreditfinanzierte Übernahme von Industriekonzernen durch Börsenspekulanten im großen Stil begann, hat das industrielle Management gelernt, sich mit dem Finanzmarktkapital zu arrangieren. Insbesondere beteiligt es sich selbst am Finanzwesen, indem es verstärkt in Finanztitel investiert. Das verarbeitende Gewerbe führt diesen Trend zur »Finanzialisierung« sogar an (Krippner 2005). Zum Teil werden sie dazu aufgrund der Notwendigkeit, sich gegen schwankende Wechselkurse abzusichern, gezwungen, zum Teil locken die höheren Renditen im Finanzsektor. Die Entlohnung des Managements koppelte sich durch Aktienoptionspläne zunehmend an die Entwicklung der Aktienmärkte an. 1992 verfügten die CEOs der US-Aktiengesellschaften über 2% des gesamten Aktienkapitals, zehn Jahre später bereits über 12% (Sablowski 2003: 224). Ihre eigenen Gehälter entkoppelten sich dabei auch von den stagnierenden Löhnen der einfachen Mitarbeiter_innen, und zwar unter anderem, indem sie diesen zu verstehen gaben, dass im Falle von höheren Löhnen oder geringerer Verdichtung des Arbeitstags, eine Übernahme und anschließende Zerschlagung des Unternehmens durch Börsenspekulanten anstünde (Froud/Williams 2007). Somit ist in den letzten Jahrzehnten die im Gefolge des New Deals vollzogene Trennung zwischen Finanzwesen und Industrieunternehmen weitgehend aufgehoben worden und »Hilferdings« Finanzkapital wieder auferstanden. Diese Entwicklungen unterfüttern empirisch Langleys Kritik an einer dichotomischen Gegenüberstellung von Finanz- und Realwirtschaft. Gramscianisch kann ein aktiver Konsens des Industrie- und Handelskapitals zur »Finanzialisierung« diagnostiziert werden.

Bei der lohnabhängigen Bevölkerung liegt eher ein passiver Konsens vor. Diese ist zunehmend auf die Dienste der Finanzwirtschaft angewiesen. Dazu trägt insbesondere das geringe Niveau der staatlichen Renten in den USA bei. Die Mehrheit verfügt entweder über individuelle Rentenkonten 401(k), die es erlauben, die für die Rente angehäuften Ersparnisse in unterschiedliche Finanzinstrumente zu investieren, oder die Pensionskassen übernehmen für sie die Anlageentscheidungen (Shiller 2000: 32–34). Dadurch sind den Finanzmärkten nicht nur wachsende Summen zugeführt worden, sondern ein großer Teil der Bevölkerung ist für die Alterssicherung zudem von den Kapitalmärkten abhängig geworden. In Zeiten eines Börsenbooms erfreute sich die kapitalmarktfinanzierte Rente, angetrieben durch geschickte Werbekampagnen der Finanzakteure (Frank 2001: 3. Kapitel), hoher Beliebtheit. Der Kursverfall im Zuge der Dotcom-Krise trug allerdings dazu bei, dass es der Bush-Regierung nicht gelang, auch die staatliche Mindestrente auf Kapitalmarktfinanzierung umzustellen.

Ferner ist die breite Bevölkerung als Schuldner ans Finanzwesen gebunden. Der hohe Anteil an Eigenheimbesitzern (2008: 68%), der weitverbreitete Ratenkredit, der leichte Zugang zu Kreditkarten und die hohen Studiengebühren gekoppelt mit der Möglichkeit, Zinszahlungen steuerlich abzusetzen, führt dazu, dass nahezu jeder Privathaushalt in irgendeiner Form Kredit bei einer Finanzinstitution aufgenommen hat (Weller 2006). Die stagnierenden oder sinkenden Reallöhne beschleunigten diesen Trend (Tridico 2012). So sind, wie Langley ausgeführt hat, Schulden zum »American Way of Life« geworden (Langley 2008).

Aus diesen institutionellen Gründen laufen die Interessen eines Großteils der Bevölkerung parallel zum Finanzkapital: steigende Aktienkurse und niedrige Kreditzinsen. Soweit das Finanzkapital kritisch thematisiert wurde, lag der Fokus auf dem konkreten Verhalten gegenüber Anlegern und Kreditnehmern, also auf Belangen der Konsument_innen. Keine Resonanz bestand in der Bevölkerung für Fragen des Verhaltens der Finanzakteure auf den Finanzmärkten. Allein die Private-Equity-Fonds, die Firmen aufkaufen und anschließend zerschlagen, standen von Zeit zu Zeit in der Kritik, die jedoch selten über die unmittelbar Betroffenen und Gewerkschaftskreise hinausreichte. Die Gewerkschaften, als organisierte potentiell gegenhegemoniale Kraft, beschränkten ihre Kritik weitgehend auf diesen Aspekt des Finanzwesens. Den Liberalisierungskampagnen im Finanzwesen wusste der Dachverband AFL-CIO wenig entgegenzusetzen, insbesondere weil das Finanzkapital spätestens unter Präsident Clinton in der von den Gewerkschaften unterstützen Democratic Party in Wirtschaftsfragen eine führende Position eingenommen hat (Johnson/Kwak 2010: 92–104; siehe unten).

Die von de Goede angesprochene veränderte Sichtweise auf Spekulation und der Abschied von der noch in der unmittelbaren Nachkriegszeit vorherrschenden puritanischen Ablehnung des Glücksspiels trugen sicherlich auch zur positiveren Einstellung gegenüber dem Finanzwesen bei. Ebenso von grundlegender Bedeutung ist die spätestens Ende der 1960er Jahre vollzogene Umstellung von einer Produzenten- zu einer Konsumentenidentität eines Großteils der US-Bevölkerung (Lash/Urry 1987). Insgesamt lassen Alltagshandeln und die Art der politischen Artikulation auf eine aktive Zustimmung insbesondere bei tendenziell steigenden Kursen und niedrigen Zinsen schließen. Insbesondere bei den geringer qualifizierten Lohnabhängigen ging sie allerdings mit einem leichten Unbehagen über konkrete Praxen im Wirtschaftsleben und den hohen Gehältern einher, so dass im Schnitt doch eher nur von einer passiven Zustimmung ausgegangen werden kann.

Die zunehmende Fähigkeit des Finanzkapitals, seine Interessen gegenüber der Politik durchzusetzen, lässt sich anhand von vier Indikatoren nachzeichnen: Geldwertstabilität, staatliche Aufsicht, staatliches Krisenmanagement und Stellung im Staatsapparat. Für das Finanzkapital ist Geldwertstabilität zentral, denn das ausgeliehene Geld soll nicht bei Rückzahlung weniger wert sein. Seit 1978 ist Geldwertstabilität zum zentralen Ziel US-amerikanischer Wirtschaftspolitik aufgestiegen. Im Gefolge der Weltwirtschaftskrise, die auf den Börsencrash von 1929 folgte, ist das US-Finanzkapital stark reguliert worden, selbst die Höhe der Einlagenzinsen wurde vorgeschrieben. Letztere Vorschrift fiel bereits 1980 fort. Im neuen Jahrtausend verzichtete die Politik bewusst auf die Regulierung neuer Finanzinstrumente, wie Hedgefonds und Kreditausfall-Swaps (Cox 2008). Die Wissensbasis für diese Deregulierungsschritte ist, wie oben bereits ausgeführt, sehr überzeugend von MacKenzie herausgearbeitet worden.

In ihrer Verantwortung für die Wirtschaft sahen sich viele Politiker_innen unabhängig von der Parteizugehörigkeit durch das Finanzkapital unterstützt, wobei natürlich dessen Interessen in die allgemeinen Zielbestimmungen mit einflossen. An erster Stelle ist die Preisstabilität zu nennen, die sie aufgrund des allgemeinen Konsensus unter der politisch aktiven Bevölkerung gleichfalls befürworteten (Davis 1986). Außenwirtschaftlich unterstützte das Finanzkapital die auch von einer Mehrheit der politischen Klasse favorisierte Öffnung der Märkte sowohl in den USA als auch in anderen Ländern (Scherrer 1999). Zudem erlaubte die Öffnung politisch unbeliebte Steuererhöhungen zu vermeiden, da ausländische Vermögensbesitzer bereit waren, Staatsanleihen in immer höheren Volumina aufzukaufen (Panitch/Gindin 2008: 39).

Unter Präsident Clinton erfolgte eine bewusste Ausrichtung an den Finanzmärkten. Da Clinton zunächst eine expansive Fiskal- und Geldpolitik anvisierte (Reich 1997), liegt ein Beispiel für Transformismus vor. Kritische Personen wie Barney Frank konzentrierten sich auf einen erleichterten Zugang von Geringverdienern zu Hypothekendarlehen (Labaton 2003). Damit blieb er ebenfalls dem Terrain des Finanzkapitals verhaftet.

Die Machtmittel des Finanzkapitals können hier nicht erschöpfend diskutiert werden. Neben der Bereitschaft mittels Wahlkampfspenden und Think Tanks (zu den organischen Intellektuellen des Finanzkapitals, siehe kritisch Shiller 2000: 111ff.) politisch Einfluss zu nehmen, verfügt es aufgrund der hohen Verschuldung der öffentlichen und privaten Haushalte über strukturelle Macht. Die Erwartungen der Finanzakteure hinsichtlich der jeweiligen Auswirkungen staatlicher Wirtschaftspolitik beeinflussen das Zinsniveau und damit einen wesentlichen Kostenfaktor privater und öffentlicher Haushalte (Huffschmid 1999).

Die materielle Basis der finanzkapitalistischen Hegemonie bestand neben den eigenen Gewinnen vor allem aus der Kreditschöpfung mittels steigender Preisen auf den Vermögensmärkten, auf denen Rechtstitel an Gegenständen gehandelt werden, deren Angebot nicht rasch an steigende Nachfrage angepasst werden kann (z.B. Grundstücke oder Gold) oder soll (z.B. Aktien). Diese Preissteigerungen vermehren das Vermögen der Haushalte und ermutigen sie dadurch zu höheren Ausgaben, die die gesamtgesellschaftliche Nachfrage ankurbeln. Unter Präsident Clinton spielten die Technologieaktien diese Rolle, unter dem zweiten Präsidenten Bush die Immobilien. In diesen Phasen lagen die Wachstumsraten der US-Wirtschaft deutlich über den kontinentaleuropäischen Volkswirtschaften und ließen so die Finanzialisierung der Wirtschaft in einem rosigen Licht erscheinen. Die Kehrseite dieses Akkumulationsmodells ist jedoch, dass die Preissteigerungen nicht von Dauer sind und somit die Kreditketten, die auf diesen Steigerungen aufbauen, wie ein Kartenhaus zusammenfallen, wenn die Vermögenswertpreise (im Jahr 2000 die Technologieaktien, 2006 die Immobilien) nicht mehr steigen. Während die Folgen des Platzens der Technologieaktienblase begrenzt blieben, und somit die Hegemonie des Finanzkapitals nicht in Frage stellten, erschütterten die stagnierenden Immobilienpreise die gesamte Kreditwirtschaft der USA (Herr 2010).

DAS POLITISCHE – JENSEITS SYSTEMIMMANENTER REFORMEN

Die obigen hegemonietheoretischen Zugänge zum Finanzkapital beleuchteten unterschiedliche Dimensionen von dessen Hegemonie in den letzten Jahrzehnten. Der neogramscianische Ansatz erhellt die akteursbezogene Dimension der Hegemonie, sprich die Strategien des Finanzkapitals, seine bornierten Interessen zu verallgemeinern und Bündnispartner zu finden. Zugleich wird auch die materielle Verankerung dieser Strategien aufgespürt. Obgleich der neogramscianische Ansatz »Ideen« Wirkmächtigkeit zuspricht, sind es vor allem poststrukturell inspirierte Arbeiten, die der Genese von Ideen nachspüren, die Bedingungen ihres Aufgreifens erforschen und mit dem Konzept der Perfomativität ihrer Verankerung in gesellschaftlichen Praxen nachspüren.

Gemeinsam ist allen Ansätzen, dass sie die politische Dimension der Genese der besonderen Stellung des Finanzkapitals herausarbeiten, so dass dessen heutiger Status als etwas aus Interessenkonstellationen Gewordenes, nicht als etwas den »natürlichen« Notwendigkeiten Geschuldetes zu verstehen ist. Diese Manöver der »Denaturalisierung« des Status quo machen Veränderung denkbar. Der Langley'sche Hinweis auf die lokale Verankerung globaler Finanzoperationen öffnet zu dem Raum für Interventionen im lokalen und nationalen Rahmen, denn er stellt die Vorstellung von global zirkulierendem, nicht zügelbaren Kapital in Frage.

Dieser Fokus auf die politische Herkunft spezifischer Machtverhältnisse führt jedoch nicht zum Voluntarismus. Aufklärung über ideologische Positionen und entsprechende staatszentrierte Intervention greifen zu kurz. Die Hegemonieanalyse macht vielmehr deutlich, dass die vorherrschenden Ideen nicht einfach als »falsches Bewusstsein«

demaskiert werden können und dass die Macht des Finanzkapitals nicht allein durch den Staat gebrochen werden kann. Die gramscianische Sichtweise weist auf dessen Bündnispartner und materiellen und institutionellen Ressourcen hin, die poststrukturalistischen Arbeiten auf die Verankerung finanzmarktlicher Aktivitäten sowohl in den Wissenspraxen von Eliten als auch den Alltagspraxen großer Teile der Bevölkerung.

Gerade die poststrukturalistisch inspirierten Arbeiten zeigen zudem auf, dass die von progressiven Kräften geforderte stärkere staatliche Aufsicht über das Finanzwesen durchaus den Status quo stabilisieren könnte. Regulierung und Markt sollten, so de Goede, nicht als in Opposition zueinander verstanden werden. Mehr Regeln können das Börsenhandeln legitimieren und damit seinen gesellschaftlichen Status festigen (de Goede 2006: 148). Eine ähnlich ambivalente Wirkung zeitigt laut Langley die Forderung nach Zahlungsaufschub für die überschuldeten Eigenheimbesitzer. Einerseits hebt der Zahlungsaufschub die disziplinierenden Normen ein Stück weit auf und öffnet Raum für Diskussionen über die Mitverantwortung von Gläubigern. Anderseits werden die Schuldner so auf längere Sicht den gesetzlichen, kalkulativen und selbst-disziplinierenden Techniken der Macht ausgeliefert (Langley 2009).

Die für Ambivalenzen offene Kritik poststrukturalistischer Autor_innen zeichnet sich durch einen hohen Grad an Reflexion aus, doch laufen sie in Gefahr, vor lauter Reflexion dem Handeln im Wege zu stehen. Ein gewisser Überschuss an Illusionen über die Wirkmächtigkeit des eigenen Handelns ist allerdings für die Überwindung des Status quo notwendig. Handlungsstrategien sollten eher bei Gramsci Anleihen machen, der aufzeigt, wie Bündnisse angestrebt und eigene Interessen vorangebracht werden können.

LITERATUR

Augelli, Enrico/Murphy, Craig (1989): America's Quest for Supremacy in the Third World: An Essay in Gramscian Analysis, New York.

Austin, John L. (1962): How to Do Things with Words, Oxford.

Blyth Mark (2003): The political power of financial ideas. In: Kirshner, Jonathan (Hg.): Monetary Orders, Ithaca, NY, S. 239–259.

Boltanski, Luc/Chiapello, Ève (2006): Der neue Geist des Kapitalismus, Konstanz.

Bröckling, Ulrich/Susanne Krasmann/Thomas Lemke (Hg., 2011): Governmentality: Current Issues and Future Challenges. London.

Burchell, Graham/Gordon, Colin/Miller, Peter (Hg. 1991): The Foucault Effect: Studies in Governmentality, Hemel Hempstead.

Butler, Judith (1992): Contingent Foundations: Feminism and the Question of »Postmodernism«, in: dies./Scott, Joan W. (Hg.), Feminists Theorize the Political, New York, S. 3–53.

Callon, Michael (Ed., 1998): The Laws of the Market. Oxford: Blackwell.

Cox, Christopher (2008): Swapping secrecy for transparency. In: The New York Times, online unter: http://www.nytimes.com/2008/10/19/opinion/19cox.html, 8. April 2010.

Davis, Mike (1986): Phoenix im Sturzflug: Zur politischen Ökonomie der Vereinigten Staaten in den achtziger Jahren. Berlin: Rotbuch-Verlag.

de Goede, Marieke (2005): Virtue, Fortune, and Faith: A Genealogy of Finance, University of Minnesota Press.

Dunbar, Nicholas (2000): Inventing Money: Long-term Capital Management and the Search for Risk-free Profits. Chichester.

Düppe, Till (2011): The Making of the Economy: A Phenomenology of Economic Science, Lanham.

Fama, Eugene (1970): Efficient Capital Markets, A Review of Theory and Empirical Work, in: Journal of Finance 25, S. 383–417.

Frank, Thomas (2001): Das falsche Versprechen der New Economy. Wider die neoliberale Schönfärberei, Frankfurt/M.

French, Shaun/Leysho, Andrew, Thrift, Nigel (2009): A very geographical crisis. The making and breaking of the 2007–2008 financial crisis, in: Cambridge Journal of Regions, Economy and Society 2, 287–302.

Froud, Julie/Williams, Karel (2007): Private Equity and the Culture of Value Extraction, in: New Political Economy, 12(3), S. 405–420.

Gill, Stephen (2001): Das globale Panopticon. Finanzwesen und Überwachung nach dem Kalten Krieg, in: Prokla 31(3): S. 353–382.

Gill, Stephen (1990): American Hegemony and the Trilateral Commission, New York.

Gramsci, Antonio (1991ff): Gefängnishefte 1–15, 7 Bände, Hg. von Bochmann, Klaus/Haug, Wolfgang-Fritz. Hamburg.

Helleiner, Eric (2011): Understanding the 2007–2008 Global Financial Crisis: Lessons for Scholars of International Political Economy, in: Annual Review Political Science 14, 67–87.

Hodgson, Geoffrey M., (2010): Review Symposium on Donald MacKenzie, in: Socio-Economic Review 8(2), S. 399–405.

Herr, Hansjörg (2010): Die Mechanismen der Vermögensmarktblasen, in: Scherrer, Christoph/Overwien, Bernd/Dürmeier, Thomas (Hg.): Perspektiven auf die Finanzkrise, Leverkusen, 70–88.

Ingham, Geoffrey (2010): Review Symposium on Donald MacKenzie, in: Socio-Economic Review 8(2), S. 405–410.

Johnson, Simon/Kwak, James (2010): 13 Bankers: The Wall Street Takeover and the Next Financial Meltdown, New York.

Kebir, Sabine (1991): Gramsci's Zivilgesellschaft, Hamburg.

Kindt, John Warren/John K., Palchak (2002): Legalized gambling's destabilization of U.S. financial institutions and the banking industry: issues in bankruptcy, credit, and social norm production, in: Bankruptcy Developments Journal, 19(1), 21–69.

Krippner, Greta R. (2005): The Financialization of the American Economy, in: Socio-Economic Review 3(2), S. 173–208.

Laclau, Ernesto/Mouffe, Chantal (1991): Hegemonie und radikale Demokratie, Wien.

Langley, Paul (2010): On the materiality of markets, in: Journal of Cultural Economy 3(3), S. 395–402.

Langley, Paul (2009): Debt, discipline, and government: foreclosure and forbearance in the subprime mortgage crisis, in: Environment and Planning A 41(6), S. 1404–1419.

Langley, Paul (2008): The Everyday Life of Global Finance: Saving and Borrowing in Anglo-America, Oxford.

Lash, Scott/Urry, John (1987): The End of Organized Capitalism, Madison.

Ludwig, Gundula (2010): »Frauen«, »Männer« und »der Staat«. Foucaults Gouvernementalitätsvorlesungen als Beitrag zu einer feministischen poststrukturalistischen Staatstheorie, in: Femina Politica – Zeitschrift für feministische Politikwissenschaft 2, S. 39–50.

MacKenzie, Donald A. (2006): An Engine, Not a Camera. How Financial Models Shape Markets, Cambridge.

Malkiel, Burton G. (2003): A random walk down Wall Street: the time-tested strategy for successful investing, Completely rev. and updated, New York.

Marx, Karl (1968): Das Kapital, Bd. I, MEW – Marx Engels Werke Bd. 23, Berlin.

Marx, Karl (2000): Theorien über den Mehrwert, Zweiter Teil, MEW – Marx Engels Werke Bd. 26.2, 6. Auflage, Berlin.

Panitch, Leo/Konings, Marihn (2009): Myths of neoliberal dereulation, in: New Left Review 57, S. 67–83.

Sablowski, Thomas (2003): Bilanz(en) des Wertpapierkapitalismus. Deregulierung, Shareholder Value, Bilanzskandale, in: PROKLA 33(2), S. 210–234.

Scherrer, Christoph (2011): Reproducing Hegemony: US Finance Capital and the 2008 Crisis, in: Critical Policy Studies, 5(3), S. 219–247.

Scherrer, Christoph (2008): Bleibt das US-Finanzkapital trotz Krise hegemonial? in: Prokla. Zeitschrift für kritische Sozialwissenschaft, 38(4), S. 535–559.

Scherrer, Christoph (2001): Double Hegemony? State and Class in American Foreign Economic Policymaking, in: Amerikastudien 46 (4), S. 573–591.

Scherrer, Christoph (1999): Globalisierung wider Willen? Die Durchsetzung liberaler Außenwirtschaftspolitik in den USA, Berlin.

Scherrer, Christoph (2000): Die Wissenschaft im Dienste der Globalisierung: Aufstieg und Vereinnahmung der strategischen Handelstheorie, in: Forum Wissenschaft, 17(2), S. 21–24.

Shiller, Robert J. (2000): Irrational Exuberance, Princeton, NJ.

Spitzer, Eliot (2009): The Real AIG Scandal: It's Not the Bonuses. It's that AIG's Counterparties are Getting Paid Back in Full, in: http://www.slate.com/id/2213942/, eingesehen am 12.10.2009.

Stäheli, Urs (2007): Spektakuläre Spekulation. Das Populäre der Ökonomie, Frankfurt/M.

Story, Louise (2009): Judge Attacks Merrill Pre-Merger Bonuses, in: The New York Times, 11.8.2009, B1.

Taleb, Nassim Nicholas (2008): Der schwarze Schwan: Die Macht höchst unwahrscheinlicher Ereignisse, München.

Tridico, Pasquale (2012): Financial crisis and global imbalances: itslabour market origins and the aftermath, in: Cambridge Journal of Economics 36, S. 17–42.

van der Pijl, Kees (1984): The Making of an Atlantic Ruling Class, London.

Weller, Christian E. (2006): Drowning in Debt: America's Middle Class Falls Deeper in Debt as Income Growth Slows and Costs Climb, in: http://www.americanprogress.org, Washington, D.C.: Center for American Progress.

Wullweber, Joscha (2010): Hegemonie, Diskurs und Politische Ökonomie. Das Nanotechnologie-Projekt, Baden-Baden.

Zur Genealogie neoliberaler Hegemonie am Beispiel der ›unternehmerischen Stadt‹ in Frankfurt am Main

SEBASTIAN SCHIPPER

»Zumal im Zeitalter der Globalisierung befinden wir uns auch als Region in einem weltweiten Wettbewerb, dem wir uns stellen müssen – denn wir wollen diesen Wettbewerb gestalten und nicht erleiden.«

PETRA ROTH (2008)

In der kritischen Stadtforschung wird die seit Anfang der 1980er Jahre zu beobachtende und seitdem in einem umkämpften Prozess hegemonial gewordene Form städtischer Politik als neoliberal, postfordistisch oder unternehmerisch beschrieben. Im Gegensatz zum lokalen Staat als verlängertem Arm des fordistischen Nationalstaates ist primäres Ziel unternehmerischer Stadtpolitik, global agierendes Kapital, einkommensstarke Haushalte und Konsument_innen im interkommunalen Wettbewerb anzuziehen, wozu eine Verbesserung harter und weicher Standortfaktoren geboten erscheint. Resultat ist üblicherweise ein Umbau der kommunalen Armutsverwaltung durch Rückbau des lokalen Wohlfahrtsstaats bzw. ein Wandel von *Welfare* zu *Workfare*-Konzepten der Sozialpolitik, ein Rückzug aus dem sozialen Wohnungsbau und ein verschärftes Kontrollregime gegenüber marginalisierten Gruppen. Obwohl es sich hierbei um einen kriseninduzierten, widersprüchlichen und instabilen Prozess handelt, der soziale und räumliche Polarisierungstendenzen noch verschärft, fußen die unternehmerische Stadt sowie die sie legitimierende Konstruktion einer lokalen Schicksals- und Standortgemeinschaft auf einem sehr hohen Maß an aktiver Zustimmung in Verwaltung und im fast gesamten parteipolitischen Spektrum (vgl. Brenner/Theodore 2002; Harvey 1989; Heeg/Rosol 2007; Peck/Tickell 2002; Schipper 2010).

Die Stadt erscheint im Sinne einer derartigen neoliberalen Rationalität als postdemokratischer Konzern (Crouch 2004), da die demokratischen Strukturen zwar erhalten bleiben, Politik aber auf die Anpassung an übergeordnete, naturalisierte Sachzwänge reduziert wird, denen man sich als Politiker wie Bürger der Stadt zu beugen und unterzuordnen habe:

»Schauen wir noch einmal auf das Unternehmen ›Stadt‹. In aller Regel müssen sich die unterschiedlichen Interessen, die es auch in jedem Unternehmen gibt, dem Ergebnis unterordnen. Am Schluß zählt nur, was für das Unternehmen ›Stadt‹ geleistet worden ist« (Petra Roth als Frankfurter Oberbürgermeisterin 1997: 7f).

Lokale Politik habe folglich nicht die Aufgabe, die Stadt nach den (widersprüchlichen) Wünschen der Bewohner zu gestalten, sondern im Sinne eines objektiven Allgemeininteresses die notwendigen Veränderungen zu vollziehen, welche Globalisierung und Wettbewerb zwingend erforderten. In einem solch technokratischen Politikverständnis erscheint lokale Demokratie als entpolitisierte Wahl der kompetenteren Manager_innen des Unternehmens Stadt. Das Verhältnis von lokaler Politik und Ökonomie transformiert sich demgemäß dahingehend, dass Politik als eine Veranstaltung konstruiert wird, welche weder bspw. durch grundlegende Interessensgegensätze bestimmt ist, noch den/die Bürger_in als Souverän anerkennt, sondern deren Aufgabe es ist, lokale Rahmenbedingungen für eine nicht beeinflussbare, verselbstständigte Ökonomie zu schaffen und die Wähler_innen zugleich von der Richtigkeit und Alternativlosigkeit dieser zu überzeugen. Ernsthafte politische Kontroversen erscheinen so nicht nur als ineffizient und bremsend, sondern verlieren darüber hinaus jeglichen Sinn, da bereits die objektivierten Bedingungen – vor allem der globale Wettbewerb der Städte – die politischen Ziele vorschreiben. Konsequenz ist zum einen, dass jegliche Form von Politik, welche Interessen gegen die Veridiktionsinstanz des Marktes vertritt, zwangsläufig als ideologisch erscheint, und dass zum anderen die Ökonomie, hier verstanden als einem sich zu unterwerfenden globalen Wettbewerb der Städte, ins absolute Zentrum rückt und jegliche gesellschaftliche und stadtpolitische Frage zu dominieren droht.

Zur Kritik der unternehmerischen Stadt sowie zur Repolitisierung lokaler Demokratie ist es daher unerlässlich, die scheinbare Alternativlosigkeit und Unvermeidbarkeit als Produkt sozialer Machtverhältnisse zu denaturalisieren. Dementsprechend werde ich im Folgenden nicht abstrakt-allgemein, sondern vom empirischen Gegenstand her bzw. von der Sache ausgehend argumentieren, dass sich materialistische und poststrukturalistische Gesellschaftstheorie zur Kritik gegenwärtiger Machtverhältnisse fruchtbar verbinden lassen. Denn während es kritischer Stadtforschung in Tradition materialistischer Gesellschaftstheorie gelingt, vermeintliche Sachzwänge, wie dem in den stadtpolitischen Diskursen allgegenwärtigen Wettbewerb der Städte, als Effekt gesellschaftlicher Machtverhältnisse zu analysieren, welche im Anschluss an die Krise des Fordismus durch eine Transformation und Reskalierung des fordistisch-keynesianischen Wohlfahrtsstaates hergestellt worden sind, hat sie Schwierigkeiten, die aktive Zustimmung der Subjekte zu begründen. Obwohl auch materialistische Hegemonietheorie (vgl. Gramsci 1991) einiges zur Erklärung der aktiven Zustimmung politischer Eliten zur unternehmerischen Stadt beitragen könnte (vgl. etwa Jessop 1997), wird kaum gefragt, warum Subjekte die gesellschaftlich hergestellten Zwänge und Machtverhältnisse nicht *als solche* begreifen, sondern verdinglicht als scheinbare Naturgesetze. Dies stellt aber erst die entscheidende Voraussetzung dafür dar, dass gesellschaftliche Strukturen als Produkt sozialer Praxis wirkmächtig und immer wieder reproduziert werden. Zwar ließe sich die Zustimmung zur ›unternehmerischen Stadt‹ auch ideologiekritisch aus den Interessen der politischen Eliten ableiten. Jedoch bliebe eine solche Erklärung auf halbem Wege stecken, da aus dem Blick gerät, dass auch die Intentionen und Wahrnehmungsorientierungen als gesellschaftlich hergestellt zu betrachten sind. Häufiges Problem materialistischer Stadtforschung ist also, dass Interessen prädiskursiv vorausgesetzt werden, wodurch die realitätskonstituierende Wirkung von Diskursen, welche sowohl eine zu regierende Realität als auch Subjekte erst herstellen, nicht erfasst werden kann (vgl. Demirovic 2003; Habermann 2008: 66ff; Sablowski 1994).

Dementgegen wird die ›unternehmerische Stadt‹ aus Perspektive poststrukturalistischer *Governmentality Studies* als Ausdruck einer quasi-natürlich erscheinenden diskursiven Wissensordnung bzw. einer hegemonial gewordenen, politischen Rationalität verstanden, die auf einer doppelten Einschreibung ökonomischen Denkens in die Regierung des Städtischen basiert (vgl. Mattissek 2008). Als verobjektivierte Realität erscheint die Stadt erstens ihrem Wesen nach als verdinglichte Wettbewerbseinheit in einem globalen Raum der Konkurrenz, welcher wiederum als existenzielles Risiko konstruiert wird (vgl. Meyer zu Schwabedissen/Miggelbrink 2005). Zweitens bewirkt die Implementierung betriebswirtschaftlicher Steuerungsmodelle zur internen Regierung der städtischen Verwaltung nach Maßgabe *New-Public-Managements*, dass die Markt- und Wettbewerbslogik nach innen übertragen und die Stadt somit in Analogie zur Unternehmensform repräsentiert wird (vgl. Lebuhn 2008; Pelizzari 2001). Neoliberale Rationalitäten sowie damit verbundene Technologien des Regierens konstituieren somit ein Möglichkeitsfeld, welches die Wahrscheinlichkeit erhöht, dass sich Subjekte in Politik und Verwaltung als Manager_innen des Unternehmens Stadt begreifen; wie exemplarisch ein Zitat eines leitenden Mitarbeiters der Münsteraner Stadtverwaltung veranschaulicht:

»Verwaltung ist nicht mehr einfach Verwaltung. Ich erlebe das eigentlich überhaupt nicht mehr, dass irgendwo so beamtenmäßig, verwaltungsmäßig agiert wird. [...] man ist wirklich mittlerweile nicht nur aus Not, sondern eigentlich aus Überzeugung her sehr unternehmerisch ausgerichtet« (Interview, 2007).

Mit Foucault (2004a, 2004b) lässt sich die realitätsgenerierende Bedeutung diskursiver Wissensordnungen, Rationalitäten und Technologien des Regierens erfassen bzw. die institutionell-soziale Geschichte der ›Wahrheit‹ über das Wissen von der richtigen Regierung der Stadt rekonstruieren. Im Gegensatz zu materialistischen Ansätzen fehlt jedoch eine Theorie kapitalistischer Vergesellschaftung und Staatlichkeit, so dass die Stabilisierung eines derartigen Wissens durch materielle Zwänge (etwa in Gestalt einer zumindest partiellen Abhängigkeit des lokalen Staates von erfolgreicher Kapitalakkumulation innerhalb seiner territorialen Grenzen) nicht in den Blick zu bekommen ist.

In Anbetracht einer somit notwendigen Vermittlung von materialistischer und poststrukturalistischer Theorie wäre Hegemonie als die auf Zwang und Zustimmung beruhende Fähigkeit zu bestimmen, »übergreifende Vorstellungen von der richtigen Ordnung und Entwicklung der Gesellschaft durchzusetzen« (Hirsch 2005: 97) und »eine Darstellung der Welt zu liefern, wie sie vorgeblich ›wirklich‹ so und nicht anders ist« (Hirseland/Schneider 2006: 296). Konkret bedeutet dies, dass zur Erklärung und Kritik der Hegemonie der unternehmerischen Stadt die diskursive Einschreibung ökonomischen Denkens im Verhältnis zu gesellschaftlichen Transformationsprozessen zu analysieren ist.

Im folgenden Abschnitt gilt es zuerst, am Beispiel der Stadt Frankfurt genealogisch die Entstehung des Wettbewerbs der Städte als diskursive Wissensordnung nachzuzeichnen und aufzuzeigen, wie die unternehmerische Stadt als spezifische, neoliberale Rationalität sich sukzessive in die Kunst des Regierens der Stadt eingenistet und in Verbindung mit Technologien und Praktiken ein Feld für unternehmerische Subjekte eröffnet hat. In einem darauffolgenden zweiten Schritt soll die Transformation gesellschaftlicher Verhältnisse seit den 1970er Jahren in den Blick genommen werden, um zu erklären, warum gerade eine neoliberale Rationalität so erfolgreich ein Wahrheitsprogramm zur Regierung des Städtischen unter postfordistischen Rahmenbedingungen begründen konnte. Im abschließenden Fazit möchte ich vor dem

Hintergrund dieser Empirie nochmals der Frage nachgehen, inwiefern sich poststrukturalistische Ansätze der *Governmentality Studies* (vgl. Bröckling et al. 2011; Dean 1999; Krasmann/Volkmer 2007; Lemke 1997; Rose 1999) und materialistische Regulations- und Staatstheorie (vgl. Brenner 2004a; Esser et al. 1994; Hirsch 2005; Jessop 2008) gewinnbringend ergänzen, um scheinbar unveränderbare Zwänge in erst durch soziale Praxis wahrgemachte Verhältnisse zu verflüssigen. Beide stehen dabei vor dem gleichen Grundproblem, nämlich wie eine kapitalistische Gesellschaft überhaupt möglich ist. Während die Regulationstheorie danach fragt, wie eine kapitalistische Gesellschaft trotz des ökonomisch krisenhaften Reproduktionsmechanismus zusammengehalten werden kann, können die *Governmentality Studies* untersuchen, wie ein Wissen bzw. eine politische Rationalität erfunden worden ist, die den modernen Staat dazu befähigt, den Kapitalismus zu bändigen, die Bevölkerung zu regulieren und Individuen zu regieren (vgl. Donzelot et al. 1994).

DIE GENEALOGIE DER UNTERNEHMERISCHEN STADT AM BEISPIEL VON FRANKFURT AM MAIN

Im Folgenden soll in knapper Form am Beispiel von Frankfurt am Main genealogisch nachgezeichnet werden, wie die unternehmerische Stadt als neoliberale Rationalität des lokalen Regierens und der globale Wettbewerb der Städte als diskursive Wissensordnung und existenzielles Bedrohungsszenario entstanden und anschließend hegemonial geworden sind. Aus diskurstheoretischer Perspektive wurde dazu analysiert, wie sich Problemstrukturen und politische Rationalitäten des lokalen Regierens seit den 1960er Jahren transformiert haben. Im Fokus standen dabei die Fragen, was für ein lokales Risiko bzw. welches auf städtischer Ebene zu regierende Problem jeweils historisch-spezifisch im Diskurs erscheint, welche kausalen Zusammenhänge und Ursachen diesbezüglich benannt, wem die Verantwortung für selbige zugeschrieben und welche Problemlösungen favorisiert werden; sprich wie jeweils ein Wissen produziert worden ist, welches städtisches Regieren zu begründen und die Kohäsion lokaler Staatsapparate qua Wahrheits- und Hegemonieproduktion herzustellen und zu bewahren vermag. Als empirische Grundlage dienten dazu die so genannten ›Kommunalpolitischen Situationsberichte‹, welche die jeweils amtierenden Oberbürgermeister_innen zwischen 1960 und 2008 im Abstand von meist ca. zwei Jahren in der Stadtverordnetenversammlung gehalten haben, inklusive der anschließenden mehrstündigen Parlamentsdebatten. Diese Auseinandersetzungen bieten sich als Grundlage für eine Diskursanalyse an, weil sie aufgrund der konstanten Form auch über einen langen Zeitraum hinweg vergleichbar sind.

Die Genealogie der politischen Rationalität der wettbewerbsorientierten, unternehmerischen Stadt lässt sich in drei miteinander verknüpfte, aber unabhängig voneinander entstandene Elemente aufgliedern: Erstens die Erfindung von Standortpolitik als dem zentralen Instrument, mit dem regiert werden soll, zweitens die Konstruktion der Wissensordnung vom Wettbewerb der Städte als existenziellem und allgegenwärtigem Bedrohungsszenario sowie drittens die Implementierung von Technologien und Praktiken des Regierens, welche einen neoliberalen Diskurs stabilisieren sowie in Politik und Verwaltung Subjekte hervorbringen, die sich selbst als Manager des Unternehmens Stadt begreifen. Im Folgenden diskutiere ich diese drei zeitlich leicht versetzt auftauchenden Elemente nacheinander.

1. Ihren Ausgang nimmt die Erfindung von Standortpolitik als reflektierte Praxis des lokalen Regierens im Zuge der ökonomischen Krise Anfang der 1980er Jahre. Zu diesem Zeitpunkt wird erstmalig die statistisch erfasste Arbeitslosigkeit, welche in Frankfurt zwischen 1979 und 1984 von 2,4% auf 6,5% steigt (vgl. Stadt Frankfurt 1992: 46), zu einem lokal zu regierenden Problem erklärt. Trotz des drastischen Anstiegs ist diese neue Zuständigkeit keineswegs eine banale oder selbstverständliche Entwicklung, da bislang die wirtschaftspolitische Verantwortung für eine erfolgreiche Kapitalakkumulation nicht der Stadt, sondern in erster Linie dem Zentralstaat zugeschrieben worden war. Als allgemeiner Konsens hatten Städte unter fordistisch-keynesiani-

scher Hegemonie vor allem als administrativer Arm des selbigen zu funktionieren sowie qua Sozialstaatsverwaltung und Schaffung kollektiver Infrastrukturen primär im Feld der Reproduktionssphäre tätig zu werden (vgl. Brenner 2004a: 123ff; Castells 1977; Goodwin/Painter 1996). Im Zuge der Krise Anfang der 1980er Jahre wird städtisches Regieren dagegen erstmals über das Problem der Arbeitslosigkeit explizit mit ökonomischen Aufgaben verknüpft.[1] Im lokalen Diskurs wird die Krise zu diesem Zeitpunkt aber noch keynesianisch als Problem der gesamtwirtschaftlichen Nachfrage interpretiert, so dass das Regierungsziel der Überwindung von Unterbeschäftigung mit antizyklischen Instrumenten im Sinne eines lokalstaatlichen *deficit spendings* sowie mit kommunaler Beschäftigungspolitik verknüpft wird. Ab Mitte der 1980er Jahre kommt es jedoch zu einem tiefgreifenden diskursiven Bruch bezüglich der Problematisierung der Ursachen, da das zu regierende Problem der Massenarbeitslosigkeit nun plötzlich nicht mehr konjunkturell durch eine zu geringe gesamtwirtschaftliche Nachfrage erklärt wird, sondern durch einen innenpolitisch verhinderten ökonomischen Strukturwandel sowie durch Umbrüche in der Weltwirtschaft. Damit einhergehend wandeln sich die Instrumente des Regierens, da ab nun eine angebotsorientierte, lokale Standortpolitik zur Bearbeitung des Problems der Arbeitslosigkeit abgeleitet wird. Zu Beginn werden dazu aber fast nur Instrumente lokaler Wirtschaftspolitik fortgesetzt, intensiviert und erweitert, welche sich auch bereits vor der Krise – al-

---

1 Um Missverständnisse zu vermeiden, sei betont, dass Standortpolitik hier zum ersten Mal im Diskurs erscheint. D.h. aber nicht, dass der lokale Staat in Frankfurt vorher keine Wirtschaftspolitik betrieben hätte. Ganz im Gegenteil, betont zum Beispiel Stracke (1980), dass die Frankfurter Stadtpolitik auch schon in den 1950er und 1960er Jahren aktive Wirtschaftsförderungspolitik zur Gewerbesteuermaximierung – etwas in Form der stadtpolitisch vorangetriebenen Aufwertung des Westends als Büro- und Bankenstandort – betrieben und diese auch gegen die Interessen von Bewohner_innen durchgesetzt hat (vgl. auch Ronneberger/Keil 1995: 291ff). Diese Politik wurde aber diskursiv nicht als Standortpolitik im Wettbewerb der Städte gerahmt; was einen entscheidenden Unterschied macht.

lerdings ohne diskursiv als Standortpolitik gerahmt gewesen zu sein – im Repertoire städtischen Regierens befanden; etwa Ansiedlungs- und Grundstückspolitik oder der Ausbau des Flughafens und des Messestandortes. Mit der Erfindung weicher Standortfaktoren zwischen Mitte und Ende der 1980er Jahre geraten dann aber sukzessive immer mehr lokale und vormals wirtschaftsfremde Politikbereiche (zuerst etwa die Kulturpolitik) in den Strudel einer standortpolitischen Neubestimmung. Dieser Prozess gewinnt bis Ende der 1990er eine solche Dynamik, dass sich eine derartige Universalisierung – und damit Neoliberalisierung – der Standortlogik vollzieht, dass tatsächlich sämtliche lokalen Politikfelder (also auch bspw. Bildungs-, Sozial-, Migrations- und Sportpolitik) primär bis ausschließlich als standortpolitische Instrumente umdefiniert und mit dem Ziel der Stärkung des Wirtschaftsstandortes artikuliert werden; was bezogen auf die qualitative Ausgestaltung der jeweiligen Politikbereiche einen gravierenden Unterschied macht.

2. Der Wettbewerb der Städte als fundamentales Risiko und existenzielles Bedrohungsszenario entsteht ebenfalls Mitte der 1980er Jahre, allerdings bemerkenswerterweise etwas später als die Instrumente der Standortpolitik. Obwohl die Arbeitslosigkeit keineswegs zurückgeht, sondern zuerst stagniert und Ende der 1980er Jahre sogar auf 8,3% ansteigt (vgl. Stadt Frankfurt 1999: 58), verdrängt der Wettbewerb bis zum Ende des Jahrzehnts die Arbeitslosigkeit sukzessive als das primäre Problem. Von einem Mittel zum Zweck wird die Stärkung der eigenen Wettbewerbsfähigkeit qua Standortpolitik nun zu dem allem übergeordneten Ziel an sich: Nicht mehr die Arbeitslosigkeit, sondern die Stadt im Wettbewerb ist nun der zentrale Gegenstand, welcher regiert werden soll, wie etwa exemplarisch der Oberbürgermeister Brück (1988: 76f) unterstreicht:

»Es liegt auf der Hand, daß sich der Wettbewerb zwischen Städten und Regionen in dem Maße verschärfen wird, in dem sich die Wettbewerbsbedingungen im übrigen innerhalb Europas angleichen. Bereits heute stehen die Metropolen in einer Konkurrenz, die uns über die Mittel der bisherigen klassischen Standortwerbung hinaus zusätzliche Anstrengungen abverlangt. Wir werden zu überlegen haben, mit welchen Mitteln wir den Rang der alten Messe- und Handelsmetropole Frankfurt am Main im Konzert dieses Wettbewerbs sichern können.«

Zu diesem Zeitpunkt kann die Rede vom Wettbewerb der Städte aber noch keine Hegemonie beanspruchen, sondern stellt vielmehr eine umkämpfte Wissensordnung dar, welche hauptsächlich von der CDU als Realität und grundlegend zu regierendes Problem behauptet wird. Die SPD hält dagegen noch an der Arbeitslosigkeit als alternativer Problemkonstruktion zur Begründung lokaler Regierungstätigkeit fest und die Grünen kritisieren die Wettbewerbslogik sogar grundlegend. Da die Politik keinen Einfluss auf unternehmerische Standortentscheidungen habe, so etwa die Grünen-Abgeordnete Sellach (1988: 58), sei die Logik der wettbewerbsorientierten »Subventionierung von Wirtschaftsunternehmen« falsch, zerstörerisch und vernachlässige darüber hinaus die Interessen der Menschen an notwendigem Einkommen, preiswerten Wohnungen, Kinderbetreuung und sauberer Umwelt. Alternativ wird stattdessen hypothetisch eine Wirtschaftspolitik formuliert, welche die Wettbewerbslogik bemerkenswerterweise einfach umkehrt:

»Bei der Standortqualität von Frankfurt [...] wäre eine Wirtschaftsförderung vorstellbar, bei der die Unternehmen sich bewerben müßten, wenn sie sich hier ansiedeln wollen. Sie müßten Vorleistungen erbringen, zum Beispiel in Form einer Beteiligung am Wohnungsbau« (ebd.).

Zu diesem Zeitpunkt widersprechen antagonistische Positionen noch der Standortlogik und heben außerdem den politischen und eben nicht-natürlichen Charakter des Wettbewerbs hervor.

Dies ändert sich allerdings ab der Krise Anfang der 1990er Jahre, welche sich in Frankfurt in Gestalt steigender Arbeitslosigkeit, einem massiven Deindustrialisierungsschub und einer Rekordverschuldung des kommunalen Haushalts[2] manifestiert (vgl. Beste 2000; Ronneber-

2 In nur vier Jahren steigt der Schuldenstand der Stadt von € 2,4 Milliarden (1990) auf über € 3,4 Milliarden (1994) an (vgl. Stadt Frankfurt 1995: 136).

ger/Keil 1995). Scheinbar führen die Wirtschaftskrise und die damit verbundene Krise des kommunalen Haushaltes dazu, dass alternative Rationalitäten, wie etwa die besagte Umkehrung der Wettbewerbslogik oder die Anfang der 1990er Jahre von dem ersten rot-grünen Reformprojekt auf kommunaler Ebene (vgl. ebd.) getragene Rationalität der ›nachhaltigen Stadt‹, aus dem Feld des Sagbaren verschwinden. Ab diesem Zeitpunkt kann die Behauptung vom Wettbewerb als existenziellem Risiko universelle Geltung beanspruchen, wird also nicht mehr kritisiert und auch nicht durch alternative Realitätskonstruktionen herausgefordert. Der Diskurs um den Wettbewerb der Städte etabliert daher schließlich eine hegemoniale Wissensordnung, welche einen vollkommen neuen handlungsrelevanten Realitätsbereich, nämlich den globalen Raum der Konkurrenz, für die Ausgestaltung lokaler Politik konstruiert. Die beständige, ritualisierte Rede vom Wettbewerb – nicht nur in Frankfurt, sondern im gesamten stadtpolitischen Diskurs – ruft dabei performativ das Phänomen ins Leben, welches vorgeblich nur beschrieben wird, indem die Subjekte in Politik und Verwaltung sich die Wettbewerbslogik zu eigen machen bzw. ihre Wahrnehmungsorientierung und Handlungsweisen danach ausrichten. Zudem erzeugt die Konstruktion des Risikos des Wettbewerbs langfristig eine Universalisierung der ökonomisch-betriebswirtschaftlichen Standortlogik über sämtliche lokalen Politikfelder hinweg, weil Standortpolitik dadurch auch unabhängig von Arbeitslosigkeit oder Finanznot dauerhaft als existenziell notwendig und rational erscheint.

Obwohl der Wettbewerb als objektive Realität und als allgemeine, grundlegende Hintergrundfolie fungiert, vor der jegliches Regieren positioniert wird, sowie zudem als das existenzielle, zu regierende Problem auftritt, wird selbiger im lokalen Diskurs nur sehr selten als begründungswürdiges Phänomen problematisiert. Im Gegensatz zu den Problemen und Risiken früherer politischer Rationalitäten des lokalen Regierens, welche in der Regel ausführlich in ihrer Kausalität diskutiert worden sind, erscheint der Wettbewerb der Städte selbst unmittelbar essentialisiert, naturalisiert und verobjektiviert.

Die Frage ist daher, warum es der Rede vom Wettbewerb offensichtlich gelingt, derartig überzeugend zu wirken, sich als das Allgemeininteresse darzustellen und dementsprechend die Regierungstätigkeit anzuleiten? Diesbezüglich kommen Friederike Meyer zu Schwabedissen und Judith Miggelbrink (2005) am Beispiel der Stadt Leipzig überzeugend zu dem Schluss, dass gerade die Rede vom Wettbewerb als Metapher der Ökonomie Neutralität und Objektivität verspricht sowie darüber hinaus wissenschaftliche Autorität suggeriert. Die Rede vom Wettbewerb vermag demnach zu überzeugen und gesellschaftliche Prozesse zu naturalisieren, weil Wettbewerb als ein Bild des ökonomischen Denkens in der Lage ist, Komplexität zu reduzieren.

3. Der Gewinn einer gouvernementalitätstheoretischen Perspektive liegt u.a. darin, über die realitätskonstituierende Wirkung von Diskursen hinaus ebenso Technologien und Praktiken des Regierens in den Blick nehmen zu können, welche verwoben mit diskursiven politischen Rationalitäten an der Wissensproduktion und Herstellung von Subjekten beteiligt sind. Eine Berücksichtigung der Technologien des Regierens, welche den Diskurs um den Wettbewerb der Städte stabilisieren sowie in Politik und Verwaltung Subjekte (mit-)hervorbringen, die sich selbst als Manager des Unternehmens Stadt begreifen, kann demnach helfen, die erstaunliche Hegemonie neoliberaler Rationalität zu erklären.

Beispielsweise können Städterankings (vgl. Bauer 2007; Haindlmaier 2010) als eine derartige Technologie des Regierens betrachtet werden, welche den Diskurs um den Wettbewerb der Städte stützen, da sie das Abstraktum ›Wettbewerbsfähigkeit‹ in einer quantifizier- und vergleichbaren Größe darstellen und dadurch ein Regieren im interkommunalen Wettbewerb praktisch ermöglichen.[3] Ab 1998 werden derartige Messungen im lokalen Diskurs fast inflationär zitiert, um entweder die Position der eigenen Stadt im Wettbewerb oder die beständige Bedrohung der Spitzenposition Frankfurts zu belegen:

---

3 Vgl. z.B. das Ranking der ›Initiative Neue Soziale Marktwirtschaft‹ unter http://www.insm-wiwo-staedteranking.de.

»Eine Umfrage bei 500 europäischen Spitzenunternehmen hat ergeben, daß in Deutschland Frankfurt der beste Produktionsstandort ist. Im europäischen Vergleich liegt Frankfurt hinter London und Paris auf Platz drei. Eine gute Marge. Wir werden weiter daran arbeiten, diesen Spitzenplatz zunächst einmal zu behaupten und dann auch auszubauen« (Petra Roth als Frankfurter Oberbürgermeisterin 1999: 24).

Bei Rankings wie diesem wird infolgedessen nicht nur ganz systematisch eine bestimmte, partikulare Perspektive – nämlich die von ›Spitzenunternehmen‹ – als universale, objektive Beurteilung städtischer Qualitäten bevorzugt, sondern durch die Abstraktion vom Sozialen vor allem ein beständiger Appell transportiert, die gegenwärtigen Handlungen auf das Ziel der Wettbewerbsfähigkeit der Stadt hin anzupassen. Rankings lassen sich daher mit Foucault als Machttechnologien begreifen, welche diskursiv sowohl ein begrenztes Narrativ über Städte beständig wiederholen und zirkulieren, als auch den Diskurs zugleich durch »ein spezifisches Set kalkulatorischer Techniken« (McCann 2010: 135) rahmen. Die Macht der Rankings liegt daher »in der Art und Weise, wie sie die Komplexität der Erfahrung zu einer vergleichbaren, zitierfähigen und berechenbaren Zahl reduzieren« (ebd.) und somit den Bereich, den sie scheinbar nur darstellen, aktiv konstruieren (vgl. Belina/Miggelbrink 2010). Durch die Konstruktion von unterschiedlichen Orten mit den gleichen Problemen, durch die Herstellung von Äquivalenzen und vermeintlich technischen Beurteilungskriterien sowie durch das klare Angebot von Lösungsmechanismen erscheint »der interurbane Wettbewerb als ein nicht zur Diskussion stehendes Faktum« bzw. »als Produkt einer apolitischen, objektiven Kalkulation« (McCann 2010: 142). Die kalkulatorischen Techniken der Rankings sind daher keineswegs unschuldig, sondern sie stellen Subjekte her, priorisieren Probleme, haben produktive Effekte, essentialisieren den Wettbewerb der Städte und stellen Standortpolitik als vernünftig, logisch und alternativlos dar (vgl. Rose 1999: 197ff). Territoriale Vergleiche in Form von Rankings definieren folglich »die Stadt ihrem Wesen nach als kompetitive Einheit« (McCann 2010: 150) und erhalten somit eine aktive Rolle bei der Etablierung neoliberaler Politiken und bei der Generierung von aktiver Zustimmung.

Eine zweite wesentliche Technologie des Regierens, welche untrennbar mit einer neoliberalen Rationalität verbunden ist und diese zugleich stabilisiert, stellen betriebswirtschaftliche Steuerungspraktiken bezüglich der Organisation der städtischen Verwaltung dar (vgl. Pelizzari 2001). Im Gegensatz zu städtischer Verwaltungsarbeit in der unternehmerischen Stadt hatte sich die Verwaltung der fordistischen Stadt explizit nicht an marktförmiger Regulation und betriebswirtschaftlichem Handeln zu orientieren, sondern sollte vor dem Hintergrund modernen Fortschrittsdenkens mittels technischer Vernunft und rationaler, bürokratischer Planung gesteuert werden. Dementgegen werden ab Mitte der 1980er Jahre erstmals betriebswirtschaftliche Theorien auf die Organisation der Verwaltung angewandt. Eine grundlegende Umstrukturierung erfährt die städtische Administration aber erst Anfang der 1990er Jahre, indem der rot-grüne Magistrat auf der Suche nach Einsparpotenzial zur Überwindung der kommunalen Finanzkrise die Verwaltung im Sinne von *New Public Management*-Konzepten nach Markt- und Wettbewerbsmechanismen umzustrukturieren beginnt. Mit der Übertragung betriebswirtschaftlicher Steuerungsmodelle gehen Subjektivierungsweisen einher, die – neben der diskursiven Anrufung durch den Wettbewerbsdiskurs – ein unternehmerisches Selbstverständnis induzieren. Dafür spricht, dass sich seitdem Akteure in Politik und Verwaltung selbst mehr und mehr als Manager des Unternehmens Stadt begreifen sowie die Stadt und ihre Untereinheiten in Analogie zur Unternehmensform repräsentiert werden. Entscheidend ist dabei der nicht-intendierte Machteffekt. Denn für als ManagerInnen des Unternehmens Stadt subjektivierte Akteure erscheint das Bild vom Wettbewerb so unmittelbar überzeugend, weil Wettbewerb nicht nur positiv mit Neutralität, Effizienz und Leistung konnotiert ist, sondern vor allem per se zum Selbstverständnis einer betriebswirtschaftlichen Rationalität gehört. Wenn die Stadt und ihr Personal in Analogie zur Unternehmensform strukturiert und repräsentiert werden, erscheint es auch als selbstverständlich, den ›Konzern Frankfurt‹ ebenso als Wettbewerbseinheit zu begreifen.

Während die CDU seit den 1980er Jahren maßgeblich an der Konstruktion des globalen Wettbewerbs der Städte als existenziellem Risiko mitwirkt, ist sie allerdings nicht die treibende Kraft, welche die Durchsetzung einer unternehmerischen Steuerung der Stadtverwaltung beschleunigt. Bemerkenswerterweise sind es vielmehr die Grünen, welche in den 1980er Jahren noch explizit die Wissensordnung vom interkommunalen Wettbewerb grundlegend kritisiert haben, die nun die Entwicklung und Implementierung neoliberaler Techniken des lokalen Regierens vorantreiben. Als These lässt sich diesbezüglich formulieren, dass gerade die Grünen eine Vorreiterrolle bei der Implementierung neoliberaler Steuerungstechniken einnehmen, weil deren linksalternative Staatskritik für neoliberale Rationalitäten anschlussfähig wird und sich sukzessive hin zu einer solchen transformiert. Die in den 1980er Jahren vom grünen Milieu in Frankfurt formulierte Ablehnung staatlicher Bevormundung sowie die Forderungen nach Autonomie, Eigenverantwortung, Selbstbestimmung, Freiheit und Entstaatlichung artikulieren sich demnach vor dem Hintergrund der eigenen Regierungsverantwortung und einer gleichzeitigen kommunalen Finanznot mit einer neoliberalen politischen Rationalität. Die ehemals progressive »utopian vision of the emancipated self« übersetzt sich folglich in »neo-liberal critiques of the welfare state« (Dean 1999: 155), verschiebt sich bspw. in die Anrufung von eigenverantwortlichen Subjekten auf dem Feld der Sozialpolitik (vgl. Mayer 2003; Rose 2008) und ist daher in der Lage, aktive Zustimmung zur ›unternehmerischen Stadt‹ zu generieren.

Mit Hilfe der *Governmentality Studies* lässt sich also zeigen, wie historisch in einem umkämpften Prozess ein spezifisches Wissen bzw. eine neoliberale Rationalität in einem wechselseitigen Verhältnis mit spezifischen Technologien des Regierens entstanden sowie wie ein Feld geschaffen worden ist, auf dem als ManagerInnen des Unternehmens Stadt subjektivierte Akteure rational erscheinen können. Deutlich wird ebenso, dass die unternehmerische bzw. neoliberale Stadt nicht strategisch von langer Hand geplant worden ist, sondern erstens die gegenwärtigen gesellschaftlichen Kräfteverhältnisse selbst das Produkt diskursiver und nicht-diskursiver Praktiken sind. Untersucht werden können somit »the ways in which those political actors and forces are already to some extent the result of various kinds of governmental action« (Dean 1999: 199). Zweitens lässt sich kein Zentrum ausmachen, von dem aus die Neoliberalisierung des Städtischen ihren Anfang nahm. Vielmehr ist sie das Resultat vielfältiger und z.T. gegensätzlicher Strategien, die mal von konservativen, mal sozialdemokratischen und mal linksalternativen Kräften erfunden und vorangetrieben worden sind.

Warum sich aber historisch gerade diese Wissensform durchsetzen und hegemonial werden konnte, lässt sich mit einem ausschließlichen gouvernementalitätstheoretischen Blick auf Diskurse und lokale Praktiken nicht hinreichend erklären. Daher soll im Folgenden die Genealogie der unternehmerischen Stadt an die Materialität gesellschaftlicher Verhältnisse bzw. konkreter an die Transformation und Reskalierung des Staates seit den 1970er Jahren zurückgebunden werden.

VOM *SPATIAL KEYNESIANISM* ZUM *RESCALED COMPETITION STATE REGIME*

Seit der Krise des Fordismus und der darauffolgenden Suche nach einem »new institutional fix« (Peck/Tickell 1994) lässt sich bezüglich der BRD eine tiefgreifende Transformation des Staates zum »nationalen Wettbewerbsstaat« identifizieren (vgl. Hirsch 2005, 1995). Damit einher geht u.a. auch eine grundlegende Reskalierung der Geographien von Staatlichkeit (vgl. Brenner 2004a, 2004b, 2000). Ein Prozess des *up-* und *downscalings* regulatorischer Verantwortlichkeiten und Kapazitäten hat demnach zu einem Bedeutungsgewinn supranationaler, wie auch subnationaler Ebenen geführt, wobei Städte innerhalb der multiskalaren Hierarchie des Staates zu »increasingly strategic sites of regulatory experimentation, institutional innovation, and sociopolitical contestation« (Brenner 2009: 68) geworden sind.

Unter fordistischen Bedingungen waren Kommunen in der BRD dagegen als relativ standardisierte administrative »Transformationsriemen zentralstaatlicher sozioökonomischer Politiken« (Knapp 2009: 172) organisiert, um den Wohlfahrtsstaat, einheitliche urbane Infrastrukturen sowie ausgleichorientierte regionale Umverteilungspolitiken realisieren zu können. Seit den 1980er Jahren werden jedoch seitens des Bundes und der Länder in einem umkämpften Prozess erstens durch eine schrittweise Transformation der Raumordnungs- und Regionalpolitik die wirtschaftspolitische Verantwortung für eine gelingende Kapitalakkumulation auf die subnationale Ebene übertragen (vgl. dazu im Detail Brenner 2000; Knapp 2009), zweitens werden die finanziellen Ressourcen der Städte durch verschiedene Steuerreformen zurückgefahren und zugleich sozialpolitische Aufgaben auf die lokale Ebene abgeladen – was zur kommunalen Finanzkrise geführt hat (vgl. Jungfer 2005; Sander 2009) – sowie drittens werden verbleibende Mittelzuweisungen vor allem auf die global wettbewerbsfähigsten Regionen konzentriert (vgl. Brenner 2004a). Vor diesem Hintergrund kommt Neil Brenner (2004b: 481) bezogen auf Westeuropa zu dem Schluss:

> »Within this rescaled configuration of state spatiality, national governments have not simply downscaled or upscaled regulatory power, but have attempted to institutionalize competitive relations between major subnational administrative units as a means to position local and regional economies strategically within supranational [...] circuits of capital.«

Unter Bedingungen eines »Rescaled Competition State Regimes« (Brenner 2004a: 260) ist also in den letzten Jahrzehnten sukzessive staatlicherseits ein interkommunaler Wettbewerb entfacht worden. Die veränderte Position von Städten innerhalb dieses neuen skalaren Gefüges, welche ihnen eine größere Eigenständigkeit bezüglich der Generierung ökonomischen Wachstums zuweist, ist dabei nicht quantitativ im Sinne von mehr oder weniger Autonomie zu interpretieren, sondern als neue Qualität multiskalaren Regierens, bei welchem der fordistische Zwang zur Anpassung durch einen Zwang zur Selbsthilfe ersetzt wird (vgl. Rodenstein 1987). Mit Foucault (2004b) lässt sich die Reskalierung des Staates durch eine Übertragung von wirtschaftspolitischen Zuständigkeiten sowie durch die Anrufung lokaler Eigenverantwortung für eine gelingende Kapitalakkumulation daher als neoliberale Technologie des Regierens begreifen, wobei gerade über die Zuweisung von Freiheit und Verantwortung *regiert* und kommunales Handeln angeleitet wird. Theoretisch lässt sich vor diesem Hintergrund nicht bestimmen, ob ein derartiger über die Gewährung von Freiheit operierender Modus des Regierens Städten mehr Autonomie und Spielräume eröffnet, als ein juridisch-disziplinierendes Gefüge staatlicher Räumlichkeit unter fordistisch-keynesianischer Hegemonie. Auch wenn der Bedeutungsgewinn von Städten bezüglich wirtschaftspolitischer Verantwortung auf den ersten Blick scheinbar mehr Handlungsspielräume eröffnet, lässt sich umgekehrt ebenso argumentieren, dass eine geringere Abhängigkeit von lokalen Steuern und ein höherer Anteil an bindenden zentralstaatlichen Finanzzuweisungen (also weniger ›Freiheit‹) den Konkurrenzdruck zwischen Städten reduzieren und dadurch womöglich lokale Handlungsspielräume trotz erhöhter Abhängigkeit vom Zentralstaat erweitern würden (vgl. Krätke/Schmoll 1987).

Die politisch umkämpfte Etablierung einer disziplinierenden Wirkung von Marktkräften ist also als eine Strategie zur »Vervielfältigung der Unternehmensform« (Foucault 2004b: 210) auf lokaler Ebene zu verstehen. Wie Justus Uitermark (2002) diesbezüglich herausgearbeitet hat, sind mit der Reskalierung des Staates Auswirkungen auf subnationale Hegemonieprozesse verbunden, da so die mögliche Auswahl von als legitim und rational darstellbaren lokalpolitischen Alternativen beeinflusst wird. Da nämlich die kompetitive Transformation des staatlichen Raums die Möglichkeit von »›place politics‹ as an alternative to class politics« nahelegt, trägt sie dazu bei, dass sich die Wahrscheinlichkeit erhöht, dass sich zum einen soziale Kämpfe zwischen lokalen Kräfteverhältnissen (bspw. zwischen Arbeit und Kapital) in sozialräumliche Kämpfe zwischen konkurrierenden standortpolitischen Schicksalsgemeinschaften verwandeln sowie zum anderen neoliberale Subjektivierungsweisen an Plausibilität gewinnen. Anders ausgedrückt, eröffnet ein *Rescaled Competition State Regime* die materielle Basis für die Entstehung einer lokalen Schicksalsgemeinschaft auf Grundlage einer »loyalty to place« (Harvey 1989: 14) sowie die Basis für einen Diskurs, »that combines the ›myth‹ of a coherent community that has uniform interests with the exaggerated notion of ›hypermobile‹ capital in such a way that ›there is no alternative‹ from meeting capital's demands« (Uitermark 2002: 758).

Zusammenfassend lässt sich festhalten, dass sich im Anschluss an die Krise des Fordismus ein neues »interscalar rule regime« (Peck 2002) herausgebildet hat, in welchem Städte sich »in a lemming-like rush« (Peck/Tickell 2002: 385) dazu genötigt sehen, ökonomisches Wachstum und territoriale Wettbewerbsfähigkeit gegenüber wohlfahrtsorientierten, redistributiven Rationalitäten zu privilegieren. Die räumliche und skalare Organisation des Staates ist demnach zu einem Instrument geworden, um lokale Räume im Sinne eines nationalen Wettbewerbsstaates zu mobilisieren. Der Wettbewerb der Städte ist somit keineswegs das Ergebnis einer übermächtigen Globalisierung (wie etwa das einleitende Zitat von Petra Roth nahelegt) und auch nicht der unmittelbare Ausdruck einer postfordistischen Gesellschaftsformation, sondern politisch durch eine Transformation des Staates hergestellt worden und daher als ein »politically constructed imperative« (Brenner 2004a: 212f) zu interpretieren (vgl. auch Peck/Tickell 2002: 395ff).

Diese politisch hergestellte zunehmende Abhängigkeit von der lokalen Ökonomie erscheint im Diskurs allerdings »überwiegend als verobjektivierter ›Sachzwang‹« (Krätke/Schmoll 1987: 41). Daher ist eine Anpassung der lokalen Politik an die neuen Bedingungen zwar wahrscheinlich, aber als ein historisch umkämpftes Resultat keineswegs automatisch garantiert. Prinzipiell offen bleibt nämlich, inwieweit der sozial hergestellte Imperativ von den Subjekten auch als Unvermeidbarkeit anerkannt wird. Vielmehr kann der vermeintliche Sachzwang zumindest potenziell auch als sozial hergestelltes Machtverhältnis denaturalisiert, dadurch politisiert und schließlich zur Disposition gestellt werden. Folglich ist grundsätzlich eine »lokale

Gegenmacht« (ebd.: 55ff) auf Grundlage veränderter lokaler Kräfteverhältnisse und anderer Subjektivierungsweisen durchaus möglich. Ohne eine grundlegende gesamtgesellschaftliche Veränderung, die mit einem *scale jumping* über die lokale Ebene hinaus einhergehen müsste (vgl. Brenner/Heeg 1999: 113ff), muss jede Gegenmacht aber stets umkämpft und prekär bleiben und kann immer nur höchstens temporär realisiert werden, da ansonsten entweder zentralstaatliche Gegenstrategien (etwa durch eine radikale Auflösung der lokalen administrativen Einheit oder durch ein finanzielles Austrocknen und Beschneiden der lokalen Kompetenzen) oder eine drohende Abwanderung von Kapital die oppositionellen Bestrebungen untergraben (vgl. Krätke/Schmoll 1987: 60ff). Nichtsdestotrotz kann eine solche lokale Gegenmacht jedoch die Lebensbedingungen vor Ort zumindest temporär entscheidend verbessern sowie darüber hinaus mögliche gesellschaftliche Alternativen zur bestehenden Ordnung überhaupt (wieder) denkbar und in Ansätzen auch praktisch werden lassen.

FAZIT

Vor allem im angelsächsischen Raum hat sich ab Anfang der 1990er Jahre eine Lesart Foucaults etabliert, welche diesen als grundsätzliche Abkehr von jeglicher materialistischen Gesellschafts- und Kapitalismustheorie interpretiert (vgl. z.B. Burchell et al. 1991). In jüngerer Zeit haben allerdings zahlreiche AutorInnen darauf hingewiesen, dass Foucault zwar mit einem orthodox-strukturalistischen Marxismus bricht, sein Werk aber nichtsdestotrotz als Fortschreibung materialistischer Gesellschafts- und Staatstheorie gelesen werden kann (vgl. Buckel 2007; Demirovic 2008; Jessop 2011, 2008; Lemke 2007); was auch Foucault keineswegs zu bestreiten scheint:

»Natürlich kann man die Mechanismen der ›Objektivierung‹ nicht erforschen, ohne deren Beziehungen zu den Herrschafts- und Ausbeutungsmechanismen zu berücksichtigen. Doch die Mechanismen der ›Objektivierung‹ bilden nicht einfach den ›Endpunkt‹ anderer, fundamentalerer Mechanismen. Vielmehr unterhalten sie komplexe, zirkuläre Beziehungen untereinander« (Foucault 2005: 276).

Am Beispiel des konkreten Gegenstandes der Genealogie und Hegemonie der unternehmerischen Stadt lässt sich der Gewinn einer Vermittlung beider Theorietraditionen zur Erklärung und Kritik gegenwärtiger Machtverhältnisse veranschaulichen. Während materialistische Gesellschafts- und Staatstheorie die Transformation und Reskalierung von Staatlichkeit als einen kriseninduzierten Suchprozess nach einer erneuten Stabilisierung kapitalistischer Regulation interpretiert, können die *Governmentality Studies* zeigen, wie vor diesem Hintergrund ein Wissen erfunden sowie Subjekte produziert worden sind, welche städtisches Regieren unter postfordistischen Bedingungen möglich machen. Gemeinsam ist beiden, dass die Neoliberalisierung des Städtischen als Effekt veränderbarer, sozialer und diskursiver Praktiken verstanden wird. Indem die unternehmerische Stadt somit als historisches Produkt und als Effekt gesellschaftlicher Machtverhältnisse denaturalisiert wird, kann ihr – als notwendige Bedingung für jegliche zukünftige Repolitisierung – der essentialistische Schein genommen werden. Darüber hinaus verdeutlichen beide, dass die Neoliberalisierung des Städtischen nicht aus einem Zentrum der Macht abgeleitet werden kann. Zum einen ist sie keineswegs als automatische Anpassung an eine übermächtige Globalisierung der Ökonomie zu verstehen, sondern als ein multiskalarer und umkämpfter Prozess, welcher sich auf unterschiedlichen räumlichen Maßstabsebenen vollzogen hat. Die gegenwärtige Hegemonie neoliberaler Rationalität unter städtischen Eliten ist außerdem nicht von irgendwelchen Mächten (etwa ›den Neoliberalen‹ oder ›dem Kapital‹) bzw. von prädiskursiven Interessensgruppen geplant und von langer Hand durchgesetzt worden, sondern das in dieser Form unintendierte Resultat von verschiedenen und sich z.T. widersprechenden Strategien. Die hegemoniale Zustimmung speist sich dabei aus der Artikulation einer Vielzahl diskursiver Praktiken, welche – getragen von unterschiedlichen gesellschaftlichen Kräften – performativ den Wettbewerb der Städte als objektive Realität naturalisieren, zudem von spezifischen Technologien des Regierens (Städterankings, *New Public Management*) gerahmt werden und sich im lokalen Staat materialisiert haben. Indem die Partikularität neoliberaler Wissensordnung in einem diskursiven Prozess mit dem hegemonialen Anspruch eines universellen Sinnhorizonts versehen werden kann, gelingt es, eine kohärente, relativ stabile und dauerhafte »Einheit der politischen Apparatur« (Hirsch 2005: 32) des lokalen Staates herzustellen und umgekehrt Alternativen aus dem Feld des Sagbaren zu verbannen. Gegenwärtige gesellschaftliche Kräfteverhältnisse, welche die unternehmerische Stadt stützen und stabilisieren, bewegen sich folglich auf Basis bzw. innerhalb eines historisch entstandenen und nun hegemonialen Möglichkeitsfeldes und sind daher selbst das Resultat eines umkämpften Prozesses.

Vor diesem Hintergrund sollte am empirischen Gegenstand deutlich geworden sein, dass sich materialistische Gesellschaftstheorie und Elemente poststrukturalistischer Theoriebildung gegenseitig produktiv ergänzen können. Die Erweiterung besteht dabei in der Ergänzung des Begriffs »des Materiellen um die Dimension des Symbolischen und des Technologischen«, indem »die realitätskonstituierende Bedeutung von Diskursen, Narrativen, Wissenssystemen auf der einen und praktischer Verfahren, Instrumente und Programme auf der anderen Seite« (Lemke 2007: 50) einbezogen werden. Die Vertiefung besteht »in der umfassenden Konzeptualisierung von Subjektivierungsprozessen« (ebd.). Um Foucault nicht als Überwindung, sondern als kritische Fortschreibung materialistischer Theoriebildung lesen zu können, ist allerdings eine grundlegende methodologische Bedingung zu beachten. Ohne die immanente Krisenhaftigkeit kapitalistischer Gesellschaften (vgl. Görg 1994) und die soziale Formbestimmtheit von Struktur und Handlung (vgl. Hirsch 1994) aus dem Blick zu verlieren, dürfen die Inhalte von diskursiven und hegemonialen Effekten allerdings weder funktionalistisch aus der Ökonomie abgleitet, noch die Analyse mit der Frage begonnen werden, wer mit welchem Interesse, was durchsetzten will. Die Ausgangsfrage muss vielmehr ›wie‹ heißen, nämlich wie eine zu regierende Realität sowie konkrete Subjekte durch diskursive und soziale Praktiken in einem relationalen Machtfeld hergestellt werden.

Allerdings schließt dies nicht aus, in einem zweiten Schritt auch eine Beziehung zwischen beiden Ebenen zu knüpfen, indem die realitätskonstituierende Wirkung von Diskursen und die Transformationen von Subjektivierungsweisen vor dem Hintergrund einer widersprüchlichen und krisenhaften kapitalistischen Vergesellschaftung verortet werden.

Literatur

Bauer, Rudolph (2007): Kommerz statt Kommune. Bertelsmann(-Stiftung) und Kommunalpolitik, in: Jens Wernicke/Thorsten Bultmann (Hg.), Netzwerk der Macht – Bertelsmann. Der medial-politische Komplex aus Gütersloh, Marburg: BdWi Verlag, S. 403–428.

Belina, Bernd/Miggelbrink, Judith (2010): Hier so, dort anders. Zum Vergleich von Raumeinheiten in der Wissenschaft und anderswo. Einleitung zum Sammelband, in: dies. (Hg.), Hier so, dort anders. Raumbezogene Vergleiche in der Wissenschaft und anderswo, Münster: Westfälisches Dampfboot, S. 7–39.

Beste, Hubert (2000): Morphologie der Macht. Urbane »Sicherheit« und die Profitorientierung sozialer Kontrolle, Opladen: Leske + Budrich Verlag.

Brenner, Neil (2009): Restructuring, Rescaling and the Urban Question, in: Critical Planning 16, S. 61–79.

Brenner, Neil (2004a): New state spaces. Urban governance and the rescaling of statehood, Oxford: Oxford University Press.

Brenner, Neil (2004b): Urban governance and the production of new state spaces in Western Europe 1960–2000, in: Review of International Political Economy 11(3), S. 447–488.

Brenner, Neil (2000): Building ›Euro-Regions‹: Locational Politics and the Political Geography of Neoliberalism in Post-Unification Germany, in: European Urban and Regional Studies 7(4), S. 317–343.

Brenner, Neil/Theodore, Nik (2002): Cities and the Geographies of ›Actually Existing Neoliberalism‹, in: Antipode 33(3), S. 349–379.

Bröckling, Ulrich/Krasmann, Susanne/Lemke, Thomas (Hg.) (2011): Governmentality. Current issues and future challenges, New York: Routledge.

Brück, Wolfram (1988): Haushaltsdebatte über den Etat des Jahres 1989 (CDU). Unveröffentlichtes Manuskript, Stadtarchiv Frankfurt am Main.

Buckel, Sonja (2007): Subjektivierung und Kohäsion. Zur Rekonstruktion einer materialistischen Theorie des Rechts, Weilerswist: Velbrück.

Burchell, Graham/Gordon, Colin/Miller, Peter M. (Hg.) (1991): The Foucault effect. Studies in Governmentality, London: Prentice-Hall.

Castells, Manuel (1977): Die kapitalistische Stadt. Ökonomie und Politik der Stadtentwicklung, Hamburg: VSA.

Crouch, Colin (2004): Post-democracy, Cambridge: John Wiley.

Dean, Mitchell (1999): Governmentality. Power and rule in modern society, London: Sage.

Demirovic, Alex (2008): Das Wahr-Sagen des Marxismus: Foucault und Marx, in: Prokla. Zeitschrift für kritische Sozialwissenschaft 151, S. 179–202.

Demirovic, Alex (2003): Stroboskopischer Effekt und die Kontigenz der Geschichte. Gesellschaftstheoretische Rückfragen an die Regulationstheorie, in: Ulrich Brand/Werner Raza (Hg.), Fit für den Postfordismus? Theoretisch-politische Perspektiven des Regulationsansatzes, Münster: Westfälisches Dampfboot, S. 43–57.

Donzelot, Jacques/Meuret, Denis/Miller, Peter (Hg.) (1994): Zur Genealogie der Regulation. Anschlüsse an Michel Foucault, Mainz: Decaton-Verlag.

Esser, Josef/Görg, Christoph/Hirsch, Joachim (Hg.) (1994): Politik, Institutionen und Staat. Zur Kritik der Regulationstheorie, Hamburg: VSA.

Foucault, Michel (2005): Subjekt und Macht, in: ders. (Hg.), Dits et écrits. Bd. 4, Frankfurt am Main: Suhrkamp, S. 269–294.

Foucault, Michel (2004a): Geschichte der Gouvernementalität Bd.1. Sicherheit, Territorium, Bevölkerung, Frankfurt am Main: Suhrkamp.

Foucault, Michel (2004b): Geschichte der Gouvernementalität Bd.2. Die Geburt der Biopolitik, Frankfurt am Main: Suhrkamp.

Goodwin, Mark/Painter, Joe (1996): Local Governance, the Crisis of Fordism and the Changing Geographies of Regulation, in: Transactions of the Institute of British Geographers 21, S. 635–648.

Görg, Christoph (1994): Krise und Institution, in: Esser, Josef/Görg, Christoph/Hirsch, Joachim (Hg.), Politik, Institutionen und Staat, 85–132.

Gramsci, Antonio (1991): Gefängnishefte: kritische Gesamtausgabe, Hamburg: Argument-Verlag.

Habermann, Friederike (2008): Der homo oeconomicus und das Andere. Hegemonie, Identität und Emanzipation, Baden-Baden: Nomos.

Haindlmaier, Gudrun (2010): Ranked Top 10: Typology and Quality of City Rankings, in: The International Journal of Interdisciplinary Social Sciences 10(4), S. 29–40.

Harvey, David (1989): From managerialism to entrepreneurialism: the transformation in urban governance in late capitalism, in: Geografiska Annaler, Series B 71, S. 3–17.

Heeg, Susanne/Rosol, Marit (2007): Neoliberale Stadtpolitik im globalen Kontext. Ein Überblick, in: Prokla. Zeitschrift für kritische Sozialwissenschaft 149, S. 491–510.

Hirsch, Joachim (2005): Materialistische Staatstheorie. Transformationsprozesse des kapitalistischen Staatensystems, Hamburg: VSA.

Hirsch, Joachim (1995): Der nationale Wettbewerbsstaat. Staat, Demokratie und Politik im globalen Kapitalismus, Berlin: Id-Verlag.

Hirsch, Joachim (1994): Politische Form, politische Institutionen und Staat, in: Esser/Görg/Hirsch, Politik, Institutionen und Staat, S. 157–211.

Hirseland, Andreas/Schneider, Werner (2006): Wahrheit, Ideologie und Diskurs. Zum Verhältnis von Diskursanalyse und Ideologiekritik, in: Reiner Keller/Andreas Hirseland/Werner Schneider/Willy

Viehöver (Hg.), Handbuch Sozialwissenschaftliche Diskursanalyse, Bd. 1. Theorien und Methoden, Wiesbaden: VS-Verlag, S. 377–406.

Jessop, Bob (2011): Constituting Another Foucault Effect. Foucault on States and Statecraft, in: Bröckling, Ulrich/Krasmann, Susanne/Lemke, Thomas, Governmentality. Current issues and future challenges, S. 56–73.

Jessop, Bob (2008): State power. A strategic-relational approach, Cambridge: Polity Press.

Jessop, Bob (1997): A Neo-Gramscian Approach to the Regulation of Urban Regimes. Accumulation Strategies, Hegemonic Projects, and Governance, in: Mickey Lauria (Hg.), Reconstructing urban regime theory. Regulating urban politics in a global economy, London: Sage, S. 51–74.

Jungfer, Klaus (2005): Die Stadt in der Krise. Ein Manifest für starke Kommunen, Bonn: BpB.

Knapp, Wolfgang (2009): Metropolregion, Staat und die aktuelle Politik der räumlichen Redimensionierung. Aus der Sicht des Regulationsansatzes und der ›radical geography‹, in: Jörg Knieling (Hg.), Metropolregionen. Innovation, Wettbewerb, Handlungsfähigkeit, Hannover: ARL, S. 151–199.

Krasmann, Susanne/Volkmer, Michael (Hg.) (2007): Michel Foucaults ›Geschichte der Gouvernementalität‹ in den Sozialwissenschaften. Internationale Beiträge, Bielefeld: transcript.

Krätke, Stefan/Schmoll, Fritz (1987): Der lokale Staat – ›Ausführungsorgan‹ oder ›Gegenmacht‹, in: Prokla. Zeitschrift für kritische Sozialwissenschaft 33, S. 30–72.

Lebuhn, Henrik (2008): Stadt in Bewegung. Mikrokonflikte um den öffentlichen Raum in Berlin und Los Angeles, Münster: Westfälisches Dampfboot.

Lemke, Thomas (2007): Eine unverdauliche Mahlzeit? Staatlichkeit, Wissen und die Analytik der Regierung« in: Krasmann, Susanne/Volkmer, Michael (Hg.), Michel Foucaults ›Geschichte der

Gouvernementalität‹ in den Sozialwissenschaften, Bielefeld: transcript, S. 47–74.

Lemke, Thomas (1997): Eine Kritik der politischen Vernunft. Foucaults Analyse der modernen Gouvernementalität, Hamburg: Argument Verlag.

Mattissek, Annika (2008): Die neoliberale Stadt. Diskursive Repräsentationen im Stadtmarketing deutscher Großstädte, Bielefeld: transcript.

Mayer, Margit (2003): »Das Potenzial des Regulationsansatzes für die Analyse städtischer Entwicklungen am Beispiel territorialer Anti-Armutspolitik«, in: Brand/Raza, Fit für den Postfordismus?, S. 265–281.

McCann, Eugene J. (2010): ›Best Places‹: Interurbaner Wettbewerb, Lebensqualität und der massenmediale Diskurs, in: Bernd Belina/Judith Miggelbrink (Hg.), Hier so, dort anders, S. 132–152.

Meyer zu Schwabedissen, Friederike/Miggelbrink, Judith (2005): ›Wo der Standort trompetet, geht die Freiheit flöten‹. Bilder interurbanen Wettbewerbs am Beispiel der Bewerbung Leipzigs zur ›Candidate City‹ für die Olympischen Spiele 2012, in: Social Geography 1, S. 15–27.

Peck, Jamie (2002): Political Economies of Scale: Fast Policy, Interscalar Relations, and Neoliberal Workfare, in: Economic Geography 78(3), S. 331–360.

Peck, Jamie/Tickell, Adam (2002): Neoliberalizing Space, in: Antipode 34(3), S. 380–404.

Peck, Jamie/Tickell, Adam (1994): Searching for a New Institutional Fix: the After-Fordist Crisis and the Global-Local Disorder, in: Ash Amin (Hg.), Post-Fordism. A reader, Oxford: Blackwell, 280–315.

Pelizzari, Alessandro (2001): Die Ökonomisierung des Politischen. New public management und der neoliberale Angriff auf die öffentlichen Dienste, Konstanz: Uvk.

Rodenstein, Marianne (1987): Durchstaatlichung der Städte? Krisenregulierung durch die kommunale Selbstverwaltung, in: Walter Prigge (Hg.), Die Materialität des Städtischen. Stadtentwicklung und

Urbanität im gesellschaftlichen Umbruch, Basel: VS Verlag, S. 107–123.

Ronneberger, Klaus/Keil, Roger (1995): Ausser Atem – Frankfurt nach der Postmoderne, in: Hansruedi Hitz/Ute Lehrer/Roger Keil (Hg.), Capitales Fatales. Urbanisierung und Politik in den Finanzmetropolen Frankfurt und Zürich, Zürich: Rotpunktverlag, S. 286–353.

Ronneberger, Klaus/Keil, Roger (1993): Riding the Tiger of Modernisation: Red Green Municipal Reform Politics in Frankfurt am Main«, in: Capitalism, Nature, Socialism. A Journal of Socialist Ecology 4(2), S. 19–50.

Rose, Nikolas (2008): »Governing Cities, Governing Citizens«, in: derive. Zeitschrift für Stadtforschung 31, S. 13–19.

Rose, Nikolas (1999): Powers of freedom. Reframing political thought, Cambridge: Cambridge University Press.

Roth, Petra (2008): Die Rolle der Stadt Frankfurt in der regionalen Zusammenarbeit. Rede vor der ›Wirtschaftsinitiative Frankfurt Rhein-Main‹ am 18.02.2008, http://www.petra-roth.de vom 15.02.2010.

Roth, Petra (1999): Kommunalpolitischer Situationsbericht 1999, http://www.stvv.frankfurt.de/parlis vom 15.02.2010.

Roth, Petra (1997): Kommunalpolitischer Situationsbericht 1997, http://www.stvv.frankfurt.de/parlis vom 15.02.2010.

Sablowski, Thomas (1994): Zum Status des Hegemoniebegriffs in der Regulationstheorie, in: Esser, Josef/Görg, Christoph/Hirsch, Joachim (Hg.), Politik, Institutionen und Staat, S. 133–156.

Sander, Bernhard (2009): Der Ruin der Städte. Rückgang der Investitionen in öffentliche Infrastruktur, in: Sozialismus 36(3), S. 33–37.

Schipper, Sebastian (2010): Unternehmerische Stadtentwicklung zwischen interkommunalem Wettbewerb und lokaler Regulation: Untersucht am Beispiel der Stadt Münster, in: ACME – An International E-Journal for Critical Geographies 9(2), S. 138–163.

Sellach, Brigitte (1988): Haushaltsdebatte über den Etat des Jahres 1989. Unveröffentlichtes Manuskript, Stadtarchiv Frankfurt am Main.

Stadt Frankfurt (1999): Statistisches Jahrbuch 1998, Frankfurt/M.

Stadt Frankfurt (1995): Statistisches Jahrbuch 1994, Frankfurt/M.

Stadt Frankfurt (1992): Statistisches Jahrbuch 1991, Frankfurt/M.

Stracke, Ernst (1980): Stadtzerstörung und Stadtteilkampf. Innerstädtische Umstrukturierungsprozesse, Wohnungsnot und soziale Bewegungen in Frankfurt am Main, Köln: Pahl-Rugenstein.

Uitermark, Justus (2002): Re-scaling, ›scale fragmentation‹ and the regulation of antagonistic relationships, in: Progress in Human Geography 26(6), S. 743–765.

Blinde Flecken überbrücken

Eine Verknüpfung von Edward W. Saids Denkfigur der imaginativen Geographie mit der Hegemonie- und Diskurstheorie Ernesto Laclau und Chantal Mouffes

SHADIA HUSSEINI DE ARAÚJO

EINLEITUNG: IMAGINATIVE GEOGRAPHIEN IN MASSENMEDIEN

Mit ›Orientalismus‹ (1978) hat Edward W. Said ein Werk vorgelegt, das die Wissenschaft maßgeblich prägte und heute zu den Schlüsseltexten der postkolonialen Kritik zählt. Eine zentrale Rolle nimmt darin die Denkfigur der imaginativen Geographie ein, die Said in seiner Analyse des ›Orientalismus‹ entwickelt. Er konzeptionalisiert damit das Zusammenwirken von Macht, Wissen und Geographie – verstanden als Geo-Graphie, d.h. als Welt-(Be)Schreibung im allgemeinen Sinne –, welches jeder diskursiven Konstruktion von Raum immanent sei. Seine theoretische Ausgangsbasis bildet im Wesentlichen die Diskurstheorie Michel Foucaults (1966, 1969, 1975) in Verknüpfung mit der Hegemonietheorie Antonio Gramscis (1975). Aufbauend auf diesen Ansätzen zeigt er, »wie die europäische Kultur fähig war, den Orient politisch, soziologisch, militärisch, ideologisch, wissenschaftlich und imaginativ [...] zu produzieren« (Said 1981 [1978]: 10).

Said zufolge ließen die imaginativen Geographien des Westens über den Orient sowohl den Orient als auch den Westen als vermeintlich reale Räume erscheinen, denen bestimmte Merkmale zugewiesen und die als *natürlicherweise so und nicht anders* verhandelt wurden: Orient ≡ ›unwissend‹, ›irrational‹, ›unfähig‹ und ›stagnierend‹; Europa ≡ ›wissend‹, ›rational‹, ›kompetent‹ und ›fortschrittlich‹. Aus solchen Entwürfen heraus war es ein Leichtes, so argumentiert er, das Verlangen nach einer europäischen Vorherrschaft im Orient abzuleiten, denn wie sonst sollte der Orient im Zeitalter der Moderne überleben können? (ebd.: 40ff.). Diese Logik veranschaulicht Said anhand von zahlreichen Beispielen aus Politik, Wissenschaft, Unterhaltungskultur und Kunst und zeigt, auf welche Weise die Konstruktionen der kolonialen Vergangenheit bis in die Gegenwart (d.h.: die 1970er Jahre) hineinreichen. Damit wurde ›Orientalismus‹ zu einem der Grundlagenwerke für die postkoloniale Kritik und für daran anschließende empirische Arbeiten.

Eine Reihe an Studien, die Saids Konzept aufgreifen, analysieren imaginative Geographien am Beispiel von Massenmedien, denn letztlich sind diese die entscheidenden Instanzen für die Verbreitung und Verfestigung von imaginativen Geographien in der Öffentlichkeit. Ein Großteil dessen, was wir über die Welt, über unsere und andere Gesellschaften wissen, wird durch die Massenmedien vermittelt. Dementsprechend wird auch hier ein Großteil der gesellschaftlichen Asymmetrien (re)produziert, die aus dem Kolonialismus hervorgegangen sind, unsere Gesellschaften bis heute prägen und in diesem Sinne zu den Forschungsgegenständen postkolonialer Kritik gehören.

Im Gesamtspektrum der Massenmedien kommt dem Bereich der Nachrichten und Berichte eine besondere Rolle zu, denn hier wird scheinbar wahres Wissen über die Welt und über das, was in der Welt geschieht, vermittelt. In diesem Bereich erscheinen imaginative Geographien als einfach gestrickte Weltbilder, die Erklärungs- und Deutungsrahmen für Nachrichten und Medienereignisse liefern und damit Orientierung für das Publikum schaffen, Denkmuster vorgeben und zum Handeln anleiten. Dabei werden sie im Zuge des Erklärens und Deutens immer wieder aufs Neue reproduziert. Sie stricken auf diese

Weise maßgeblich an den sozialen Wirklichkeiten mit, die uns umgeben und die wir als Realität wahrnehmen. Genau dies macht imaginative Geographien in Massenmedien zu gesellschaftspolitisch bedeutsamen Untersuchungsgegenständen.

Aber wie lassen sich diese konzeptionalisieren? Obwohl bereits viele Untersuchungen vorliegen, die imaginative Geographien – je nach Fragestellung auch *popular geopolitics*, geopolitische Leitbilder oder Weltbilder genannt – anhand zahlreicher Fallbeispiele untersuchen,[1] ist die konzeptionelle Auseinandersetzung mit den Medien als Untersuchungsgegenstände vergleichsweise wenig entwickelt. Daher soll die Theoretisierung von massenmedialen imaginativen Geographien in den Mittelpunkt des vorliegenden Beitrags gerückt werden. Ziel ist es dabei, zu zeigen, welche Grenzen und blinde Flecken die Said'sche Denkfigur im Zusammenhang mit der Analyse von Massenmedien aufweist und wie diese durch eine Verknüpfung mit der Hegemonie- und Diskurstheorie Laclau und Mouffes (2006 [1985]) überwunden werden können. Gleichzeitig wird deutlich gemacht, wie sich dadurch die abstrakten Überlegungen von Laclau und Mouffe gesellschaftstheoretisch stärker rückbinden lassen.

Der Zielsetzung entsprechend wird im ersten Schritt dargelegt, welche Besonderheiten imaginative Geographien in Massenmedien kennzeichnen und inwieweit das Said'sche Konzept diese nicht mehr zu fassen vermag. Darauf aufbauend wird die Denkfigur der imaginativen Geographie mithilfe der Laclau und Mouffe'schen Diskurstheorie weiterentwickelt und anhand einer Beispieluntersuchung von imaginativen Geographien in arabischen Medien veranschaulicht. Abschließend erfolgt eine kritische Schlussbetrachtung, um das entwickelte Theoriegerüst selbst als auch seine empirische Anwendung zu reflektieren.

---

1 Vgl. z.B. Reuber/Strüver 2009; Falah/Flint/Mamadouh 2006; Gebhardt/Kiesel 2004; Reuber/Wolkersdorfer 2004; Mamadouh 2003.

DIE BESONDERHEITEN MASSENMEDIALER IMAGINATIVER GEOGRAPHIEN UND DIE GRENZEN DES SAID'SCHEN ANSATZES

In den Massenmedien lassen sich viele Bereiche ausmachen, die unterschiedlichen Produktionsformen und Regeln unterliegen und imaginative Geographien entsprechend auf verschiedene Weisen hervorbringen, formen, festschreiben und verändern. In den Bereichen Nachrichten und Berichte sind für die Fragestellung des vorliegenden Aufsatzes besonders drei Aspekte relevant, die hier kurz beleuchtet werden sollen: die Produktion von Wahrheiten sowie die Erfordernisse der Aktualität und Rekursivität.

Aus einer konstruktivistischen Perspektive heraus betrachtet existiert Wahrheit nicht per se, sondern ist immer ›nur‹ ein gesellschaftliches Produkt. Dabei unterscheiden sich die Regeln der Wahrheitsproduktion, der Anspruch auf das Wahrsprechen sowie die entsprechende gesellschaftliche Anerkennung je nach ›wahrsprechender‹ Instanz teilweise erheblich. Somit haben Wahrheiten, die in Massenmedien produziert werden, einen ganz anderen gesellschaftlichen Stellenwert, als beispielsweise diejenigen der Wissenschaft. In seinem Werk ›Die Realität der Massenmedien‹ (2004 [1995]) schreibt Niklas Luhmann dazu:

»Wahres interessiert die Massenmedien nur unter stark limitierenden Bedingungen. Anders als in der Wissenschaft wird die Information nicht derart durchreflektiert, daß auf wahre Weise festgestellt werden muß, daß Unwahrheit ausgeschlossen werden kann, bevor Wahrheit behauptet wird« (ebd.: 56 und 74).

In Analogie zu diesem Verständnis von Medienwahrheit muss auch ihre Qualität des Festschreibens und der Naturalisierung eine andere sein, als diejenige der Wissenschaft. Sie erscheint offener für Veränderungen, brüchiger, instabiler und im gesamten Mediensystem heterogener als die wissenschaftlich produzierte Wahrheit. In der Konsequenz können auch die imaginativen Geographien der Medien leichter veränderbare und insgesamt heterogenere Formen annehmen. Gleichwohl sind sie nicht weniger wirkmächtig: Obwohl wir »alles Wissen mit dem Vorzeichen des Bezweifelbaren versehen« (ebd.: 10), müssen wir darauf aufbauen und daran anschließen (ebd.).

Die Notwendigkeit von Heterogenität und Veränderbarkeit massenmedialer imaginativer Geographien wird durch die Erfordernisse von Aktualität und Rekursivität (ebd.: 57ff.) noch einmal deutlicher. Das Erfordernis der Aktualität meint, dass eine Information neu sein muss, um zur Nachricht zu werden. Sie überrascht idealerweise durch markante Diskontinuität und bricht bestehende Erwartungen. In dieser Hinsicht ist Mediendiskursen also immer ein gewisses Maß an Offenheit eingeschrieben. Um neue Nachrichten allerdings verstehen zu können, gilt das Erfordernis der Rekursivität, d.h. die Neuheiten müssen innerhalb vertrauter Kontexte erscheinen. An Beispielen lassen sich Kriege und Konflikte, Unfälle, Gipfeltreffen und Reformen erdenken, zu denen es jeden Tag etwas Neues zu berichten gibt. Die vertrauten Kontexte werden dann durch das Anknüpfen an alte Meldungen hergestellt, aber auch durch die imaginativen Geographien, welche im Zuge des Meldens, Berichtens und Kommentierens (re)produziert werden. In ihrer Funktion als vertraute Kontexte, Erklärungs- und Deutungsrahmen müssen sie einerseits bekannt sein (denn sonst wären sie nicht vertraut und könnten auch keine Erklärungen liefern). Auf der anderen Seite müssen sie aufgrund des Gebots der Aktualität und Neuheit auch offen für Verschiebungen und Veränderungen sein. Ihre Verhandlung erfordert Flexibilität, denn die imaginative Geographie muss je nach (neuem) Medienereignis einen passenden Erklärungs- und Deutungskontext liefern.

Neben diesen spezifischen Besonderheiten lassen sich noch eine Reihe an weiteren Aspekten und Erfordernissen ausmachen, die in entscheidendem Maße zur Herausbildung, Formung, Festschreibung und Veränderung von imaginativen Geographien in den Medien beitragen, wie z.B. Simplifizierung und Stereotypisierung, Personifizierung oder auch die bevorzugte Behandlung von Konflikten und Normverstößen. Da sie jedoch im Zusammenhang mit der Operationalisierung des Said'schen Konzeptes eine weniger wichtige Rolle spielen, soll an dieser Stelle nur auf sie verwiesen sein (ausführlich siehe Husseini de Araújo 2011: 76ff.).

Die Schwierigkeit bei der Übertragung der theoretischen Überlegungen Saids auf die Massenmedien liegt nun darin, dass Said den Fokus auf »die innere Konsistenz des Orientalismus« (Said 1981 [1978]: 12) setzt und damit auf theoretischer Ebene kaum Spielraum für Flexibilität und Veränderbarkeit belässt. In diesem Zusammenhang werfen ihm Kritiker_innen vor, den Orientalismus als einen zu einheitlichen Diskurs zu lesen und zu pauschal zu argumentieren (vgl. McLeod 2000: 47f.). Said behandelt den Orientalismus nicht als ein widersprüchliches Terrain, sondern eher als Diskurs, der konsensualen diskursiven Strategien folgt, obwohl er zugleich Entwürfe des Orients verschiedener Autoren anbietet, die nicht homogen sind: »Flaubert ist nicht Nerval, Massignon nicht Renan, Lawrence nicht Burton« (Gregory 1995: 380). Was die Veränderlichkeit und den Wandel imaginativer Geographien betrifft, so zeigt Said zwar empirisch, wie sich der Orientalismus im Laufe der Zeit gewandelt hat und welche Logiken des Kolonialismus auf veränderte Weisen in die Gegenwart hineinreichen. Auf theoretischer Ebene vermag er jedoch nicht, diese Veränderungen zu konzeptionalisieren. Dies wäre aber gerade im Falle massenmedialer imaginativer Geographien von zentraler Bedeutung.

WEITERENTWICKLUNGEN DURCH DIE LACLAU UND MOUFFE'SCHE HEGEMONIE- UND DISKURSTHEORIE

Um einen Ausweg für die skizzierte Schwierigkeit bei der empirischen Anwendung in Medienanalysen zu finden und einen operationalisierbaren Ansatz zu entwickeln, wird im Folgenden vorgeschlagen, Saids Konzept der imaginativen Geographie mit der Laclau und Mouffe'schen Diskurs- und Hegemonietheorie zusammenzudenken. Gleichzeitig wird gezeigt, inwieweit letztere für Problemstellungen der postkolonialen Kritik fruchtbar gemacht werden kann. Dazu werden zunächst Überlegungen zur Konstitution imaginativer Geographien aus einer poststrukturalistischen Perspektive angestellt. Darauf aufbauend wird im zweiten Schritt erörtert, wie Wandel und Veränderung theoretisiert werden können.

Zur Konstitution massenmedialer imaginativer Geographien

In seiner Beschreibung zur Herstellung imaginativer Geographien schließt Said an die Ausführungen des Anthropologen Claude Lévi-Strauss an. Mit seiner ›Wissenschaft des Konkreten‹ geht dieser von der Existenz eines allgemein verbreiteten Verlangens aus, das Universum zu ordnen und eine ganz bestimmte Ordnung der Dinge zu entwickeln:

»Ein primitiver Stamm z.B. deutet jeder Blattart in seiner unmittelbaren Umgebung einen bestimmten Platz, eine Funktion und eine Bedeutung zu. Viele dieser Gräser und Blumen haben keine praktische Verwendung, aber Lévi-Strauss will damit zeigen, daß der Geist Ordnung verlangt und Ordnung dadurch erreicht wird, daß unterschieden wird und jenseits allen praktischen Nutzens alles so platziert wird, um den Verstand auf einen sicheren, wiederauffindbaren Platz hinzuweisen [...]« (Said 1981 [1978]: 65).

Eine räumliche Ordnung von Dingen lässt sich – ähnlich wie die Idee der Fixierung von Bedeutung nach Laclau und Mouffe (2006 [1985]: 150f.) – als eine Notwendigkeit begreifen, denn ohne diese würde es keine Orientierung geben, keine soziale Wirklichkeit, in der wir uns zurechtfänden. Nach Saids Lesart der Lévi-Strauss'schen These werden solche Ordnungen willkürlich und kulturell geschaffen, sie werden stets mit größter Sorgfalt hergestellt und *alles* an Ort und Stelle gebracht (vgl. Lévi-Strauss 2008 [1967]). Diesen Ansatz aus einer poststrukturalistischen Perspektive nach Laclau und Mouffe heraus betrachtet, kann jedoch nur *partiell* und *vorläufig* an Ort und Stelle gebracht werden; Ordnungen sind immer als offen und veränderbar zu verstehen (Laclau und Mouffe 2006 [1985]: 150). Was zur Ordnung wird und wie dementsprechend Dinge bzw. Identitäten verortet werden, ist nichts anderes als ein hegemoniales Ergebnis diskursiver Auseinandersetzung, das jederzeit untergraben werden kann (vgl. den Beitrag von Georg Glasze in diesem Buch).

Für die Verortung von Dingen bzw. Identitäten sind sowohl in der Auffassung nach Lévi-Strauss als auch im poststrukturalistischen Sinne ihre Relationen untereinander entscheidend. Hegemoniale Beziehungsmuster verleihen solchen Ordnungen dann einen scheinbar objektiven Sinn, als hätte man es mit einem objektiv wahrnehmbaren Raum zu tun. Verortung bedeutet daher nicht, dass bestimmte Identitäten einem bestimmten, real vorhandenen Territorium zugeschrieben werden, sondern, dass Identitäten *als* abgrenzbarer Raum und *als* definierbares Territorium diskursiv hervorgebracht werden – abgrenzbar im Sinne ihrer Relation zu anderen, als Raum hervorgebrachte Identitäten.

Dementsprechend kommt es bei der Analyse imaginativer Geographien darauf an, wie Signifikanten mit Raumbezug – beispielsweise ›Orient‹ und ›Okzident‹ – miteinander in Beziehung gebracht werden. Der Prozess der Identitätsbildung von Eigenem und Anderen als imaginative Geographien lässt sich dabei auf die gleiche Weise verstehen, wie Laclau und Mouffe sie in ihrem diskurstheoretischen Ansatz erklären. Entscheidend ist dabei das Wechselspiel zweier Logiken: erstens, die Logik der Differenz, die es ermöglicht, verschiedene, vorläufig fixierte Bedeutungen und Identitäten einer diskursiven Formation zu unterscheiden; zweitens, die Logik der Äquivalenz, die die verschiedenen Bedeutungen und Identitäten äquivalent setzt. Letzteres geschieht durch sogenannte privilegierte Signifikanten. Beispielsweise wird im Diskurs des Orientalismus nach Said (1981 [1978]) der privilegierte Signifikant ›Okzident‹ mit ›Wissen‹, ›Rationalität‹, ›Kompetenz‹ und ›Fortschritt‹ äquivalent gesetzt. Allerdings lässt sich die Äquivalentsetzung nur durch eine »gemeinsame Referenz auf etwas Äußeres« (Laclau und Mouffe 2006 [1985]: 169) bilden, auf etwas, »was der Gegenstand nicht ist« (ebd.) – im Falle des Orientalismus handelt es sich hierbei um ›den Orient‹, der entsprechend mit ›Unwissen‹, ›Irrationalität‹, ›Inkompetenz‹ und ›Stagnation (bzw. Rückschrittlichkeit)‹ äquivalent gesetzt wird.

Während die Beziehungsmuster zwischen Eigenem und Anderem im Theoriegerüst Laclau und Mouffes auf einer sehr abstrakten Ebene definiert werden (Äquivalenz, Differenz, antagonistisches Außen), lassen sich diese mithilfe von Ansätzen der postkolonialen Kritik für die gesellschaftstheoretischen Fragestellungen, die in ihrem Fokus liegen, weiter konkretisieren. Sie lenken den Blick auf gesellschaftliche Differenzierungen, Machtkonstellationen, Wissens- und Repräsentationssysteme, die ihre Wurzeln im europäischen Kolonialismus haben und auf veränderte und ausdifferenzierte Weisen die Gegenwart mitbestimmen. Im Zusammenhang mit der Analyse imaginativer Geographien liefert Said beispielsweise ein Instrumentarium, mit dem sich sowohl die *spezifischen Kategorien* als auch die *spezifischen Verhältnisse* in kolonialen und postkolonialen Kontexten greifen lassen, in denen Eigenes und Anderes *regelmäßig* voneinander abgegrenzt, zueinander angeordnet und diskursiv verräumlicht werden.

Ordnungskategorien, die im Diskurs des ›Orientalismus‹ eine zentrale Rolle spielen, sind beispielsweise Kultur (z.B. okzidentalisch vs. orientalisch, abend- vs. morgenländisch), Nation (z.B. britisch vs. ägyptisch), Religion (z.B. säkular vs. islamisch, christlich vs. islamisch) und Geschlecht (männlich vs. weiblich). Zu den zentralen Ordnungsverhältnissen gehören Überlegenheits- und Idealisierungsverhältnisse (z.B. Idealisierung Europas/des Okzidents/des Westens und damit einhergehend die Abwertung des Orients/der islamischen Welt), Bedrohungsverhältnisse (z.B. Dämonisierung des Orients/der islamischen Welt und damit einhergehend die Legitimation, Europa/den Okzident/den Westen zu verteidigen und den Orient/die islamische Welt zu bändigen, zu erziehen und auf den europäischen Weg zu bringen), Subjektivierungs- und Objektivierungsverhältnisse (z.B. Subjektivierung Europas/des Okzident/des Westen, Objektivierung des Orients/der islamischen Welt und damit einhergehend die Festlegung der Handlungsmacht auf Europa/den Okzident/den Westen) und viele mehr (vgl. Said 1981 [1978]: v.a. ab 40).

Mit seinem Analyseinstrumentarium schärft Said den Blick für spezifische diskursive Regelmäßigkeiten kolonialer und postkolonialer

Diskurse. In dieser Hinsicht kann ein Zusammendenken seines Ansatzes mit der eher abstrakten Hegemonie- und Diskurstheorie Laclau und Mouffes einen Mehrwert für diskurstheoretische Fragestellungen liefern, die sich beispielsweise im Forschungsfeld über den Globalen Süden, den Globalen Norden, ihre Verhältnisse zu einander und ihre jeweiligen Repräsentationsformen verorten. Mit Laclau und Mouffe wiederum lässt sich der Orientalismus aus einer poststrukturalistischen Perspektive heraus neu lesen, sodass nicht nur Widersprüchlichkeiten und Ambivalenzen, sondern auch Veränderung und Wandel imaginativer Geographien konzeptionalisiert werden können. Gerade im Zusammenhang mit massenmedialen imaginativen Geographien spielt dies eine entscheidende Rolle und soll im folgenden Schritt näher betrachtet werden.

Zum Wandel und Umbruch massenmedialer imaginativer Geographien

An die Hegemonie- und Diskurstheorie von Laclau und Mouffe anknüpfend ist eine diskursive Formation dann hegemonial, wenn sie als natürlich und unhinterfragt gegeben angesehen wird. Entsprechend können massenmediale imaginative Geographien als hegemonial gelten, wenn sie nicht hinterfragt werden und – in der Konsequenz – einen Großteil von Nachrichten zu rahmen und zu erklären vermögen. Doch Hegemonialität wird im Anschluss an Laclau und Mouffe als instabil gedacht, denn Bedeutung kann nicht vollständig fixiert werden. Aus diesem Grund werden hegemoniale diskursive Formationen bzw. imaginative Geographien stets durch Alternativen bedroht, die zu Veränderungen führen.

Veränderungen und Umstürze von hegemonialen Formationen können jedoch auch durch spezifische Ereignisse erfolgen, wie Laclau in späteren Werken ausgearbeitet hat (v.a. Laclau 1990). Er spricht von einer Dislokation, wenn ein plötzlich auftretendes Ereignis die hegemoniale Formation ver- oder zerstört. Wie auch andere Vertreter_innen des Poststrukturalismus (vgl. zusammenfassend Hetzel 2004) geht er davon aus, dass das Ereignis die bestehende diskursive Ordnung unterbricht, weil es nicht aus ihr ableitbar ist und nicht in diese integriert werden kann. Dabei ist das Ereignis nur als Effekt und niemals als es selbst wahrnehmbar (vgl. Laclau 1990: 39ff.). Im Anschluss daran lassen sich verschiedene Ereignistypen ausmachen: solche, die die diskursive Formation lediglich geringfügig verändern, bis hin zu Ereignissen, die ganz im Sinne der Dislokation zu klaren Brüchen oder gar Umstürzen führen.

Übertragen auf den Mediendiskurs ist ein Medienereignis dann nicht mehr als etwas zu verstehen, das auf einer objektiv wahrnehmbaren Ebene passiert und über das in den Medien berichtet wird. Es wird ausschließlich durch das Auftreten neuer Nachrichten als Effekt sichtbar. Im Falle einer Dislokation wären die Diskurse der Medien mit medienexternen Aussagen bzw. Artikulationen konfrontiert, die sie nicht greifen können. Im Extremfall wäre dies ein »katastrophischer Einbruch in die scheinbar gesicherte Normalität«, der »alle Programmplanungen, alle Strukturerwartungen, alle Regeln zunächst außer Kraft setzt« (Hickethier 2006: 14). Als Paradebeispiel für ein solches Medienereignis wird in kultur- und kommunikationswissenschaftlichen Arbeiten häufig 9/11 genannt (vgl. Poppe/Schüller/Seiler 2009; Wiechert 2006). Der französische Medientheoretiker Jean Baudrillard spricht auch von 9/11 als »Mutter aller Ereignisse« (2002: 11), denn es verstörte die Mediendiskurse soweit, dass sämtliche Programmabläufe unterbrochen wurden, Unfähigkeit zur Erklärung herrschte und weltweit häufig kommentarlos immer wieder dieselben Bilder abgespielt wurden (vgl. Gregory 2004: 25).

Vor diesem Hintergrund liefern imaginative Geographien nicht nur einen Bedeutungs- und Erklärungsrahmen für Nachrichten bzw. für Medienereignisse, wie eingangs dargelegt, sondern sie werden auch durch Medienereignisse reproduziert, verschoben, verändert oder völlig aufgebrochen. Ihre Hegemonialität oder Marginalität hängt somit nicht nur vom Umfang der Häufigkeit ab, in der sie zur Erklärung und Rahmung von Nachrichten und Medienereignissen herangezogen werden, sondern auch vom Umfang ihrer Erklärungsgehalte. Es werden diejenigen imaginativen Geographien hegemonial, die verfügbar sind und glaubwürdige Erklärungen für einen großen Teil der Nachrichten liefern, über die in den Medien berichtet wird. So tauchte nach dem 11. September vor allem in ›westlichen‹ Medien das Szenario vom ›Kampf der Kulturen‹ mit seinen imaginativen Geographien von der ›islamischen Welt‹ als Hauptfeind des ›Westens‹ auf, wurde im großen Stil (re)produziert und schien vorläufig als plausibles Erklärungsmuster für die Nachrichten über die Terroranschläge in den USA sowie über den anschließenden so genannten ›Krieg gegen den Terror‹ zu dienen (vgl. dazu v.a. Reuber/Strüver 2009). Es verdrängte beispielsweise Weltbilder, die ein ›Ende der Geschichte‹ suggerieren und von einem weltweiten ›Erreichen‹ des ›westlichen Zivilisationsniveaus‹ ausgehen (Fukuyama 1992, zusammenfassend: Gebhardt/Kiesel 2004).

IMAGINATIVE GEOGRAPHIEN VON ›EUROPA‹ IN ARABISCHEN MEDIEN – EIN FALLBEISPIEL

Die Überlegungen zur Konzeptionalisierung von imaginativen Geographien in Massenmedien, die im vorhergehenden Abschnitt skizziert wurden, sollen nun anhand eines Fallbeispiels veranschaulicht werden. Um eine Alternative gegenüber den vorliegenden Analysen ›westlicher‹ Medien zu liefern, werden hier arabischsprachige Medien untersucht und beispielhaft die imaginativen Geographien von ›Europa‹ beleuchtet, die in den transnationalen arabischen Printmedien al-Hayat, Asharq Alawsat und al-Quds al-Arabi (re)produziert werden.[2] Das Datenkorpus dieser Untersuchung umfasst die Zeiträume September

2 Das skizzierte Fallbeispiel beruht in erster Linie auf Analysen, die ich im Rahmen meiner Dissertation durchgeführt habe, siehe ausführlich Husseini de Araújo (2011, 2009b). Zur Übersetzung aus dem Arabischen ins Deutsche und den damit einhergehenden Schwierigkeiten in diskursanalytischen Untersuchungen siehe auch Husseini (2009a).

2001 bis März 2006 sowie Januar 2011 bis März 2011,[3] um einerseits die Phase des so genannten ›Kampfes gegen den Terrorismus‹ (mit seinen Kriegen gegen Afghanistan 2001 und den Irak 2003) sowie andererseits die Anfangsphase des ›Arabischen Frühlings‹ in den Blick zu bekommen. Fokussiert werden die meinungsbetonten Rubriken, denn gerade hier wird die (Re-)Produktion von imaginativen Geographien im Zuge der Kontextualisierung, Erklärung und Bewertung von Nachrichten besonders deutlich sichtbar.[4]

In Anlehnung an die theoretischen Überlegungen sind dabei folgende Leitfragen zentral: Welche imaginativen Geographien formieren sich um den Signifikanten ›Europa‹? Welche Äquivalenz-, Differenz- und antagonistischen Beziehungen werden mit dem Signifikanten ›Europa‹ geknüpft? Auf welche Weise werden dadurch imaginative Geographien des Eigenen und des Anderen hergestellt? Durch welche Ordnungskategorien und -verhältnisse werden Eigenes und Anderes voneinander abgegrenzt und zueinander positioniert? Welche Veränderungen der imaginativen Geographien lassen sich feststellen und welche Medienereignisse sind in diesem Zusammenhang ausschlaggeben?

Die imaginativen Geographien, die entlang dieser Fragestellung aus dem untersuchten Material herausgearbeitet wurden, sind insgesamt sehr heterogen, d.h. Eigenes und Anderes werden jeweils mit

3 Die Ergebnisse des zweiten Untersuchungszeitraums resultieren aus Recherchen im Nachgang meiner Dissertation. Diese habe ich bereits in meinem Vortrag ›A evolução política recente no Oriente Médio‹ an der Universidade Federal do Paraná (Brasilien) am 30. März 2011 vorgestellt. Eine entsprechende Publikation der Ergebnisse befindet sich in Vorbereitung.

4 Im Rahmen der Dissertation sowie der anschließenden Analyse wurden 570 Artikel mit qualitativ ausgerichteten textanalytischen Verfahren untersucht. Diese Zusammenstellung baut auf einer Überschriftenanalyse mit allen Zeitungsartikeln auf, die in den ausgewählten Rubriken der Zeitungen erschienen sind, und erfolgte nach dem Prinzip der maximalen Kontrastierung (vgl. Keller 2004: 88; ausführlich: Husseini de Araújo 2011: 104ff.). Die Zeitungsartikel werden hier nur beispielhaft und in Kurzform (Zeitung, Ausgabe, Seitenzahl) zitiert, wobei H für al-Hayat, AA für Asharq Alawsat und QA für al-Quds al-Arabi steht.

vielfältigen, oft widersprüchlichen Merkmalen beschrieben und in sehr vielschichtige Positionen zueinander angeordnet. Im Folgenden sollen die dominierenden Entwürfe von ›Europa‹ als ›das Andere‹ und den entsprechenden Vorstellungen vom ›Eigenen‹ in knappen Zügen zusammengefasst werden.

Spuren antikolonialer Diskurse – oder: die ambivalenten imaginativen Geographien von Europa zwischen Vorbildhaftigkeit, kolonialer Aggression und Rassismus

In den analysierten Medien offenbaren sich zunächst Spuren antikolonialer und reformorientierter Diskurse, die sich in Verflechtung mit der europäischen Kolonialgeschichte im Nahen und Mittleren Osten herausgebildet haben und auf einer ambivalenten Figur aufbauen: ›Europa‹ wird in der Rolle des Anderen sowohl mit Merkmalen wie ›modern‹ und ›vorbildlich‹ äquivalent gesetzt als auch als ›ausbeutende‹, ›koloniale‹ sowie ›rassistische Macht‹ beschrieben – eine ambivalente Konstruktion, die nicht untypisch für postkoloniale Gesellschaften ist (vgl. dazu beispielsweise Chakrabarty 2008).

Insbesondere in Kontexten, in denen es um politische Systeme, Fortschritt und Einheit geht, erscheint ›Europa‹ als ›Vorbild‹, wohingegen dem Eigenen ›Stagnation‹, ›Mangelhaftigkeit‹ und ›Nachholbedarf‹ eingeschrieben werden. In diesem Zusammenhang werden Eigenes und Anderes jeweils als ›Kultur‹ definiert, d.h. durch diese Kategorie voneinander abgegrenzt, und durch ein Idealisierungsverhältnis gekennzeichnet, mit der eine Aufwertung Europas und eine Abwertung des Eigenen einhergeht. Medienereignisse, die mit diesen imaginativen Geographien zusammenhängen, sind im ersten Untersuchungszeitraum v.a. Nachrichten über innerstaatliche Konflikte oder über Terrorattentate in ›der arabischen Welt‹, Nachrichten über die in den Jahren 2002, 2003, 2004 und 2005 erschienen *Arab Human Development Reports* oder auch die zyklisch wiederkehrende Berichterstattung über Gipfeltreffen der Arabischen Liga, auf denen keine Einigung erzielt und keine Entscheidungen getroffen werden konnten. Im zweiten Untersuchungszeitraum handelt es sich häufig um Nachrichten über die Proteste in den arabischen Ländern, die mit Zukunftsvorstellungen nach den politischen Umbrüchen gerahmt werden.[5]

Die imaginative Geographie Europas als koloniale Macht wird vornehmlich in historisch argumentierenden Zusammenhängen (re)produziert, wenn arabische Staaten und diktatorische Regime – unter europäischer Ägide entstanden und von Europa unterstützt –, Konflikte und wirtschaftliche Abhängigkeiten als Konsequenzen der Kolonialzeit betrachtet werden. Merkmale, mit denen Europa in diesen Zusammenhängen äquivalent gesetzt wird, sind beispielsweise ›Kolonialismus‹, ›Imperialismus‹, ›Ausbeutung‹, ›Intervention‹, ›Unterdrückung‹ und ›Unterstützung von Diktaturen‹. Im Kontext von Nachrichten über die politischen Umbrüche in vielen arabischen Staaten taucht dieses Bild in Verbindung mit Warnungen vor einer zu starken Intervention Europas auf.[6]

Eng damit verknüpft ist die Vorstellung eines rassistischen Europas, denn auch Rassismus wird als Merkmal des kolonialen Europas gedeutet. Dabei wird es v.a. mit einer ›Marginalisierung der in Europa lebenden Ausländer‹ sowie mit ›Islamfeindlichkeit‹ verbunden und durch Medienereignisse, wie z.B. das Kopftuchverbot in den französischen Schulen seit 2004, die Unruhen in den französischen Vorstädten 2005, der Karikaturenstreit 2006 oder durch Nachrichten über Hetzkampagnen gegen den Islam in Europa (re)produziert. ›Die arabische Welt‹, ›die islamische Welt‹, ›die kolonialisierte Welt‹ oder auch ›die arabischen und islamischen Gemeinden in Europa‹ werden demgegenüber als ›das Eigene‹ in die Rolle des Opfers von europäischem Kolonialismus und Rassismus positioniert. In diesem Zusammenhang wird

5 Z.B. in H: 06.09.03, S. 10; 30.06.05, S. 19; 21.03.2011, S. 9; in AA: 21.12.02, S. 15; 28.02.06, S. 15; 09.03.2011, S. 15; in: QA 25.02.03, S.19; 30.03.2004, S. 19.

6 Z.B. in H: 06.09.03, S. 9; 16.06.05, S. 9; 25.03.2011, S. 9; in AA: 13.03.06, S. 15; 05.03.2011, S 15.

das Ordnungsverhältnis von Eigenem und Anderem vornehmlich durch eine Viktimisierung des Eigenen gekennzeichnet.[7]

Dezentrierungen von Modernität und Kolonialismus und eine andere Rolle Europas

Die Spuren der antikolonialen und reformorientierten Diskurse werden jedoch auch durch Dezentrierungen von Kolonialismus und Modernität überlagert. In solchen Zusammenhängen wird auch Europa in Teilen eine andere Rolle zugeschrieben und es entstehen – je nach Nachrichtenkontext – imaginative Geographien die im Widerspruch zu den bisher genannten stehen, sodass sich ein extrem heterogenes Gesamtbild ergibt.

So wird in den untersuchten Medien auch anderen Identitäten ›Modernität‹ zugeschrieben, wie z.B. ›Japan‹, ›Indien‹, ›China‹ und in zunehmendem Maße auch ›der Türkei‹.[8] Zudem wird die Rolle des kolonialen Aggressors – und zwar sehr viel stärker als auf ›Europa‹ – auf ›die USA‹ übertragen sowie in Teilen auch ›Israel‹ und ›dem Iran‹ zugeordnet. (Neo)Koloniale Strukturen werden außerdem auch innerhalb ›der arabischen Gesellschaften‹ gesehen. Entsprechend sei die Unterdrückung ›der arabischen Völker‹ durch ›die arabischen Regime‹ auch eine Konsequenz aus der Unterdrückung und der (neo)kolonialen Abhängigkeit ›der arabischen Staaten‹ von ›den USA‹ und ›Europa‹.[9]

Im ersten Untersuchungszeitraum gewinnt Europa insbesondere in Verflechtung mit den Konstruktionen der USA als (neo)kolonialer oder (neo)imperialer Aggressor eine neue Rolle. Es wird als Gegner der US-amerikanischen Politik unter George W. Bush konstituiert, als eine Welt des Gesetzes, die das Eigene als das Opfer der US-amerikani-

7 ZB. in H: 18.09.01, S. 9; 15.10.01, S. 16; in AA: 02.10.01, S. 15; 13.03.06, S. 15; in QA: 25.09.01, S. 19; ,06.04.04, S. 19.

8 Z.B. in H: 06.09.03, S. 10; 11.10.02, S. 15; in AA: 09.03.2011, S. 15.

9 Z.B. in H: 28.10.01, S. 10; 17.08.02, S. 9; in AA: 31.08.02, S. 15; 05.03.06, S. 15; in QA: 11.06.02, S. 19; 04.08.04, S. 19; 30.03.04, S. 19.

schen Politik in vieler Hinsicht unterstütze.[10] So ermöglicht die Definition einer gemeinsamen Gegnerschaft die Äquivalenzbeziehung zwischen dem Eigenen und ›Europa‹. Eine solche Relation wird ferner auch im Kontext des Barcelona-Prozesses bzw. der Euro-Mediterranen Partnerschaft (re)produziert und die Zusammengehörigkeit vom Eigenen und Europa auf historischer, kultureller und naturräumlicher Ebene mit dem Entwurf einer ›gemeinsamen Mittelmeerregion‹ begründet.[11] Als Welt des Gesetzes tritt ›Europa‹ auch noch einmal im Zusammenhang mit Nachrichten über die politischen Umbrüche in der arabischen Welt auf. Einerseits wird zwar vor einer zu starken Intervention gewarnt, andererseits werden im Zusammenhang von Nachrichten über Eskalationen in Libyen oder im Yemen auch ein stärkeres Eingreifen und eine Unterstützung der Protestierenden gefordert.[12]

Ein Wandel der imaginativen Geographien im Licht des ›Arabischen Frühlings‹

Das heterogene Gesamtbild an imaginativen Geographien von Europa zeigt sich sowohl im ersten als auch im zweiten Untersuchungszeitraum. Je nach Nachrichtenkontext stehen mal die Vorbildhaftigkeit, mal die Merkmale des Kolonialismus und des Rassismus oder auch mal die neue Rolle Europas und die Vorstellung einer ›gemeinsamen Mittelmeerunion‹ im Vordergrund. Neue Nachrichten ermöglichen das Wiederauftauchen einer bestimmten Imagination und das Durchbrechen und Verschwinden von anderen, wobei die verschwundenen auch wieder zur Rahmung bestimmter (neuer) Medienereignisse hervorgekramt werden können. In einer Hinsicht aber lässt zwischen dem ersten und zweiten Untersuchungszeitraum ein klarer Bruch, wenn nicht sogar eine Dislokation im Laclau'schen Sinne erkennen. Die imaginati-

10 Z.B. in H: 08.02.02, S. 9; in AA: 28.09.02, S. 15; in QA: 12.02.02, S. 19.

11 Z.B. in H: 08.07.02, S. 15; 16.09.04, S. 10.

12 Z.B. in H: 25.03.2011, S. 9; in AA: 05.02.2011, S. 15 QA: 01.02.2011, S. 19; 29.03.2011,S. 19; 26./27.03.2011.

ven Geographien des ersten Untersuchungszeitraums sind v.a. von Ordnungsverhältnissen gekennzeichnet, die das Eigene kontinuierlich in der Rolle des Opfers und des machtlosen Objekts positionieren. Es erscheint als Opfer von (Neo)Kolonialismus und Intervention von außen – sei es von Europa oder anderen Identitätskonstruktionen – Rassismus, Islamfeindlichkeit und autoritären Regimen, die ihr Volk unterdrücken. Dabei wird dem Eignen Passivität eingeschrieben und jegliche Handlungsmacht abgesprochen (vgl. Husseini de Araújo 2011: 279ff.).

Die Feststellung solcher Objektivierungsweisen in arabischen Medien ist in Anlehnung an Arbeiten zum ›Contemporary Arab Thought‹ (vgl. Kassab 2010, Abu Rabi' 2004, Boullata 1990) nicht verwunderlich. Mit dem Arabisten und Islamwissenschaftler Issa J. Boullata (1990) lassen sich diese zumindest in Teilen mit dem Scheitern der antikolonialen panislamischen und panarabistischen Bewegungen als ›große‹ ideologische Diskurse erklären. Boullata zufolge hätte sich in ›der arabischen Welt‹ seit den 1970er Jahren keine machtvolle Alternative herausbilden können, die sowohl von politischen Eliten als auch von gesellschaftlichen Mehrheiten hätte getragen werden können. Die Stabilität ›der arabischen Staatsmacht‹ resultiert(e) vielmehr aus Totalitarismus und Repression, ›andere‹ politische Stimmen wurden (und werden) nicht geduldet (ebd.: 143).[13]

Die Medienereignisse, die von den politischen Umbrüchen und Demonstrationen berichten, scheinen jedoch diese Form der Objektivierung durchbrochen zu haben. Insbesondere als von Massenprotesten in vielen der arabischen Staaten berichtet wurde, versagten die bekannten Erklärungsmuster für politisches Geschehen in der arabischen Welt und die Mediendiskurse erfuhren damit einen deutlichen Wandel. Als entscheidendes Element eines neuen Deutungsrahmens kristallisierte sich v.a. die ›Stimme des Volkes‹ bzw. ›die Stimme der Straße‹ – und

13 Für eine Auseinandersetzung mit den intellektuellen Debatten darüber vgl. v.a. Kassab 2010.

hiermit häufig gleichgesetzt: die Stimme des Eigenen – heraus.[14] Damit wurde das Eigene zum Subjekt, das nicht nur in der Lage ist, Widerstand gegen autoritäre Staaten zu leisten, sondern auch gegen (neo-)koloniale Aggressoren und (zu viel) Intervention von außen die Stimme zu erheben, wie beispielsweise von Europa.[15] In dieser Hinsicht scheinen sich auch die imaginativen Geographien von Europa, die sich in arabischen Medien ausmachen lassen, nachhaltig zu ändern.

Bereits diese kurze und vereinfachende Zusammenfassung der Ergebnisse macht deutlich, dass Mediendiskursen einerseits äußerst persistente Denkstrukturen zugrunde liegen können, deren Wurzeln im Falle des Untersuchungsbeispiels im Zeitalter des europäischen Kolonialismus zu suchen sind. Andererseits zeigt sich in diesem Beispiel jedoch auch, wie sich mithilfe eines poststrukturalistischen Ansatzes die Heterogenität, Veränderbarkeit und Kontingenz imaginativer Geographien herausarbeiten lassen, die sowohl durch die strukturelle Offenheit von Mediendiskursen entstehen als auch durch Ereignisse, die im Sinne einer Dislokation nicht von bestehenden Diskursen gerahmt werden können.

EINE KRITISCHE SCHLUSSBETRACHTUNG

In diesem Beitrag wurden die Denkfigur der imaginativen Geographie von Edward Said und die Hegemonie- und Diskurstheorie Ernesto Laclau und Chantal Mouffes zusammengedacht, um einen Ansatz zur Analyse von imaginativen Geographien in Massenmedien zu entwickeln. Dabei wurde dargelegt, inwieweit sich die Verbindung der Said'schen Denkfigur mit der Hegemonie und Diskurstheorie von Laclau und Mouffe fruchtbar machen lässt, sodass die theoretische Konzeption als poststrukturalistisches Konzept dem Forschungsgegenstand der Mas-

14 Z.B. in AA: 04.02.2011,S. 15; 19.03.2011, S.15; in QA: 07.03.2011, S. 19; 09.03.2011, S. 19; 16.03.2011, S. 19.

15 Z.B. in AA: 05.02.2011, S. 15; QA: 10.03.2011, S. 19; 15.03.2011, S. 19.

senmedien gerecht werden kann. Darüber hinaus wurde gezeigt, wie durch diesen Ansatz auch die abstrakten Überlegungen Laclau und Mouffes gesellschaftstheoretisch und im Sinne der postkolonialen Kritik konkretisiert werden können. Veranschaulicht wurde dies anhand eines Fallbeispiels über imaginative Geographien von ›Europa‹ in arabischen Medien.

Einer solchen theoretischen Zusammenführung stehen auf den ersten Blick keine großen ontologischen Brüche im Wege, denn im Grunde genommen wird ›lediglich‹ ein eher strukturalistischer Ansatz aus einer poststrukturalistischen Perspektive heraus neu gelesen. Zudem bauen beide Theorien zu großen Teilen auf den gleichen Grundlagen auf (u.a. Foucault 1966, 1969, 1975; Gramsci 1975). Kritisieren ließe sich allerdings, dass durch die Zusammenführung das relativ hohe Maß an Konsistenz, das der Laclau und Mouffe'schen Hegemonie- und Diskurstheorie zugeschrieben wird (vgl. Glasze/Mattissek 2009: 145), in Teilen verloren geht. Der Grund sind unterschiedliche restriktive Annahmen, die den jeweiligen Konzeptionen von Diskurs- und Identitätsproduktion zugrunde liegen. Angelehnt an den Psychoanalytiker Jacques Lacan erklären Laclau und Mouffe den Mangel des Subjekts zum Motor der Identitätsproduktion: ein Mangel, der konstitutiv für das Subjekt ist und es auf unaufhörliche Weise antreibt, sich mit verschiedenen Subjektpositionen zu identifizieren und sich entsprechend von anderen zu differenzieren (Laclau/Mouffe 2006 [1985]: 161ff., für weitere Ausarbeitungen siehe Laclau 1990, 1994, 2002a,b). Said hingegen leitet die Produktion, Anordnung und Verortung von Eigenem und Anderem aus einem Verständnis von Diskurs ab, das in Anlehnung an Foucault vom Willen zum Wissen und zur Macht sowie in Anlehnung an Lévi-Strauss vom Verlangen zur Ordnung getrieben wird (Said 1981 [1978]: 20ff., 65ff.). Somit lassen sich nicht alle Ordnungsverhältnisse von Eigenem und Anderem, die mit Said offengelegt werden können, auch ohne weiteres auf einen Mangel des Subjekts nach Laclau und Mouffe zurückführen. Hinzu kommt ferner, dass Said seine Konzeptionalisierung des Subjekts dezidiert aus seinen strukturalistischen Überlegungen ausklammert und es vielmehr im Sinne eines humanistischen Ansatzes verstanden haben will (Said 1981 [1978]: 33). Auch dies ist mit dem streng poststrukturalistischen Verständnis von Laclau und Mouffe nicht vereinbar.

Solche theoretischen ›Unebenheiten‹ werden hier jedoch in Kauf genommen, um andere blinde Flecken der Theorien zu überwinden, die für die Analyse des Forschungsgegenstands – hier: imaginative Geographien in Massenmedien – entscheidender sind. Letztlich kann Theorie weder vollkommen konsistent sein, noch kann sie *alles* erfassen und allgemeine Gültigkeit beanspruchen. In diesem Zusammenhang soll neben den genannten auch auf die weiteren Essentialisierungen hingewiesen sein, denen das hier entwickelte Konzept von imaginativen Geographien unterliegt: die Verabsolutierung von Differenz sowie das Postulat der Ereignishaftigkeit. Hierbei handelt es sich um Annahmen bzw. Notwendigkeiten (Laclau 1990: 26ff.), ohne die poststrukturalistische Ansätze nicht auskommen (obwohl diese gerne als nicht-essentialistisch charakterisiert werden, weil sie eben versuchen, gesellschaftliche Essentialisierungen zu enttarnen).

Auch auf empirischer Ebene sind Essentialisierungen unvermeidbar. Ein besonderes Gewicht bekommt dabei das Problem, dass hier sowie in den meisten Arbeiten mit einer postkolonial kritischen Herangehensweise genau die binären Identitätskonstruktionen reproduziert werden, die überwunden werden wollen, wie beispielsweise: ›Westen‹ vs. ›Rest‹, ›Orient‹ vs. ›Okzident‹, ›Westen‹ vs. ›arabische‹ oder ›islamische Welt‹. Gleichzeitig kann es jedoch nicht darum gehen, solche Begriffe und Gegensatzpaare gar nicht mehr zu verwenden. Der Soziologe Stuart Hall spricht in diesem Fall von »postkolonialen Schlüsselbegriffen« (Hall 2002: 239), die »einer tiefen und gründlichen Kritik unterzogen [wurden]«. Dennoch bleiben sie »die einzigen begrifflichen Instrumente und Werkzeuge, mit denen die Gegenwart reflektiert werden kann« (ebd.). Letztlich hängt die Frage, wie mit solchen Begriffen und eigenen Essentialisierungen umgegangen wird, genauso wie die Abwägung von theoretischen Brüchen und Inkonsistenzen vom konkretem Forschungsgegenstand, der Fragestellung und dem Ziel jeder einzelnen Arbeit ab – und fordert diese auf spezifische Weisen heraus.

LITERATUR

Abu-Rabi', Ibrahim M. (2004): Contemporary Arab thought: Studies in post-1967 Arab intellectual history, London u.a.: Pluto Press.

Baudrillard, Jean (2002): Der Geist des Terrorismus, Wien: Passagen.

Chakrabarty, Dipesh (2008): Provincializing Europe. Postcolonial Thought an Historical Difference, New Jersey: Princeton University Press.

Falah, Ghazi-Walid/Flint, Colin/Mamadouh, Virginie (2006): Just War and Extraterritoriality. The Popular Geopolitics of the United States' War on Iraq as reflected in Newspapers of the Arab World, in: Annals of the Association of American Geographers, 91(1), S. 142–164.

Foucault, Michel (1966): Les Mots et les Choses. Une archéologie des sciences humaines, Paris: Gallimard.

Foucault, Michel (1969): L'Archéologie du savoir, Paris: Gallimard.

Foucault, Michel (1975): Surveiller et punir, naissance de la prison, Paris: Gallimard.

Fukuyama, Francis (1992): Das Ende der Geschichte. Wo stehen wir? München: Kindler.

Gramsci, Antonio (1975): Quaderni del carcere. Edizione critica dell'Istituto Gramsci, Turin: Einaudi.

Gebhardt, Hans/Kiesel, Helmuth (2004) (Hg.): Weltbilder, Heidelberg: Springer.

Glasze, Georg/Mattissek, Annika (2009) (Hg.): Handbuch Diskurs und Raum. Theorien und Methoden für die Humangeographie sowie die sozial- und kulturwissenschaftliche Raumforschung, Bielefeld: transcript.

Gregory, Derek (1995): Imaginierte Geographien, in: Österreichische Zeitschrift für Geschichte, 6(3), S. 366–425.

Gregory, Derek (2004): The Colonial Present, Oxford u.a.: Blackwell.

Hall, Stuart (2002): Wann gab es das ›Postkoloniale‹? Denken an der Grenze, in: Shalini Randeria/Sebastian Conrad (Hg.), Jenseits des

Eurozentrismus, Frankfurt am Main, New York: Campus, S. 219–247.

Hetzel, Aandreas (2004): Das reine Ereignis. Philosophische Reaktionen auf den 11. September, in: Lorenz, Matthias N. (Hg.), Narrative des Entsetzens – Künstlerische, mediale und intellektuelle Deutungen des 11. Septembers 2001, Würzburg: Könighausen und Neumann, S. 267–286.

Hickethier, Knut (2006): Geleitwort: Das Fernsehen als Ritualisierungsmaschine, in: Weichert, Stephan. A. (Hg.), Die Krise als Medienereignis. Über den 11. September im deutschen Fernsehen, Köln: von Halem, S. 13–16.

Husseini, Shadia. (2009a): Die Macht der Übersetzung. Konzeptionelle Überlegungen zur Übersetzung als politische Praktik am Beispiel kulturgeographischer Forschung im arabischen Sprachraum, in: Social Geography, Jg. 4, S. 71–81.

Husseini de Araújo, Shadia (2009b): Provincializing Europe? Imaginative Geographien von Europa in arabischen Medien, in: Europa Regional, 17(4), S. 200–209.

Husseini de Araújo, Shadia (2011): Jenseits vom ›Kampf der Kulturen‹. Imaginative Geographien des Eigenen und des Anderen in arabischen Printmedien, Bielefeld: transcript.

Kassab, Elizabeth S. (2010): Contemporary Arab thought. Cultural critique in comparative perspective, New York: Columbia University Press.

Keller, Rainer (2004): Diskursforschung. Eine Einführung für SozialwissenschaftslerInnen, Opladen: Leske+Budrich.

Laclau, Ernesto (1990): New reflections on the revolution of our time, London: Verso.

Laclau, Ernesto (1994): Introduction, in: Ernesto Laclau (Hg.): The making of political identities, London: Verso, S. 1–10.

Laclau, Ernesto (2002a): Was haben leere Signifikanten mit Politik zu tun?, in: Ernesto Laclau (Hg.), Emanzipation und Differenz, Wien: Turia+Kant, S. 65–78.

Laclau, Ernesto (2002b): Universalismus, Partikularismus und die Frage der Identität, in: Ernesto Laclau (Hg.), Emanzipation und Differenz. Wien: Turia+Kant, S. 45–64.

Laclau, Ernesto/Mouffe, Chantal (2006 [1985]): Hegemonie und radikale Demokratie. Zur Dekonstruktion des Marxismus, Wien: Passagen Verlag.

Lévi-Strauss, Claude (2008 [1967]): Strukturale Anthropologie, Frankfurt am Main: Suhrkamp.

Luhmann, Niklas (2004 [1995]): Die Realität der Massenmedien, Wiesbaden: VS Verlag für Sozialwissenschaften.

Mamadouh, Virginie (2003): 11 September and popular geopolitics. A study of website run for and by Dutch Moroccans, in: Geopolitics, 8(3), S. 191–216.

McLeod, John (2000): Beginning postcolonialism, Manchester: Manchester University Press.

Said, Edward W. (1981 [1978]): Orientalismus, Frankfurt am Main: Ullstein.

Spivak, Gayatri C. (1987): In other worlds. Essays in cultural politics, New York, London: Routledge.

Reuber, Paul/Strüver, Anke (2009): Diskursive Verräumlichungen in deutschen Printmedien. Das Beispiel Geopolitik nach 9/11, in: Jörg Döring/Tristan Thielmann (Hg.), Mediengeographie. Theorie – Analyse – Diskussion, Bielefeld: Transkript-Verlag, S. 315–332.

Reuber, Paul/Wolkersdorfer, Günter (2004): Geopolitische Leitbilder als diskursive Konstruktionen – konzeptionelle Anmerkungen und Beispiele zur Verbindung von Macht, Politik und Raum, in: Hans Gebhardt/Kiesel, (Hg.), Weltbilder, Heidelberg: Springer, S. 367–388.

Weichert, S. A. (2006): Die Krise als Medienereignis. Über den 11. September im deutschen Fernsehen, Köln: Halem.

Autorinnen und Autoren

Iris Dzudzek arbeitet als wissenschaftliche Mitarbeiterin am Institut für Humangeographie in Frankfurt. Sie promoviert im Rahmen des Verbundprojekts zur »Neuordnung des Städtischen im neoliberalen Zeitalter« zum Thema »Governing (through) Creativity and Diversity«. Hier untersucht sie die neue Rolle von Kreativ- und Vielfaltspolitiken für die Regierung von Städten am Beispiel Frankfurts. Darüber hinaus interessiert sie sich für diskurs- und hegemonietheoretische Fragen. Jüngste Veröffentlichung: Umkämpfte Weltbilder – eine Genealogie kultur-räumlicher Repräsentationen in der Unesco. Forum Politische Geographie, Bd. 5. Münster: LIT-Verlag, 2011.

Kathrin Ganz promoviert mit einem Stipendium der Hans-Böckler-Stiftung zum Thema »Netzbewegung. Zur Bedeutung von Subjektpositionen im politischen Diskurs«. Sie ist Teil der der Arbeitsgruppe Arbeit-Gender-Technik an der TU Hamburg-Harburg. Nach ihrem Studium der Politikwissenschaft, Soziologie und Gender und Queer Studies an der Universität Hamburg arbeitete sie im Forschungsprojekt »Subjektkonstruktion und digitale Kultur« an der Universität Bremen sowie als Lehrbeauftragte. Sie ist Mitglied der AG Queer Studies Hamburg.

Georg Glasze hat seit 2009 den Lehrstuhl für Kulturgeographie an der FA-Universität Erlangen-Nürnberg inne. Seine Forschungs- und Lehrschwerpunkte liegen in der sozialgeographischen Stadtforschung, der

Politischen Geographie sowie der interdisziplinären Diskursforschung. Neue Forschungsprojekte beschäftigen sich aus politisch- und sozialgeographischer Perspektive mit den radikalen Veränderungen der Kartographie im Web 2.0 und dem GeoWeb. Regionale Arbeitsschwerpunkte liegen in Deutschland und Frankreich sowie in Nordafrika und im Nahen Osten. Jüngste Veröffentlichung: Handbuch zur Diskursanalyse in der Geographie, Bielefeld: Transkript-Verlag, 2011, Sammelband gemeinsam mit Annika Mattisek.

Friederike Habermann hat Geschichte und Volkswirtschaft studiert und in Politischer Wissenschaft promoviert. In ihren Forschungen beschäftigt sie sich hauptsächlich mit Fragen zu Hegemonie, Identität und Emanzipation, sowie bestehenden Handlungsansätzen aus dem Bereich des alltäglich Notwendigen jenseits kapitalistischer Verwertungslogik. Seit den 1980ern ist sie in sozialen Bewegungen aktiv.

Shadia Husseini de Araújo absolviert ein Postdoc-Programm an der Universidade de São Paulo (Brasilien) zum Thema »Muslimische Minderheiten in Brasilien«. Nach ihrem Studium der Geographie sowie der Arabistik und Islamwissenschaft arbeitete sie als wissenschaftliche Mitarbeiterin an den Instituten für Geographie der Universitäten Münster und Erlangen-Nürnberg. Zu ihren Forschungsschwerpunkten gehören postkoloniale Kritik sowie Diaspora- und Migrationsforschung. Ihre Promotion führte sie im Rahmen des Graduiertenkollegs »Der Humanismus in der Epoche der Globalisierung« am Kulturwissenschaftlichen Institut Essen durch. Jüngste Veröffentlichung: Jenseits vom ›Kampf der Kulturen‹. Imaginative Geographien des Eigenen und des Anderen in arabischen Printmedien, Bielefeld: transcript, 2011.

Caren Kunze promoviert an der Universität Kassel zum Thema »Karrierebedingungen von Wissenschaftlerinnen mit Migrationshintergrund. Die Relevanz von Geschlecht, Ethnizität und Klasse auf dem Weg zur Professur.« Sie arbeitet im Frauen- und Gleichstellungsbüro der Universität Kassel in dem Projekt »Karriere-Mentoring DIVERS«.

Ihre Arbeitsschwerpunkte sind feministische Theorien und Politiken, Hochschulforschung sowie Migrationsforschung im Bereich Bildung und Arbeitsmarkt. Sie ist Teil des Arbeitskreises »Diskurs und Hegemonie« und Mitglied der Assoziation für kritische Gesellschaftsforschung (AkG) sowie von reflect e.V. Jüngste Veröffentlichung: Globalisierung, gemeinsam mit Christoph Scherrer, UTB Verlag, 2011.

Gundula Ludwig ist promovierte Politikwissenschaftlerin und arbeitet gegenwärtig am Zentrum für Gender Studies und feministische Zukunftsforschung der Universität Marburg. Arbeitsschwerpunkte: Staats-, Macht- und Demokratietheorien aus queer-feministischer Perspektive. Jüngste Buchpublikation: »Geschlecht regieren. Staat, Subjekt und heteronormative Hegemonie«. Frankfurt am Main, 2011.

Benjamin Opratko ist Stipendiat der Österreichischen Akademie der Wissenschaften (DOC) am Institut für Politikwissenschaft der Universität Wien und promoviert zum Thema »Aktuelle Artikulationsformen des Antimuslimischen Rassismus in Österreich. Beiträge zu einer hegemonietheoretischen Rassismusanalyse«. Er ist Mitglied der Assoziation für kritische Gesellschaftsforschung (AkG). Jüngste Veröffentlichung: »Hegemonie. Politische Theorie nach Antonio Gramsci« (Münster, 2012).

Christoph Scherrer ist Professor für »Globalisierung & Politik« an der Universität Kassel. Er ist Sprecher des für Exzellenz in der Entwicklungszusammenarbeit vom DAAD prämierten International Center for Development and Decent Work, Ko-Leiter des HBS geförderten Promotionskollegs Global Social Policies and Governance, Mitglied des Steering Committee der Global Labour University, die auf vier Kontinenten GewerkschafterInnen auf Masterniveau ausbildet. Seine Forschungsinteressen liegen im Bereich der Internationalen Politischen Ökonomie. Jüngste Veröffentlichung: »Sozialkapitel in Handelsabkommen. Begründungen und Vorschläge aus juristischer, ökonomischer und politologischer Sicht«, Nomos, 2012 (Ko-Hg. mit Andreas Hänlein) und »China's Labor Question«, Hampp Verlag, 2011 (Hg.).

Sebastian Schipper hat zum Thema »Genealogie und Gegenwart der unternehmerischen Stadt. Neoliberales Regieren in Frankfurt am Main zwischen 1960 und 2010« promoviert und arbeitet gegenwärtig als wissenschaftlicher Mitarbeiter am Institut für Humangeographie der Universität Frankfurt. Seine Forschungsschwerpunkte liegen im Bereich kritischer Geographie und Stadtforschung. Jüngste Veröffentlichung: Krise und Hegemonie. Zur gegenwärtigen Kontinuität neoliberaler Rationalität am Beispiel der ›unternehmerischen Stadt‹ in Frankfurt am Main. In: Geographische Zeitschrift, Jg. 98, H. 1, S. 22–41.

Joscha Wullweber ist promovierter Politikwissenschaftler und arbeitet als wissenschaftlicher Assistent im Fachgebiet Globalisierung und Politik der Universität Kassel. Arbeitsschwerpunkte: Theorien der Internationalen Politischen Ökonomie und Internationalen Beziehungen; Staats- und Demokratietheorien, Hegemonie- und Diskurstheorien; Security Studies; Wirtschaftspolitik. Jüngste Monographie: Hegemonie, Diskurs und Politische Ökonomie. Das Nanotechnologie-Projekt, Baden-Baden: Nomos (2010). Im Erscheinen: Theorien der Internationalen Politischen Ökonomie, Wiesbaden: VS-Verlag (Ko-Hg. mit Maria Behrens und Antonia Graf).

Sozialtheorie